D1929894

Gerd Roellecke

Staatsrechtliche Miniature

Gerd Roellecke

Staatsrechtliche Miniaturen

Positionen zu Fragen der Zeit

Herausgegeben von

Otto Depenheuer

Mohr Siebeck

Gerd Roellecke (1927–2011): 1960 Promotion; Redakteur der Fachzeitschrift »Der Betriebs-Berater«; 1966–1969 Wissenschaftlicher Mitarbeiter des Bundesverfassungsgerichts in Karlsruhe; 1967 Habilitation; 1969–1995 Lehrstuhl für Öffentliches Recht und Rechtsphilosophie an der Universität Mannheim; 1970–1973 Prorektor der Universität Mannheim; 1972–1974 Präsident der Westdeutschen Rektorenkonferenz; 1974–1977 Vizepräsident der Deutschen Forschungsgemeinschaft;1982–1985 Rektor der Universität Mannheim.

Otto Depenheuer: Geboren 1953; Studium der Rechtswissenschaft in Bonn; 1985 Promotion; 1992 Habilitation; Professor für Öffentliches Recht und Rechtsphilosophie, 1993 Universität Mannheim, seit 1999 Lehrstuhl für Allgemeine Staatslehre, Öffentliches Recht und Rechtsphilosophie sowie Direktor des Seminars für Staatsphilosophie und Rechtspolitik an der Universität zu Köln.

ISBN 978-3-16-152325-0

Die Deutsche Nationalbibliothek verzeichnet diese Publikation in der Deutschen Nationalbibliographie; detaillierte bibliographische Daten sind im Internet über *http://dnb.dnb.de* abrufbar.

© 2013 Mohr Siebeck Tübingen. www.mohr.de

Das Werk einschließlich aller seiner Teile ist urheberrechtlich geschützt. Jede Verwertung außerhalb der engen Grenzen des Urheberrechtsgesetzes ist ohne Zustimmung des Verlags unzulässig und strafbar. Das gilt insbesondere für Vervielfältigungen, Übersetzungen, Mikroverfilmungen und die Einspeicherung und Verarbeitung in elektronischen Systemen.

Das Buch wurde von Computersatz Staiger in Rottenburg/N. aus der Stempel Garamond gesetzt, von Gulde Druck in Tübingen auf alterungsbeständiges Werkdruckpapier gedruckt und von der Buchbinderei Nädele in Nehren gebunden.

Inhalt

Vorwort

Je ein Leserbrief stand am Anfang wie am Ende: zwischen dem 29. 7. 1963 und dem 20. 10. 2011 veröffentlichte die Frankfurter Allgemeine Zeitung immer wieder Leserzuschriften, Buchbesprechungen, Glossen und Aufsätze von Gerd Roellecke (1927–2011). In diesen 48 Jahren ergriff der Mannheimer Hochschullehrer zu aktuellen Zeit- und Streitfragen das Wort. Insbesondere nach seiner Emeritierung erreichte die Zahl seiner staatsrechtlichen Feuilletons eine beeindruckende Intensität. Die feuilletonistische Form eröffnete Gerd Roellecke die Chance, die Praxistauglichkeit seiner theoretischen Erkenntnisse und Überzeugungen unter Beweis zu stellen. Und in der Tat: seine tagespolitischen Wortmeldungen tragen in der Form wie im Inhalt seine charakteristische Handschrift, deren inhaltliche Gediegenheit sich einem imposanten wissenschaftlichen Œuvre verdankt. Seine unverwechselbare, geschliffene Sprachgewalt, die sich nicht selten unversehens in glänzenden Aphorismen entlud, sucht in ihrer Direktheit und Klarheit, ihrer entwaffnenden Offenheit und Aufrichtigkeit ihresgleichen. Sein Tod gibt Veranlassung, diese philosophisch fundierten rechtspolitischen Gedanken zu Fragen der Zeit aus der allzu schnellen Vergänglichkeit einer dem Tag verpflichteten Zeitung in die etwas dauerhaftere Form einer eigenständigen Publikation zu überführen. Gründe dafür gibt es zahlreiche:

Gerd Roellecke war scharfsinniger Beobachter seiner Zeit, begnadet mit der Fähigkeit zu schonungsloser Analyse, der Klarheit des Wortes verpflichtet, gesegnet mit der Fähigkeit zu geistreichen Aperçus und befähigt mit der Kraft zu apodiktischer Zuspitzung, die sich zu bewußter Provokation steigern konnte. Stets aber waren seine deutlichen und

Orientierung gebenden Positionsbestimmungen getragen von dem Willen, einer nur der Sache verpflichteten Wahrheit eine Gasse zu bahnen, um damit aufklärendes Licht in das Dunkel politischer Entscheidungsfindung zu tragen. Dabei machte sich der am 30. Oktober 2011 verstorbene Staatsrechtslehrer[1] um die begrenzte Rezeption seiner Wortmeldungen nicht die geringsten Illusionen. Dazu wußte er nur zu genau um die Begrenztheit menschlicher Erkenntnismöglichkeiten und Vergeßlichkeit historischer Erfahrungen. Zudem war ihm der Prozeß unaufhaltsam fortschreitender Differenzierung der Gesellschaft nur zu vertraut. Er durchschaute deren Logik und Eigengesetzlichkeit, und das ließ ihn politische Reaktionen auf gegebene Problemlagen treffsicher antizipieren. In aller Bescheidenheit beschränkte er sich deshalb darauf, die Kurzatmigkeit und Berechenbarkeit der politischen Diskussion mit theoretisch fundierten Überlegungen zu kontrapunktieren, die den Kern des Problems offenlegten und die Entscheidungsalternativen formulierten: denn nicht jeden Fehler muß man ja zweimal machen, auch wenn man weiß, daß genau das immer wieder eintrifft. Jedenfalls wurde Gerd Roellecke derart zu einem der ungewöhnlichsten, originellsten und kreativsten Köpfe der deutschen Staatsrechtslehre. Und wir verdanken diesem normativen Realisten zahlreiche zeitlose Essays in eleganter Sprache, deren Lektüre über den Tag hinaus Freude bereitet und Einsichten vermittelt.

Sein ebenso unverwechselbarer wie unkonventioneller Zugriff auf das Recht gründete in der – an Hegel und

---

[1] Biographische Notizen: *Otto Depenheuer*, Vorwort, in: Gerd Roellecke, Aufgeklärter Positivismus, 1995, S. V ff.; *ders.*, Ein Beobachter des Rechts. Nachruf, JZ 2012, S. 252; *Stephan Kirste*, Zum Tode von Prof. Dr. Gerd Roellecke, AöR 137 (2012), S. 242.

Luhmann geschulten – »Kunst der Beobachtung«. Sie ließ ihn die Leistungen ebenso wie die Grenzen des positiven Rechts erkennen und einen »aufgeklärten Positivismus« praktizieren. So lehrte er die Achtung vor dem »Recht der Wirklichkeit«, das immer schon da ist, das zwar auch ganz anders sein könnte, dem sich der Mensch aber trotzdem in Demut anverwandeln muß. Deswegen gab Gerd Roellecke dem »krummen Holz des Menschen« im Zweifel stets den Vorzug vor normativer Konstruktion und (scheinbar) widerspruchsfreier Theoriebildung. Programmatisch hat Gerd Roellecke diese selten anzutreffende Ethik wissenschaftlicher Bescheidenheit schon früh als Maxime seines Denkens formuliert und sich konsequent nach ihr gerichtet: »Denn wenn sich der allgemeine, schlichte Menschenverstand auch nicht über seine Grundsätze zu rechtfertigen versteht, so ist er es doch, der die Kontinuität der Vorstellungen sichert und uns mit der Sprache, die er – und sei es noch so unbewußt – benutzt, die Gegenstände des Denkens liefert: Im Bewußtsein des immer möglichen Irrtums beugen wir uns dem schlichten Menschenverstand.«[2]

Die erkenntnistheoretisch fundierte Einsicht in die Grenzen des Rechts und die Begrenztheit menschlicher Erkenntnis bedeuteten für Gerd Roellecke kein resignierendes Abseitsstehen bei der Bewältigung normativer Problemstellungen. Im Gegenteil: es war seine feste Überzeugung, daß erst gute Beobachtung und kluge Analyse der Wirklichkeit den Blick freigeben auf eine vorurteilslose Diagnose von Konfliktlagen, aus der sich unparteiliche Lösungsansätze ableiten lassen. Seine Gewißheit, daß zuallererst die je gegebene Wirklichkeit vernünftig interpretiert werden

---

[2] *Gerd Roellecke*, Der Begriff des positiven Gesetzes und das Grundgesetz, 1969, S. 261.

muß, ließ ihn jeglichen Moralismus dezidiert ablehnen, der sich nur an möglichen Wirklichkeiten orientiert. Statt über »nicht erfüllte Normativität« zu klagen, arbeitete er am geltenden Recht, um es praktisch wirklich werden zu lassen. Der moralischen Hybris, das normativ Unmögliche zu fordern, stellte er den ebenso pragmatischen wie zutiefst humanen Anspruch gegenüber, sich mit dem Möglichen zu bescheiden – das aber mit dem Ernst, der Gewissenhaftigkeit und dem Pflichtbewußtsein eines Dieners des positiven Rechts und der Idee der Gerechtigkeit. Gerd Roellecke sah sich insoweit in der Rolle eines Knechtes, über den er in seiner Analyse der hegelschen Dialektik von Herrschaft und Knechtschaft einst ausführte: »Dem Knecht kann es nur darum gehen, seine Enttäuschung abzuarbeiten. Arbeit aber ist Disziplinierung und Bildung. Gebildet ist, wer um seine Enttäuschung weiß, sich aber nicht aufgibt, sondern seine Enttäuschung abarbeitet.« Diesem Anspruch hat sich Gerd Roellecke in vorbildlicher Disziplin sein Leben lang gestellt und damit Maßstäbe ethischer Verantwortung eines wissenschaftlich Arbeitenden gesetzt.

Stets mit wachem Verstand und nie erlahmender Neugier die Welt des Rechts beobachtend, suchte er die wirklichen Bewegungsgesetze der rechtsgeschichtlichen Entwicklung hinter den vordergründigen Drapierungen und wechselnden Moden des Zeitgeistes zu verstehen. Furchtlos wagte, ja suchte er den Blick »unter den erhobenen Schleier des Rechts« und analysierte das ihn anstarrende »Gorgonenhaupt der Macht« (Kelsen) mit der ruhigen und abgeklärten Gelassenheit desjenigen, der um die unauslotbaren Tiefen des Menschen ebenso weiß wie um die Grenzen seiner Handlungsmöglichkeiten. Dabei wird in all seinen Beiträgen ein überzeitlicher Grundton hörbar, den Gerd Roellecke selbst als eine Form »historischer Verdichtung« bezeichnet hat[3]: läßt sich der Jurist auf die politischen Probleme ein, auf die das Recht eine Antwort finden muß, wird er in der Geschichte die Grundstruktur fast aller politischen Probleme wiedererkennen, die Vielfalt rechtlicher Problemlösungsansätze zur Kenntnis nehmen, sie studieren und sie für die Bewältigung aktueller Probleme fruchtbar machen. In diesem Sinne ließ er sich von den je aktuellen politischen Ereignissen, Diskussionen und Bucherscheinungen seiner Zeit inspirieren, spürte aus aktuellem Anlaß der erstaunlichen und ihn faszinierenden Kontinuität des Rechts in der Zeit nach, analysierte es als zeitgeprägte Lösung allgemeiner Konfliktlagen und vermochte aus der Distanz des Beobachters noch jedem Problem originelle Perspektiven abzugewinnen und ebenso überraschende wie rechtspraktisch umsetzbare Thesen zu formulieren. Zwar zeigt sich dann häufig, daß »überhaupt der Fortschritt das an sich [hat], daß er viel größer ausschaut, als er wirklich ist« (Nestroy). Doch liegt in dieser Erkenntnis nicht bereits der größte aller möglichen Fortschritte?

»Alles könnte anders sein, aber fast nichts läßt sich ändern« – die Paradoxie dieses oft zitierten Satzes Niklas Luhmanns hat ihn Zeit seines Lebens inspiriert und fasziniert. Ihn in seiner Logik zu verstehen und in seinen politischen wie rechtlichen Konsequenzen zu entfalten, bildet das wissenschaftliche Layout seines Lebenswerks. Medium war ihm dabei sowohl der gediegene Fachbeitrag wie der elegante Essay, das »historische Layout« oder die zahlreichen »staatsrechtliche Feuilletons« in der FAZ.[4] Buchre-

---

[3] Vgl. *Gerd Roellecke*, Das Paradox der Verfassungsauslegung, Schönburger Schriften zu Staat und Recht, Bd. 2, 2012.

[4] Verzeichnis der Veröffentlichungen in: Recht und Recht. Festschrift für Gerd Roellecke, hg. v. Rolf Stober, 1997, S. 381 ff.

zensionen gerieten ihm unversehens zum engagierten und lebendigen wissenschaftlichen Disput[5], tagespolitische Anlässe inspirierten engagierte Leserbriefe, die ob ihres pointierten Scharfsinns und ihrer stilistischen Brillanz über den konkreten Anlaß hinaus faszinieren. Nachfolgende Auswahl aus Gerd Roelleckes staatsrechtlichen Feuilletons ist chronologisch nach dem Erscheinungsdatum geordnet. Auf eine inhaltliche Systematisierung wurde bewußt verzichtet. So erwartet den Leser ein Kaleidoskop bundesrepublikanischer Befindlichkeiten über fünf Jahrzehnte hinweg. Inhaltlich zusammengehalten werden diese Beiträge zu fast allen politischen Themen der Zeit durch die Perspektive eines kritischen Zeitgenossen, dem aus der Beobachtung die kreative Lösung auch gordischer Knoten gelang, der das theoretisch Gedachte in die bewundernswerte Eleganz des Wortes zu kleiden und derart das praktische Leiden an der Welt in den theoretischen Genuß eben dieser Welt zu sublimieren vermochte. So wird die Zeitgebundenheit der Beiträge ins Allgemeine und Zeitlose transzendiert und zugleich das Geheimnis gelingenden Lebens exemplarisch belegt: so viel wie möglich von der Wirklichkeit zu verstehen im Bewußtsein unübersteigbarer Grenzen der Erkenntnis, hart zu arbeiten im Bewußtsein, fast nichts ändern zu können, das Wort zu erheben im Bewußtsein, daß nur wenige es hören und noch weniger entsprechend handeln werden. Man wende nicht ein, daß sei nicht viel. Im Gegenteil: das ist fast alles.

Otto Depenheuer

---

[5] Vgl. dazu die von *Patrick Bahners* herausgegebene Parallelveröffentlichung: *Gerd Roellecke*, Wissenschaftsgeschichte in Rezensionen, 2013.

Die Krankheit des Arztes

»Im übrigen wird gegenüber dem Carl Schmitt der Weimarer Zeit ständig jener logische Fehlschluß praktiziert, der den Arzt für eine Krankheit deswegen verantwortlich macht, weil er sie diagnostiziert hat«, schreibt Winfrid Martini in einem Leserbrief in der F.A.Z. vom 19. Juli 1963. Hätte Carl Schmitt vor 1933 die Beschwerden der Weimarer Republik nur diagnostiziert, so könnte man sich damit beruhigen, daß seine Diagnose so unzulänglich war wie die vieler anderer auch. Aber er hat außerdem eine Therapie propagiert. Er hielt die Weimarer Demokratie für unheilbar paranoisch, für unfähig, die Freund-Feind-Gruppierung im Innern aufzulösen, und empfahl eine politische Euthanasie: die Diktatur des Reichspräsidenten. Daß er damit die Republik vor Hitler bewahren wollte oder konnte, unterstellt ihm ein Maß an politischer Blindheit, welches für seine Gegner ebenfalls so beleidigend ist wie für ihn: »Der Hüter der Verfassung«, die konkreteste Ausprägung der Schmittschen Diktaturtheorie, erschien 1931, zu einer Zeit, als Hindenburg 83 Jahre alt wurde und der junge Hitler, Exponent einer mächtigen und radikalen Partei, sich anschickte, für das Amt des Reichspräsidenten zu kandidieren. Angesichts dieser Konstellation sollte Schmitt nicht bemerkt haben, daß Hitler der nächste sein konnte, der nach jenem Gift griff, das Carl Schmitt parat hielt? Und wenn der »Volkssouverän« damals wirklich zur Diktatur gedrängt haben sollte, wie Martini meint, so gliche Carl Schmitt mehr einem Arzt, der einem Süchtigen Morphium verabreicht, als einem, der es ihm entzieht.

Schließlich ist die Behauptung falsch, nach Schmitts Verfassungstheorie wäre das Ermächtigungsgesetz von 1933 nicht legal gewesen. Hätte Herr Martini nur das Gesetz selbst und die Schmittsche Verfassungslehre um einige Seiten weiter gelesen, so hätte er feststellen können, daß auch das Ermächtigungsgesetz nach der Schmittschen Terminologie keine Verfassungsänderung, sondern eine Verfassungssupension bedeutete, das heißt »die zeitweilige Außerkraftsetzung einzelner oder aller verfassungsgesetzlichen Bestimmungen«, die zum »Schutz der Verfassung im positiven und substantiellen Sinne« (Verfassungslehre, Seiten 109, 112) mehr als legal, die legitim war. An diese Lehre knüpft der Artikel 79 Absatz 3 des Grundgesetzes an – allerdings mit umgekehrtem Vorzeichen – und nicht an Schmitts Theorie über die Grenzen der Verfassungsänderung.

All das wäre freilich uninteressant, handelte es sich ausschließlich um eine Teilinterpretation der jüngeren deutschen Geschichte. Aber daß Carl Schmitt seine Diktatur-Rezepte aus der Weimarer Zeit heute noch als unüberholte Analyse einer rechtsstaatlich-demokratischen Verfassung anpreist (Vorbemerkung zur Ausgabe der »Verfassungslehre« von 1954), daß er über Macht immer noch nicht mehr zu sagen weiß, als daß sie Recht habe (»Gespräche über die Macht und den Zugang zum Machthaber«, 1954), daß er sich auf ein und derselben Buchseite »den einzigen Rechtslehrer dieser Erde, der das Problem des gerechten Krieges, einschließlich leider des Bürgerkrieges, in allen seinen Tiefen und Gründen erfaßt und erfahren hat« und einen »christlichen Epimetheus« nennen kann, der nicht wußte, welche Übel die Büchse der höchst unchristlichen Pandora enthielt (Ex Captivitate Salus, 1950, Seite 12), das ist seine Krankheit, die ihn als Arzt disqualifiziert.

29. Juli 1963

Wenigstens Doktor sollte der Professor sein

Anmerkungen zu einer Hochschulpolitik, die keine Unterschiede treffen will

Wenn man ausländischen Besuchern aus West und Ost die Struktur unserer Universitäten zu erläutern versucht, hört man häufiger, als dem eigenen Selbstbewußtsein lieb ist, die Frage, ob das, was wir Hochschulreform nennen, nicht die Qualität der deutschen Wissenschaft gefährde.

Eine berechtigte Frage. Denn an Ruf und Rang der deutschen Universität hängen immer noch Ruf und Rang der deutschen Wissenschaft. Ich brauche nicht einzelne wissenschaftliche Ergebnisse zu nennen und will auch nicht die überragenden Verdienste der Deutschen Forschungsgemeinschaft und der Max-Planck-Gesellschaft schmälern. Aber die deutschen Universitäten sind nun einmal der größte Multiplikator wissenschaftlicher Ideen. Sie stellen den wissenschaftlichen Nachwuchs. Schon in zehn Jahren wird die Wissenschaft im wesentlichen von denen getragen werden müssen, die heute die Universität verlassen. Die deutschen Universitäten sind die Grundlage für ein System von hochqualifizierten Gutachtern, um das uns die Welt beneidet, sie sind die Grundlage für das Gutachtersystem der Deutschen Forschungsgemeinschaft. Ohne die deutschen Universitäten hätte die Max-Planck-Gesellschaft schon vor einiger Zeit begonnen, personell zu verkrusten, weil sie ihre Fluktuationsrate und damit die Mobilität ihrer Wissenschaftler nicht hätte aufrechterhalten können.

Aber so entscheidend die Qualitätsfrage ist, unsere Hochschulpolitik rechnet in Quantitäten. Studienplätze mal Verweildauer gleich Studentenausstoß – das ist die hochschulpolitische Formel einer Regierung, die unentwegt von der Qualität des Lebens redet. Sich an Studentenzahlen zu berauschen, ist allerdings auch leichter, als die Unterscheidungen zu treffen oder zu fördern, die in einem arbeitsteiligen Gemeinwesen die Qualität des Lebens wenigstens erhalten.

Daß es für die Qualität einer Universität kein Kriterium gebe, ist nicht wahr. Von Kiel bis Freiburg, von Bremen bis Konstanz und von Aachen bis Göttingen kennt es jeder: die Qualität einer Universität wird zuerst und vor allem durch die Qualität ihrer Professoren bestimmt. Am Wissen, am Fleiß, am Einfallsreichtum und am Engagement der Professoren hängen Rang und Ruf einer Universität. Auch in Berlin orientiert man sich an diesem Kriterium, wie Nina Grunenberg in der »Zeit« vom 29. Juni 1973 zu berichten weiß: »Winkt ... auch nur von fern eine Koryphäe, dann wird von Vizepräsident Wesel an der FU so hemmungslos geboten, wie es sonst nur noch Hertha BSC darf, wenn ein neuer Mittelstürmer eingekauft werden soll.«

Prüft man jedoch, wie Hochschulpolitik 73 diesem allgemein anerkannten Qualitätskriterium gerecht wird, möchte man um die Zukunft der deutschen Universitäten bangen. Das Äußerste, zu dem sich der Referentenentwurf eines Hochschulrahmengesetzes vom 29. Juni 1973 aufrafft, ist, daß er als Einstellungsvoraussetzung für einen Assistenzprofessor in der Regel eine hervorragende Promotion verlangt (§ 47 Abs. 1 Nr. 1). Eine Habilitation dagegen darf in keinem Fall verlangt werden (§ 47 Abs. 2), obwohl sie sich nach der Systematik des Entwurfs als zusätzliche Einstellungsvoraussetzung für Professoren geradezu anbietet. Warum die Promotion auf- und die Habilitation abgewertet werden soll, ist kein Geheimnis: Die Habilitation gilt als Signum der Ordinarienherrschaft, und der wollen die Referenten des Bundeswissenschaftsministers nun endgültig den Garaus machen. Deshalb werfen sie nicht nur in den Gremienküchen Professoren, und Assistenzprofessoren in denselben Topf (§ 41 Abs. 4), soweit es darum geht, das Stimmgewicht der Hochschullehrer zu vermindern, werden sie auch sorgfältig bis zur Pingeligkeit: In Forschungs-, Lehr- und Berufungsangelegenheiten sollen die Hochschullehrer zwar die Mehrheit haben. Aber »statt der Mehrheit genügt auch die Hälfte der Stimmen, wenn in dem Gremium ein Hochschullehrer den Vorsitz führt und seine Stimme bei Stimmengleichheit den Ausschlag gibt« (§ 41 Abs. 4). Abgesehen von der Ineffektivität dieser Regelung, kräftiger kann man wohl die Gruppe nicht vor den Kopf stoßen, auf deren guten Willen jede Universität in besonderem Maße angewiesen ist.

Leider kann man sich nicht damit beruhigen, daß das Ressentiment der ministerialen Referenten politisch folgenlos bleiben wird. Auch wenn der Entwurf so, wie er jetzt vorliegt, Gesetz werden sollte, werden allerdings nicht die Folgen eintreten, die sich die Verfasser vorstellen. Wer aufmerksam die Zeitung liest und sich in den reformierten Hochschulgesetzen ein wenig auskennt, weiß, was zu erwarten ist. Ein kluger Assistent beispielsweise wird sich hüten, Assistenzprofessor zu werden, und eine vernünftige Fakultät wird keine Assistenzprofessuren beantragen, weil der Assistenzprofessor eine Einbahnstraße ins Nichts ist. Und wer heute nicht klug ist, wird es spätestens sechs Jahre nach der Bewilligung der ersten Stellen werden, dann nämlich, wenn die ersten Assistenzprofessoren auf die Straße gesetzt werden müssen. Das heißt, der Assistenzprofessor wird sterben. Aufblühen wird dagegen die Habilitation, weil man um so entschiedener auf formale Leistungsnachweise setzt, je weniger ein System Differenzierungen und formale Orientierungen legalisiert. Auch der Ordinarius wird kräftig weiterleben. Vermutlich wird man ihn nicht mehr so nennen, und wahrscheinlich wird die Zahl der Ordinarien, besonders in den geisteswissenschaftlichen Fächern, abnehmen. Aber den wissenschaftlichen Meister, der Schüler um sich sammelt, der sich vor Gutachtenaufträgen und Vortragseinladungen nicht mehr retten kann, um den sich die Verlage reißen, den wird es immer geben und der wird auch an jeder Universität die Sach- und Personalmittel erhalten, die er verlangt – natürlich mit einem Risikozuschlag, weil die Referenten des Bundeswissenschaftsministers der Ansicht sind, Hochschullehrern dürften »keine Zusagen über die Ausstattung des vorgesehenen Aufgabenbereiches mit Personal- und Sachmitteln erteilt werden« (§ 48 Abs. 4).

Nein, die unmittelbaren Folgen des Hochschulrahmengesetzes werden für die Wissenschaft in den Universitäten lästig, aber erträglich sein. Die schlimmen Konsequenzen liegen woanders. Weil unsere Hochschulpolitik die Qualitätsfrage nicht beantwortet und Differenzierungen vermeidet, wo es irgend geht, werden sich Differenzierungen außerhalb des Gesetzes, wenn nicht gegen das Gesetz durchsetzen. Das bedeutet: Die rechtsstaatlich-demokratischen Entscheidungsverfahren werden nicht mehr greifen, Kontrollen werden ausgeschlossen, Transparenz wird sich in einen milchigen Nebel verwandeln, die wissenschaftliche Reputation wird sich auf immer weniger Personen konzentrieren, die staatliche Hochschulpolitik wird immer unbeweglicher werden, und die Kultusminister werden immer hilfloser im Grau des Wissenschaftsbetriebs herumtapsen. Denn genau in dem Maße, in dem eine Politik auf Differenzierungen verzichtet, beraubt sie sich selbst ihres wichtigsten Planungs- und Steuerungsinstruments. Wenn man alle gleich behandelt, wird Politik unmöglich.

Nun kann man in der Gleichbehandlung aller ein erstrebenswertes politisches Ziel sehen. Aber dann muß man Rechenschaft darüber ablegen, wie die unterschiedlichen Aufgaben in einem arbeitsteiligen Gemeinwesen optimal oder wenigstens sachgerecht erfüllt werden sollen. Zu dieser Frage wird man in der hochschulpolitischen Diskussion kaum Konkretes finden. Soweit überhaupt Antworten gegeben werden, stammen sie jedenfalls nicht von denen, denen die Demokratisierung unserer Universitäten nicht fortgeschritten genug ist, sondern beispielsweise vom Stifterverband für die deutsche Wissenschaft. Der Stifterverband hat das Gewicht seiner Förderungspolitik von der institutionellen Förderung auf die Projektförderung verlegt. Im Klartext heißt das: Er will den wissenschaftlichen Institutionen, also auch den Universitäten, die Befugnis nehmen, über die Verwendung der Mittel zu entscheiden, welche die Wirtschaft der Wissenschaft zur Verfügung stellt. Dafür mag es Gründe geben, die mit der Struktur unserer Universitäten nicht viel zu tun haben. Aber die neue Politik des Stifterverbandes zeigt, daß den Politikern die konkrete Differenzierung und damit die wirkliche Politik entgleiten kann und – entgleitet.

Ein erstaunlicher Befund: eine Politik, die dahin tendiert, sich selbst aufzuheben, Politiker, die sich selbst entmachten – natürlich nicht, ohne dabei mit Pappschwertern wie Fachaufsicht und Regelstudienzeit in der Luft herumzufuchteln. Dieser Befund ist so erstaunlich, daß man ihn nicht mit abfälligen Vokabeln wie Ignoranz und Opportunismus verkleistern sollte. Auch die Erklärung, hier verallgemeinere sich plattestes Bildungsbürgertum, ist keine. Daß eine hochindustrialisierte Gesellschaft immer mehr wissenschaftlich ausgebildete Fachkräfte benötigt, ist funktional gedacht und gehört zu den Glaubenssätzen unserer Bildungspolitik. Die Unfähigkeit, im Hochschulbereich qualitativ zu differenzieren oder Differenzierungen gesteuert zu ermöglichen, scheint mir vielmehr auf einem Credo zu beruhen, das Jürgen Habermas wie folgt formuliert hat: »Sowenig ... das System der Wissenschaft intentional hinter einen erreichten Stand kumulativen Wissens zurückfallen kann, so wenig kann auch das Moralsystem, wenn erst einmal praktische Diskurse zugelassen worden sind, einen kollektiv erreichten Stand des moralischen Bewußtseins einfach vergessen machen.«

Man mache sich bewußt, was der Vordersatz, es könne keinen wissenschaftlichen Rückschritt geben, wissenschaftspolitisch bedeutet. Er bedeutet: Hochschul- und Wissenschaftspolitik werden absolut risikofrei. Denn hinter den Status quo kann man nicht zurück fallen. Und der Status quo ist so übel nicht. Man kann nichts mehr falsch machen. Deshalb kann man sich alles leisten, beispielsweise ohne Rücksicht auf soziale Kosten experimentieren. Kumulativ kann nichts schiefgehen. Man kann auch systemfremde Organisationsmodelle ausprobieren. Schlechter als die herkömmlichen können sie nicht funktionieren. Sachverstand braucht man nicht zu pflegen.

Die einzige politische Aufgabe, die sich noch stellt, ist, die aufzuscheuchen, die sich auf dem Status quo ausruhen wollen, und die zu zügeln, die zu rasch vorwärtsdrängen. In diesem Sinne kann man sagen: Hochschulpolitik 1973 ist zu verstehen als der Versuch, den Fortschritt auf Gleichschritt zu bringen.

26. Juli 1973

Kalte Verachtung und obszöner Respekt

Politische Layouts nach 1806 und 1945

Man kann nur über Themen diskutieren, zu denen man verschiedener Meinung sein kann, über Börsenkurse, den Bundeskanzler, Geschwindigkeitsbeschränkungen, das Wetter oder die Wiedervereinigung. Bei manchen Themen ist jedoch die Mitteilung einer anderen Meinung nicht möglich, weil Thema und Meinung so verschmolzen sind, daß abweichende Meinungen mit Achtungsentzug bestraft werden. Das eindrücklichste Beispiel für solch eine einseitige Kommunikation durch Moralisierung des Themas ist der Nationalsozialismus. Wenn man über die Zeit zwischen 1933 und 1945 in Europa spricht, muß man verdammen, was die Deutschen getan haben, jeden Vergleich ausschließen und darf nur Buße und Trauer zulassen. Alle anderen Gefühls- oder Geistesregungen sind als Verdrängungen unserer Mitschuld am NS-Unrecht darzustellen.

Unter diesen Umständen blockiert alles Reden über den Nationalsozialismus das kognitive Verstehen. Dieser Tatbestand gehört zu der geistigen Wüste, die der Nationalsozialismus hinterlassen hat. Noch so gut gemeinte Aufklärung bessert nichts. Im Gegenteil. Ihr moralisches Pathos macht alles noch peinlicher. Man kann den Aufklärern nicht mehr zuhören. Aufklärung über etwas, das alle wissen, aber nicht bereden wollen, ist so widerwärtig, daß die heutige Anpassung an Aufklärung nur mit der Angst vor Diskreditierung erklärt werden kann.

Deshalb sollte man beginnen, weniger über den Nationalsozialismus und mehr über die moralischen Mechanismen zu sprechen, die heute die Diskussion über ihn blockieren. Das verlangt freilich Distanznahmen und Vergleiche, die selbst der Gefahr der moralischen Diskreditierung ausgesetzt sind. Um dieser Gefahr wenigstens in einem ersten Zug auszuweichen, wollen wir zwei Abschnitte der deutschen Geschichte vergleichen, die sich in manchem ähneln und die beide mit tiefgreifenden politisch-moralischen Problemen zu kämpfen hatten beziehungsweise haben: die Zeit nach 1806, also nach dem Ende des Heiligen Römischen Reiches Deutscher Nation, und die Zeit nach 1945, also nach dem Ende des sogenannten Dritten Reiches.

Wann das Heilige Römische Reich Deutscher Nation begonnen hat, ist umstritten. Um das Fremde, Ferne zu betonen, wird die Abkürzung »Heiliges Reich« verwendet.

Über das formelle Ende des Heiligen Reiches ist man sich indessen einig. Es wird auf den 6. August 1806 datiert. Damals legte der letzte römische Kaiser Franz II. auf ein Ultimatum Napoleons hin die Kaiserkrone nieder und entband alle Reichsangehörigen von ihren Pflichten gegen das Reich. Daß das Heilige Reich damit wirklich sein Ende gefunden hatte, ist allerdings alles andere als selbstverständlich.

Mit der Niederlegung der Kaiserkrone wurde das Heilige Reich ledig. Was in diesem Fall zu geschehen hatte, war in der Goldenen Bulle von 1356 minutiös geregelt: Der Erzbischof von Mainz als Erzkanzler für Germanien – das war 1806 der Erzbischof von Regensburg-Aschaffenburg – war verpflichtet, die Kurfürsten des Heiligen Reiches zur Kaiserwahl nach Frankfurt am Main zu rufen. Der Pfalzgraf bei Rhein – das war 1806 der König von Bayern – wurde als Reichsvikar von Gesetzes wegen Vertreter des römischen Königs in den rheinischen und schwäbischen Landen sowie in den Gebieten des fränkischen Rechts. Der Herzog von Sachsen – das war 1806 der König von Sachsen – erhielt als der andere Reichsvikar die gleichen Rechte in den Gebieten des sächsischen Rechtes.

Das alles konnte nach dem 6. August 1806 freilich nicht mehr geschehen. Der König von Bayern – der eine Reichsvikar – und der Erzbischof von Regensburg-Aschaffenburg – der Erzkanzler für Germanien – hatten den Rheinbund mitbegründet und waren mit anderen Rheinbund-Staaten am 1. August 1806 aus dem Heiligen Reich ausgetreten. Von Verfassungs wegen durften sie zwar nicht austreten. Die Austrittserklärung war Felonie, Lehnsverrat, die mit Acht geahndet werden konnte. Aber – es ist bereits klar, was ich belegen will: Niemand hielt mehr etwas vom Heiligen Reich, selbst die nicht, deren einzige Legitimation es war, die deutschen Fürsten.

Das Reich war irreparabel diskreditiert. »Feudalismus«, »Absolutismus« und »Polizei« bekamen einen abwertenden Beigeschmack. Was alle politisch interessierten Zeitgenossen dachten, hat Hegel in seiner »Beurteilung der Verhandlungen der Landstände des Königreichs Württemberg im Jahr 1815 und 1816« so formuliert: »Nachdem der Unsinn der Einrichtung, welcher Deutsches Reich genannt und wohl am richtigsten von einem wenigstens geistreichen Geschichtsschreiber als die Konstituierung der Anarchie bezeichnet worden ist, endlich sein verdientes und ihm auch in der äußeren Art und Weise gemäßes schimpfliches Ende erreicht hatte« ... habe das vormalige Württemberg die Stellung eines souveränen Staates erhalten ... »eines von den wirklichen deutschen Reichen, die den Platz des Undings einnehmen, das nur noch den leeren Namen eines Reiches geführt hatte.«

Diese Verachtung des Heiligen Reiches war von einer verzehrenden Kälte und saß tiefer als unsere Abscheu vor dem Nationalsozialismus. Abscheu schließt Furcht und Schrecken ein und damit eine Art obszönen Respekts. Selbst dieser beschämte und beschämende Respekt blieb dem Heiligen Reich versagt. Nicht einmal der Schatten eines großen Verbrechens warf es in das 19. Jahrhundert. Es war nur verachtet, ein Nichts geworden. Übrig blieb die deutsche Nation.

Aber was war die deutsche Nation ohne das Heilige Reich? Eine Sprachgruppe ohne Geschichte. Denn das Heilige Reich war die Geschichte der deutschen Nation. Das »Deutscher Nation« wurde dem Heiligen Römischen Reich zwar erst im 15. Jahrhundert hinzugesetzt. Aber das Heilige Reich hat die Biographie der deutschen Nation geschrieben und ihr die Legenden, Mythen, Ordnungen und Institutionen zur Verfügung gestellt, die die Einheit einer Nation ausmachen. Die Verachtung des Heiligen Reiches bedeutete für die Deutschen daher etwas sehr Schlimmes: den Verlust ihres historischen Selbstbewusstseins, ihrer Geschichte. Natürlich gab es noch Überlieferung und alte Gewohnheiten, aber eben nicht mehr. In diesem Sinne waren die Deutschen mit dem Ende des Heiligen Reiches geschichtslos geworden.

Daß alle in der Verachtung des Heiligen Reiches übereinstimmten, erleichterte nichts. Da alle das Heilige Reich mitgetragen hatten, wirkte das rattenhafte Verlassen des untergehenden Schiffes nur um so peinlicher. Über die jüngere deutsche Geschichte schwieg man besser. Deshalb mußte sich die deutsche Nation auf der Suche nach sich selbst teils im Mittelalter, teils in England und teils in Frankreich wiederfinden, was die nationale Selbstachtung nicht gerade stabilisierte und die Bildung neuer Legenden förderte. Im Rückgriff Hegels auf die »wirklichen deutschen Reiche« deutet sich das bereits an. Die deutsche Geschichtswissenschaft hat denn auch im Laufe des 19. Jahrhunderts die deutsche Geschichte nachgeliefert: mit dem Preußen-Mythos, der Verklärung des Mittelalters, der Erfindung des deutschen Volkes, mit deutscher Treue und deutscher Rache, was übrigens belegt, daß die Vergangenheit doch nicht so unveränderlich ist, wie wir annehmen.

Die Geschichte vom Ende des Heiligen Reiches ist bereits hundertfach erzählt. Die Zeit zwischen 1770 und 1830 galt schon den Zeitgenossen als Epochenschwelle, mit der man den Anbruch eines neuen Zeitalters erwartete. Ich habe seine Geschichte aber gleichsam gegen den Strich der Entwicklung erzählt, um die Perspektive sichtbar zu machen, die ich »politisches Layout« nennen möchte.

Üblicherweise werden historische Ereignisse in Entwicklungen eingeordnet, damit man sie besser versteht. Die Entwicklungen verlaufen in der Regel nicht geradlinig, sondern nach den Mustern: Sündenfall und Erlösung, Herrschaft und Revolution, Konjunktur und Krise, Aufstieg und Verfall. Solche Auf-und-Ab-Bewegungen erlauben es, Ereignisse zu bewerten und auch den negativen Ereignissen einen positiven Sinn zu geben. Der Sinn bezieht sich stets auf das vorläufige Ende der Entwicklung, an dem man immer selbst steht. Motto: Durch dieses Feuer mußten wir gehen.

Ich dagegen frage: Wie wurden die Fürsten mit ihrer Blamage fertig? Wie die deutsche Nation mit dem Verlust ihrer Geschichte? Und da Geschichte auch immer akkumulierte Erfahrung ist: wie mit dem Verlust politischer Erfahrung? Wie hat sich die Verachtung des Heiligen Reiches im Verhältnis zum Ausland ausgewirkt? Ich betrachte also das Ende des Heiligen Reiches von dem Problem aus, das es für die Hinterbliebenen Reichsangehörigen bildete: das Ende als Vorgabe für die folgende deutsche Politik. Diese Perspektive nenne ich Layout.

Mit Layout werden im allgemeinen Vorgaben, Grundrisse, Skizzen, Entwürfe, Gestaltungsrahmen bezeichnet. Genau in diesem Sinne möchte ich unter politischen

Layouts herausragende politische Ereignisse mit langfristigen handlungsleitenden Folgen oder schwer zu verdrängende politische Situationen verstanden wissen, die kontinuierlich verarbeitet werden.

Die Perspektive des politischen Layouts bringt anderes in den Blick als das Konzept historischer Entwicklung. Fragt man: Welche politisch-sozialen Probleme stellten sich für die Menschen zu einem gegebenen Zeitpunkt und wie haben sie sie verarbeitet, gelöst oder verdrängt?, dann werden die Ausgangsprobleme selektiv für historische Ereignisse, nicht der Gang der Geschichte. Aber die Zeitgenossen reagieren ja auch bewußt auf Probleme, nicht auf Entwicklungen.

Das Metternichsche System nach 1815 beispielsweise wirkt nur dann »alt« und restaurativ, wenn man es in die politischverfassungsrechtliche Entwicklung vom Entwurf einer beständigen Wahlkapitulation von 1711 bis zur Paulskirchen-Verfassung von 1849 einordnet. Dann erscheint der Deutsche Bund in der Tat als ein Schritt zurück, als eine vereinfachte und bereinigte Ausgabe des Heiligen Reiches.

Betrachtet man das Metternichsche System dagegen aus der Perspektive des Layouts, das heißt von den mit der Diskreditierung des Heiligen Reiches gegebenen Problemen aus, dann erscheinen die Entscheidungen des Wiener Kongresses in einem anderen Licht. Gab es 1815 wirklich eine andere politische Möglichkeit als den Deutschen Bund? Eine Wiederherstellung des Heiligen Reiches kam nicht in Betracht. Dafür war das Reich zu verachtet. Ebensowenig eine Demokratie nach dem Vorbild der französischen Nationalversammlung. Dafür hatte die Französische Revolution zu große Schrecken verbreitet. Der englische Parlamentarismus war damals auch nicht gerade vorbildlich, wie man aus der nicht zu überhörenden Diskussion um die Reform des englischen Wahlrechts wußte. Weitere mögliche Vorbilder sehe ich nicht. Außerdem hatten die alten Mächte letztlich die Franzosen besiegt, sich also als stärker als die Königsmörder erwiesen. War das nicht Zeichen genug? Kann man einem Sieger wirklich zumuten, das Verfassungskonzept des Besiegten zu übernehmen?

Andererseits gab es innerdeutsche Querelen und eine von den Fürsten selbst geförderte öffentliche Meinung. Beide verlangten nach einer rechtlichen Gestaltung der deutschen Nation. Deshalb blieb nichts übrig, als aus den Trümmern des Heiligen Reiches einige leidlich haltbare auszuwählen, vom Staub der Jahrhunderte und des Zusammenbruchs zu reinigen und den Deutschen Bund damit zu stützen. Der ranzige Name des Reiches wurde nicht übernommen. Das war vernünftige, klug abwägende, realistische Politik, nicht Restauration.

In der Perspektive des Layouts werden auch die Gesichtspunkte sichtbar, nach denen die deutschen Fürsten die Trümmer ausgewählt haben. Man braucht nur das letzte große Gesetz des Heiligen Reiches, mit dem die linksrheinisch geschädigten Fürstenhäuser rechtsrheinisch entschädigt werden sollten, also den Reichsdeputationshauptschluß von 1803, mit der Deutschen Bundesakte von 1815 zu vergleichen. Dann sieht man vor allem zwei grundlegende Unterschiede.

Der erste Unterschied: Wegen der gewaltigen Gebietsverschiebungen, die er vorsah, mußte der Reichsdeputationshauptschluß die Stimmverteilung im Fürstenkollegium des Reichstages neu regeln. Paragraph 32 lautete deshalb: »Neue Virilstimmen in dem Reichsfürstenrathe erhalten: Der Kaiser, als Erzherzog zu Österreich: für Steiermark eine, für Krain eine, für Kärnten eine und für Tirol eine, in allem 4 Stimmen. Der Kurfüst von der Pfalz, als Herzog in Baiern: für das Herzogthum Berg eine, für Sulzbach eine, für Niederbaiern eine und für Mindelheim eine, in allem 4 Stimmen. Der König von Preussen, als Herzog von Magdeburg: für Erfurt eine und für das Eichsfeld eine, in allem 2 Stimmen«, und so geht es weiter für alle reichsunmittelbar gebliebenen Fürsten.

Der entsprechende Artikel VI der Deutschen Bundesakte von 1815 sah ein Plenum der Bundesglieder vor und fuhr fort: »wobei jedoch mit Rücksicht auf die Verschiedenheit der Größe der einzelnen Bundesstaaten folgende Berechnung und Verteilung der Stimmen verabredet ist: Oesterreich erhält 4 Stimmen, Preussen 4 Stimmen, Sachsen 4 Stimmen, Baiern 4 Stimmen« und so weiter durch den Deutschen Bund. Das Ergebnis war in beiden Fällen ähnlich. Habsburg vier Stimmen, Wittelsbach vier Stimmen, Hohenzollern allerdings früher zwei und jetzt vier Stimmen. Aber der Reichsdeputationshauptschluß nimmt noch Bezug auf die Lehnsordnung des Heiligen Reiches und auf den persönlichen Rang der Fürsten. Die Bundesakte verzichtet nicht nur auf diese Bezugnahme, sie ersetzt sie durch einen ganz und gar unaristokratischen, wenn nicht plebejischen, so doch kaufmännischen Maßstab; durch die pure Größe, durch reine Quantität, durch rechenhafte Merkmale, durch die Zahl.

Der zweite Unterschied: Das Reichsgutachten über den Reichsdeputationshauptschluß, das heißt die Empfehlung des Direktoriums des Reichstages an den Kaiser, das Gesetz zu ratifizieren, das Reichsgutachten also bekräftigt noch die alten Reichsgrundgesetze, »insonderheit den westphälischen Frieden« von 1648. Wie seit Jahrhunderten üblich, versucht das Gutachten, die faktische Geltung der Verfassungsgesetze des Heiligen Reiches durch beschwörende Ermahnung zu sichern, durch einen Appell an die Treue, den Anstand und die Ehre der Reichsglieder.

Ganz anders die Deutsche Bundesakte von 1815: »Wo es auf Abfassung und Abänderung von Grundgesetzen des Bundes, auf Beschlüsse, welche die Bundes-Acte selbst betreffen, auf organische Bundeseinrichtungen und auf gemeinnützige Anordnungen sonstiger Art ankömmt«, lautet Artikel VI, »bildet sich die Versammlung zu einem Plenum«, für das Artikel X ff. der Wiener Schlußakte von 1820 Verfahrensvorschriften nach schob, die unsere heutige Regelung von Verfassungsänderungen schon deutlich vorzeichnen. Die Bundesakte überläßt die Sicherung der Bundesverfassung mithin nicht mehr der Treue und der Ehre der Bundesglieder, sondern gewährleistet die Verfassung durch besondere Organe und qualifizierte Mehrheiten. Recht löst personale Bindung ab, Rechtssicherheit ersetzt Anstand.

Der Deutsche Bund zeigt also, daß die deutschen Fürsten selbst die aristokratischen Grundlagen des Heiligen Reiches gegen bürgerlich-kaufmännische Rechenhaftigkeit und Rechtssicherheit ausgetauscht haben. Wenn man unter Revolution den Wechsel der Legitimationsgrundlagen einer Rechtsordnung versteht, dann hat die bürgerliche Revolution, das heißt der Übergang von der aristokratischen zur bürgerlichen Gesellschaft, nicht am 14. Juli 1789 mit dem Sturm auf die Bastille und nicht mit der Märzrevolution von 1848 stattgefunden, sondern in Wien am 8. Juni 1815 mit der Unterzeichnung der Deutschen Bundesakte, dann waren deren Signatarmächte die eigentlichen Revolutionäre. Und sie mußten es werden. Denn nicht das Bürgertum und schon gar nicht die progressiven Studenten, Professoren und Literaten der Zeit, sondern die Signatarmächte der Bundesakte standen unter dem Druck der Entscheidung, ob sie weiter auf Legitimationsprinzipien des Heiligen Reiches setzen wollten oder nicht. Frei waren die Mächte aber nicht. Mag sein, daß einige Fürsten die alte Reichsherrlichkeit wiederauflebcn lassen wollten. Sie hätten es nicht gekonnt. Die Diskreditierung des Heiligen Reiches hatte den Vertrauensvorschuß aufgezehrt, den man Legitimation nennt. Andere Modelle waren nicht in Sicht. So waren die Fürsten orientierungslos und mußten entscheiden, wie sie entschieden haben: für bürgerliche Rechenhaftigkeit und Rechtssicherheit, gegen aristokratische Ehre und Treue.

Die Berufung der Fürsten auf bürgerliche, nichtaristokratische Rechtfertigungen verdeutlicht noch einmal, wodurch sich das Konzept der Entwicklung und die Perspektive des Layouts grundsätzlich unterscheiden: Die Perspektive des Layouts löst zwei Ereignisse oder Ereigniskomplexe aus dem historischen Kontext und bezieht sie als Problem und Lösung, Ende und Anfang, aufeinander. Wie das Problem entstanden ist, ob und warum beispielsweise das Heilige Reich verrottet war, wird gleichgültig, die Diskreditierung genügt. Bei der Entwicklung ist es umgekehrt. Die Gründe werden wichtig, die Ereignisse sind immer schon durch die nächste Stufe der Entwicklung überholt.

Allerdings kann nicht jedes Ereignis Layout sein. Das Layout muß ein Ereignis oder ein Ereigniskomplex sein, der für die folgende Politik überhaupt auffällig ist. Zum Layout werden deshalb in der Regel solche Ereignisse, welche die historische Identität ändern. Das können Niederlagen sein – wie die Eroberung Englands durch die Normannen –, Naturkatastrophen, aber auch moralische Desaster. Unter dem Aspekt der Identitätsänderung können die Ereignisse dann analysiert und die Layouts miteinander verglichen werden.

Das moralische Desaster des Nationalsozialismus ist offenkundig ein Layout für die deutsche politische Geschichte. Es hat die deutsche Identität geändert. Die Perspektive des Layouts ermöglicht es nun, das Desaster des

Heiligen Reiches mit dem Desaster des sogenannten Dritten Reiches zu vergleichen.

Die Folgen sind jedenfalls auf den ersten Blick verblüffend ähnlich: Unsicherheit und Peinlichkeit, Tabuisierungsbemühungen, Restauration, Polarisierung zwischen progressiv und konservativ, Protestbewegungen. Sogar die Haar- und Barttrachten der fortschrittlichen Intellektuellen gleichen sich. Und mit etwas Sinn für Strukturen kann man in Parkas und Jeans die altdeutsche Tracht von 1817 wiedererkennen.

Ich kann den Vergleich hier nicht ausziehen und will nur zwei Fragen hervorheben.

Die erste Frage: Wie kam es in der offenen Situation nach 1806 zur Restauration und zu Protestbewegungen? Antwort: Verachtung verunsichert.

Das – um mit Hegel zu sprechen – schimpfliche Ende des Heiligen Reiches zeigt, daß Nationen nicht ungenierter leben, wenn ihr Ruf erst einmal ruiniert ist. Im Gegenteil. Sie leben beträchtlich vorsichtiger. Wer weiß, daß ihn sein Gegenüber nicht achtet, wird weder Vertrauen schenken noch Vertrauen erwarten. Und Höflichkeit und Freundlichkeit wird er für Hinterlist halten. Für eine Nation ist das aber viel zu anstrengend. Sie wird dazu neigen, alte, scheinbar unangefochtene Verhaltensmuster aufzugreifen, um das unerläßliche Vertrauen wiederherzustellen. Nach einem moralischen Desaster blühen daher Restauration und Konservativismus. So gesehen ist das Metternichsche System der Nichtbewegung nicht die Folge der Erschöpfung nach langen Kriegen, sondern eine Folge der Diskreditierung des Heiligen Reiches. Natürlich gab es nach 1806 die preußischen Reformen. Aber ihre theoretische Begründung war so schwach wie die der »Fürstensouveränität« und der konstitutionellen Monarchie. Zur Schau gestellt wurden außerdem Klassik, historische Rechtsschule und landständische Verfassungen.

Nach 1945 eine ähnliche Situation. Man konnte nur die Weimarer Zeit restaurieren, nicht aus Überzeugung, sondern weil man es nicht besser wußte und nichts wagen konnte. In der Staatstheorie flackerten gespenstische Kämpfe um Weimarer Positionen auf, die politisch und soziologisch schon lange erledigt waren. Geistig verwirrt behaupteten Rechtsprechung und Rechtslehre ein Naturrecht, das nicht mehr war als ein Negativ der Barbarei. Und die bekannte Nierentischmode war nichts als ein mit mißverstandenen Lehren des Bauhauses gekreuzter Jugendstil. Gebraucht und antifaschistisch! Das waren Qualitätsmerkmale für Ideen.

Die zweite Frage: Wodurch unterscheiden sich die Layouts nach 1806 und nach 1945? Antwort: In ihrem Verhältnis zum Recht.

Das Heilige Reich war ideologisch ein personaler Verband und hatte über Religion und Moral integriert. Deshalb mußte es durch moralische Diskreditierung abgeschüttelt werden, als es dysfunktional geworden war. Die moralische Diskreditierung vergiftete gleichsam die moralischen Wurzeln des Reiches. Im übrigen konnte es aber in den natürlichen Lauf der Weltgeschichte eingeordnet und als verkalkt und altersschwach verstanden werden, weil personale durch formale Bindung, weil Moral durch Recht ersetzt wurde. »Eine Verfassung!« war die politische Forderung des Tages.

Die Verbrechen des sogenannten Dritten Reiches dagegen lassen sich nicht als Gebrechen interpretieren. Sie waren Staatsterrorismus und stabilisierten den Einfluß einer Partei, indem sie die Bevölkerung verunsicherten, besonders die traditionelle Führungsschicht. Das ist übliche Herrschaftstechnik bei Umstürzen. Die Französische und die russische Revolution – 1789 und 1917 – bieten weitere Beispiele. Willkür desorientiert eben und macht dadurch schwach. Die Verunsicherungsfunktion erklärt auch, warum Willkürmaßnahmen in der Regel öffentlich durchgeführt und nur notdürftig ideologisch kaschiert werden: Terror muß bekannt werden, wenn er ängstigen soll. Aber Willkür als Prinzip diskreditiert das Recht. Und die Diskreditierung des Rechtes hatte um 1935 schlimmere Folgen als die Diskreditierung der aristokratischen Moral um 1800. Die aristokratische Moral konnte durch Recht ersetzt werden. 1935 gab es für das Recht keinen Ersatz. Recht ist das einzige moderne Integrationsmedium. Genau dieses Medium hat der Nationalsozialismus zerstört, ohne über Moral oder seine Ideologie integrieren zu können. Deshalb ist es nicht falsch, ihn als uniformiertes Chaos zu verstehen.

Aber so grundlegend sich das Heilige und das sogenannte Dritte Reich unterscheiden, so auffällig ist, daß nach 1806 die absolutistische Vergangenheit ebensowenig »bewältigt« wurde – was immer das heißt – wie nach 1945 die nationalsozialistische. Grund dürfte der hohe Moralgehalt der Konflikte sein. Moralische Konflikte lassen sich letztlich nicht lösen, weil sie um die Glaubwürdigkeit der Beteiligten geführt werden. Und verlorene Glaubwürdigkeit kann man schlecht zurückgewinnen. Nur wenn man den Verlust von Glaubwürdigkeit als Sünde versteht, darf man auf Erlösung hoffen. Aber eine religiöse Absolution für politisch-moralische Verbrechen gibt es heute nicht mehr. Seit der Reformation ist ein Gang nach Canossa nicht mehr möglich. Da auch das Recht das Problem des NS-Unrechtes nicht auflösen kann, entsteht die unangenehme Frage nach der Zukunft unserer Vergangenheit: Was geschieht eigentlich künftig mit dem NS-Unrecht? Ich will und kann diese

Frage nicht beantworten. Der Vergleich zwischen den politischen Layouts nach 1806 und nach 1945 lehrt aber: Sie ist zu stellen.

14. Juli 1988

Wenn die Tatsache Auschwitz geleugnet wird

Hier muß der Gesetzgeber Klarheit schaffen

Auschwitz ist eine offene Wunde. Sie öffnet sich weiter, wenn man sie leugnet. Der NPD-Vorsitzende Günter Deckert hat sie geleugnet. Das Landgericht Mannheim wollte ihn deshalb wegen Volksverhetzung bestrafen. Das Verfahren ist noch nicht zu Ende. Der Bundesgerichtshof hat das Urteil Mitte März aufgehoben. Die nazistischen Massenmorde an Juden seien offenkundig. Aber ihre bloße Leugnung sei noch keine Volksverhetzung. Die Entscheidung hat Proteste hervorgerufen. Jetzt liegt die schriftliche Begründung vor, ist allgemein zugänglich. Demnächst wird sie in Fachzeitschriften und in der Sammlung von Entscheidungen des Bundesgerichtshofes erscheinen. Dann kann sich jeder selbst eine Meinung bilden. Wer Urteile lesen kann, wird denken, das einzig wirklich Aufregende an dem Fall sei, wie es überhaupt zu jenen Protesten gekommen ist.

Die Begründung des Bundesgerichtshofes müßte jedem einleuchten. Das Gericht hat sich mit allen Aspekten des Falles auseinandergesetzt, sogar mit der Frage, unter welchen Umständen eine Beleidigung von NS-Verfolgten auch ohne Antrag bestraft werden kann. Zur Abgrenzung der Volksverhetzung hat es sich auf einen Grund berufen, der gerade die Rechtsstaatbegeisterten überzeugen müßte. Die SPD wollte 1985 neben Volksverhetzung die Auschwitz-Lüge unter Strafe stellen. Der Antrag fand im Bundestag keine Mehrheit. Wenn »Keine Strafe ohne Gesetz« irgendeinen Sinn haben soll, kann man heute nicht behaupten, die Auschwitz-Lüge für sich allein erfülle den Tatbestand der Volksverhetzung. Die Entscheidung des Bundesgerichtshofes fällt deshalb nicht ihm, sondern dem Gesetzgeber zur Last.

Der Gesetzgeber hat sich schon gerührt. Flink, wie sie in Dingen der Moral ist, strebt die SPD jetzt abermals an, daß die Auschwitz-Lüge bestraft werde. Aber die Regierungsparteien hatten sich die Ablehnung des SPD-Antrages 1985 nicht leichtgemacht. Die Abgeordnete Hellwig sagte damals: »Es gibt keine von Radikalen gesäuberte Demokratie ... Jede Demokratie kommt um die Abwägung nicht herum, wie weit sie einerseits den Radikalismus bekämpfen muß, um sich selbst zu schützen, und wie weit sie ihn andererseits ertragen muß, um ihre Meinungsfreiheit nicht zu zerstören.« Was also geben wir auf, wenn wir staatlichen Gerichten vorschreiben, Leute zu bestrafen, die eine schlimme historische Tatsache leugnen?

Nach der Rechtsprechung des Bundesverfassungsgerichtes so gut wie nichts. Die offene und öffentliche politische Auseinandersetzung – gewährleistet durch Meinungs-, Presse- und Rundfunkfreiheit – dient der Wahrheitsfindung. Deshalb schützt die Meinungsfreiheit nicht die Behauptung unwahrer Tatsachen. Die Umkehrung bietet ein schönes Beispiel dafür, wie Logik die Erkenntnis erweitern kann. Auch die Leugnung wahrer Tatsachen dient nicht der Wahrheitsfindung. Also fällt sie nicht unter die Meinungsfreiheit. Mit dieser Begründung hat das Bundesverfassungsgericht denn auch am 26. April 1994 (Aktenzeichen 1 BvR 23/94) entschieden, die Auschwitz-Lüge sei durch die Meinungsfreiheit nicht geschützt.

Leugnung wahrer Tatsachen – diese Wendung hätte Pilatus vielleicht nicht den Mund gestopft. Doch auf die Wendung »Was ist Wahrheit?« hätte er sich nicht mehr zurückziehen können. Er hätte fragen müssen: Was ist eine wahre Tatsache? Ist eine unwahre Tatsache auch eine Tatsache? Hegel hat gefragt: Ist ein toter Hund ein Hund? – und bis heute keine Antwort bekommen. Die Welt des Rechtes scheint von dergleichen Sprachspielen unberührt. Auch für sie ist freilich eine Tatsache nicht einfach eine Tatsache. Wer wider besseres Wissen eine unwahre Tatsache behauptet, die geeignet ist, einen anderen verächtlich zu machen, macht sich wegen Verleumdung strafbar. Nicht die Tatsache, sondern ihr Sinn, die Herabsetzung, gibt den Ausschlag.

Der Sinn der Tatsache kann auch in der Urheberschaft des Behauptenden liegen. Dafür hat das Bundesverfassungsgericht ein Beispiel geliefert. Heinrich Böll hat 1966 gesagt: »Dort, wo der Staat gewesen sein könnte oder sein sollte, erblicke ich nur einige Reste verfaulender Macht, und diese offenbar kostbaren Rudimente von Fäulnis werden mit rattenhafter Wut verteidigt.« 1974 erklärte Matthias Walden aus gegebenem Anlaß im Fernsehen: »Heinrich Böll bezeichnete den Rechtsstaat, gegen den die Gewalt sich richtet, als ›Misthaufen‹ und sagte, er sähe nur ›Reste verfaulender Macht, die mit rattenhafter Wut‹ verteidigt würden.« Das Bundesverfassungsgericht meinte, das nichtwörtliche Zitat – also die unwahre Tatsache – verletze die Persönlichkeit Heinrich Bölls, weil das Zitat Böll etwas in den Mund lege, das er nicht gesagt habe. Obwohl »Misthaufen« eine ganz gute Übersetzung von »offenbar kostbare Rudimente von Fäulnis« ist, kann man nicht bestreiten: »Misthaufen« hat Böll nicht gesagt. Auf die Qualität der Übersetzung kam es daher nicht mehr an. Die bloße, nicht zu bestreitende Differenz zwischen Zitat und Original führte zur Verurteilung Waldens zu 40000 Mark Schmerzensgeld.

Allerdings, wahre Tatsachen darf der Bürger auch nicht immer und überall behaupten. Arztgeheimnis, Steuergeheimnis, Bankgeheimnis und Staatsgeheimnis stehen dagegen. Selbst bekannte wahre Tatsachen dürfen unter Umständen nicht verbreitet werden. So durfte das Fernsehen ein Dokumentarspiel über die Soldatenmorde von Lebach nicht senden. Eine solche Sendung hätte die Wiedereingliederung der Täter in die Gesellschaft gefährdet. Persönlichkeit geht vor Wahrheit.

Wenn die freie Entfaltung der Persönlichkeit es verlangt, darf der Bürger mithin wahre Tatsachen leugnen, wenn sie es verbietet, darf er es nicht. Die freie Entfaltung der Persönlichkeit verbietet die Leugnung wahrer Tatsachen, wenn und soweit die Tatsachen die Persönlichkeit bestimmen. Wenn jemand vor dem Kriege im früheren Ostpreußen Herr eines Rittergutes war, bedeutete die Leugnung dieser wahren Tatsache: Wer den Rittergutbesitz behauptet, lügt. »Lügner« ist eine Beleidigung. Die Leugnung einer wahren Tatsache, die Ansehen verschafft, kann also beleidigen, weil sie den Vorwurf der Hochstapelei einschließt. Vergleicht man die drei Fälle, geraten die Tatsachen ins Zwielicht. Entscheidend ist stets ihr Sinn, einen anderen zu diskreditieren. Dieser Sinn wird jedoch nur im Verleumdungstatbestand offen angesprochen, in den beiden anderen Fällen muß man ihn sich erschließen. Aber auch im Verleumdungsfall stellt sich die Frage: Warum die Berufung auf Tatsachen, wenn es nur um Verächtlichmachung geht?

Wer sich auf Tatsachen beruft, spricht nicht mehr selbst. Er läßt die Tatsachen sprechen. Und die Tatsachen sprechen nicht nur ihren Sinn aus, sie sagen auch: Alle glauben mir, auch du mußt mir glauben. Wenn du es nicht tust, teilst du nicht den Glauben der anderen, bist du unvernünftig und grenzt dich selbst aus. Wag es nur, mich nicht anzuerkennen. Du ruinierst dich und machst dich lächerlich.

Wie läßt man Tatsachen sprechen? Indem man sie behauptet. Tatsachen zu behaupten ist ein Appell an die Vernunft. Alle Unter- oder Aufgangspropheten richten ihn an ihr Publikum. Wirren, Unglück, Not und Elend kündigen Rousseau, Marx und viele andere für den Fall an, daß die

Menschen nicht auf ihren Eigennutz verzichten. Aber so kompliziert muß man nicht denken. Daß Inselchina (Taiwan) für die Volksrepublik China bis heute keine Tatsache ist, bedeutet: Wer Inselchina anerkennt, schließt sich aus der Gemeinschaft der Vernünftigen und Wohlmeinenden aus. Es ist sogar möglich, dieselbe Erscheinung mal zu leugnen und mal als wahre Tatsache zu behaupten. Die frühere DDR war für die alte Bundesrepublik anfangs ein doppeltes Anführungszeichen. Ende der sechziger Jahre wurde sie zu einer Realität, die zu leugnen unzuträglich war. Heute gibt es von der Wirklichkeit der früheren DDR bereits zwei Versionen, eine westdeutsche und eine ostdeutsche. Vielleicht wird dereinst wegen DDR-Lüge bestraft, wer behauptet, es habe die DDR nie gegeben.

Unter diesen Umständen scheint die Bestrafung der Auschwitz-Lüge nur zu bedeuten, daß sich das Strafrecht in das Schlepptau der öffentlichen Moral begibt. Wer Auschwitz leugnet, ist ohnehin nicht bei Sinnen. Also schadet es nichts, ihn zu bestrafen. Dem, der die Bestrafung fordert, nützt es sogar, weil er sich an die Spitze aller Gutgesinnten setzt. Aber auch dieser Schein trügt.

Tatsachen können nur für sich selbst sprechen und jeden Widerspruch ausschließen, wenn sie ohne Gütesiegel und ohne den Stempel »sachlich richtig« auftreten. Gewiß, die Menschen neigen dazu, ihren Augen nicht zu trauen und sich auf Stempel zu verlassen. »Sachlich richtig« reicht jedoch nur für den Hausgebrauch in engen Grenzen. Schon in der Öffentlichkeit wird man mit dem Stempel nicht alle Schreier beruhigen können. Und vor der Geschichte gilt er ohnehin nichts. Sicher, der nächste Wahlkampf liegt näher und ist deshalb wichtiger als das Urteil der Geschichte. Man muß sich aber klar sein, daß man nicht mehr weiß, ob die Tatsache oder der Stempel wirkt, wenn man der Tatsache ein »sachlich richtig« aufdrückt. Das gilt auch für die Auschwitz-Lüge.

Vor Gericht muß die Auschwitz-Lüge festgestellt werden. Feststellung ist der Ausschluß anderer Möglichkeiten. Sie muß daher die Möglichkeit voraussetzen, daß die Auschwitz-Lüge keine Lüge ist, daß es Auschwitz nicht gab. Mit dieser Voraussetzung verliert die Tatsache ihre zwingende Selbstverständlichkeit. Im Deckert-Fall hat der Bundesgerichtshof erklärt, Auschwitz sei offenkundig und keines Beweises bedürftig. Das ist richtig. Aber es ändert die Logik nicht, und wenn das Gericht die Offenkundigkeit noch so oft beteuert. Die Logik der Feststellung verliert erst ihre Anstößigkeit, wenn nichts mehr festgestellt werden muß, weil die Tatsache frei sprechen kann. Vor Gericht ist das nicht möglich. Dort wird Auschwitz von einer einfachen Tatsache zu einer festgestellten Tatsache als Voraussetzung für ein Strafurteil. Das Verhältnis von Tatsache und Vernunft kehrt sich um. Nicht mehr die Nichtanerkennung einer Tatsache, das Gerichtsurteil diskreditiert. Die Tatsachen verschwinden im Recht. Sie wären es, die wir verlören, würde die Auschwitz-Lüge strafbar.

18. Mai 1994

Wieviel Stolz auf die Weimarer Verfassung?

»Das Grundgesetz sei eine der besten, wenn nicht die beste Verfassung dieser Welt überhaupt«, predigt der Bundespräsident (F.A.Z. vom 5. September 1994); auch auf die Weimarer Verfassung könnten wir stolz sein. Amerikaner und Franzosen werden das anders sehen, von den Engländern ganz zu schweigen, die gar kein Verfassungsgesetz und deshalb die weltbeste Verfassung haben. Außerdem: Sollte die Gemeinsame Verfassungskommission etwa den deutschen Weltrekord an Verfassungsqualität überbieten? Naja, unter uns Verfassungspatrioten kann man vielleicht so reden. Aber müssen wir jetzt auch die Weimarer Verfassung in unser glühendes Herz schließen?

Wenn man die Texte der beiden Verfassungen nebeneinander legt, sieht man sofort: Anders als der Bundespräsident meint das Grundgesetz noch heute, die Weimarer Verfassung habe wesentlich zum Untergang der ersten deutschen Republik beigetragen. Völlig anderes Grundrechtskonzept, Regelung der politischen Parteien, Stärkung der Länder, keine Volksgesetzgebung, keinen Bundespräsidenten als gekürten Kaiser, konstruktives Mißtrauensvotum, internationale Öffnung, Verfassungsgerichtsbarkeit, das sind nur einige der Punkte, in denen das Grundgesetz die Weimarer Verfassung bewußt und gewollt als sozialschwärmerische Utopie bloßstellt.

Worauf kann man da stolz sein? Wenn man auf Utopien hereinfällt, muß man natürlich die Sündenböcke für das Scheitern der ersten Republik woanders suchen, etwa im Volk, von dem der Bundespräsident meint, es habe die Weimarer Verfassung zu mangelhaft unterstützt. War also die Verfassung gut und nur das Volk schlecht? Hat sich das Grundgesetz ein anderes Volk gewählt?

21. September 1994

Ein jeder schreibt, wie ihm der Schnabel gewachsen ist

Aus der Beliebigkeit der Sprache folgt, daß es ein Recht auf die richtige Orthographie nicht geben kann

Die Rechtschreibreform ist so unwesentlich wie die Rechtschreibung. Man beherrscht seine Sprache oder beherrscht sie nicht. »Jozef Filsers Brifwexel« belegt, Ludwig Thoma beherrschte sie. Die Primitivität eines »kenigl. Abgeorneten aus Mingharting Bosd daselbs« mit dessen Rechtschreibung zu charakterisieren ist zwar bösartig bildungsbürgerlich, zeigt aber zugleich, daß man etwas sichtbar machen kann, indem man die Rechtschreibung auf den Kopf stellt. Das spricht natürlich für die Notwendigkeit der Rechtschreibung, aber nicht für die Notwendigkeit ihrer Regelung. Auch die Diskussion um die Rechtschreibreform ist unerheblich. Wer ein Bundesrechtschreibreformgesetz verlangt – Juristen würden den Namen zu BRSchRG eindampfen –, verbreitet den Geruch von Sprachregelung. Er hat entweder eine wenig sensible Nase, oder er will die Reformer mit dem Geruch zurückscheuchen. Beides ist nicht angenehm, politisch und rechtlich aber selbstredend zulässig. Wesentlich an der Rechtschreibreform ist, daß einige Verwaltungsgerichte den Braten riechen und meinen, richtiges Deutsch sei keine Rechtsfrage, während andere das Gerüchle mit dem Weihrauch des Verfassungsrechts vertreiben wollen. Daß diese Wedelei allen stinkt, die auf die relative politische Neutralität des Grundgesetzes setzen, ist verständlich. Josef Isensee (F.A.Z. vom 6. September 1997) hat die Stänkerei richtig durchschaut. Aber es genügt nicht, die Nase zu rümpfen. Man sollte sie sich besser zuhalten und sich einen

Augenblick auf einfaches Verfassungsrecht besinnen, also Verfassungsrecht ohne Folgenspekulationen, linguistische Kapriolen und Wesentlichkeitstheorie.

Auf den Streit zwischen den Verwaltungsgerichten braucht man sich nicht einzulassen. Ihn zu schlichten ist ohnehin Sache der jeweils höheren Instanzen. Deren Rechtsprechung ist wiederum für die Rechtschreibung unwesentlich, weil nichts zu fürchten hat, wer weiterhin »daß« schreibt. Auch die Eltern schulpflichtiger Kinder brauchen sich nicht zu sorgen. Die Schulreform der siebziger Jahre hat die Rechtschreibung für eingeschränkt wesentlich erklärt, und im praktischen Leben kommt es ohnehin auf den Chef an. Der mündige Bürger kann sich also bequem zurücklehnen und zuschauen, wie sich die Gerichte blamieren. Daß sich die Gerichte überhaupt mit der Rechtschreibreform befassen, kann man ihnen allerdings nicht vorwerfen. Nach dem Grundgesetz kann jeder ein Gericht anrufen, wenn ihn die öffentliche Gewalt in seinen Rechten verletzt. Auf die Anrufung müssen die Gerichte mit Rechtsgründen antworten. Die Gründe des Verfassungsrechts lassen sich verhältnismäßig einfach entwirren.

Die Kultusminister haben kraft ihrer öffentlichen Gewalt neue Rechtschreibregeln erlassen und alte aufgehoben. Aber an die neuen Regeln sind nur die Schulen gebunden. Rechtlich gesehen, kann außerhalb der Schule jeder schreiben, wie ihn gelüstet, es sei denn, er hat einen Chef und ist im Dienst. Also können nur Schüler in ihren Rechten verletzt sein. Eltern haben zwar ein Erziehungsrecht, aber das geht im Verhältnis zur Schule nicht weiter als die Rechte der Schüler. Sonst könnten die Eltern religionsmündige Kinder in den Religionsunterricht zwingen. Ein Erziehungsrecht der Eltern kann daher nur verletzt sein, wenn die Schüler in ihren eigenen Rechten verletzt wären. In ihren eigenen Rechten verletzt wären die Schüler, wenn sie ein Recht darauf hätten, die neuen Rechtschreibregeln nicht zu lernen. Dieses Recht könnte entweder darin bestehen, gar keine Regeln lernen zu müssen. Das schließt aber die allgemeine Schulpflicht aus. Oder darin, bestimmte andere, nämlich die bisherigen Regeln zu lernen, besser: vorgetragen zu bekommen. Denn ob Schüler lernen, ist ihre Sache. Ein Recht darauf, etwas Bestimmtes vorgetragen zu bekommen, kann man natürlich erwerben, wie jeder Kinogänger und Nachhilfeschüler weiß. Man muß nur die entsprechenden Verträge schließen. Im Falle der Schule tritt aber an die Stelle der Verträge die Schulpflicht. Aus der allgemeinen Schulpflicht ein Schülerrecht abzuleiten ist schwierig. Wie Erziehung überhaupt haben Schulen die Aufgabe, das Wissen der Gesellschaft zu reproduzieren. Um es mit dem Gymnasialdirektor Hegel zu sagen: »Dem Lehrstande ist der Schatz der Bildung, der Kenntnisse und Wahrheiten, an welchem alle verflossenen Zeitalter gearbeitet haben, anvertraut, ihn zu erhalten und der Nachwelt zu überliefern.« Darüber kann ein einzelner Schüler nicht verfügen. Individuelle, subjektive Ansprüche auf gesamtgesellschaftliches Wissen sind schon logisch ausgeschlossen.

Allerdings kann man die Aufgabe der Schule auch aus der Sicht des Schülers betrachten. Für den Schüler ist die Reproduktion gesellschaftlichen Wissens Karriereerwartung. »Nicht für die Schule, für das Leben lernen wir«, predigten die Gymnasialprofessoren einst. Das war indessen nicht ernst gemeint. Ein Schüler konnte noch nie Entschädigung verlangen, wenn er nach der Schule durch die Gesellenprüfung oder in Konkurs fiel. Ein Recht auf Erfolg im Leben käme die Schulträger auch viel zu teuer.

Aber gibt es nicht wenigstens ein Recht des Schülers auf Karriereerwartungen in dem Sinne, daß Schulwissen karrieredienlich zu sein hat? Nein. Die Schule weckt Karriereerwartungen mittels eines Tricks. Das Leben in der Schule ist offenkundig anders als das Leben im Leben. Außerdem veraltet das Wissen der Lehrer, nach Ansicht unseres Zukunftsministers sogar schneller, als die Wirtschaft erlaubt. Für die Schule zu lernen paßt jedoch nicht zum Reproduktionsauftrag der Schule. Es brächte keinen Schüler dazu, sich Bildungsanstrengungen zu unterziehen. Damit die Schüler heute arbeiten – Hegel: »Arbeit bildet« –, muß sich die Schule als eine Einrichtung von übermorgen darstellen. Sie muß behaupten, was sie heute lehrt, sei übermorgen noch brauchbar, ja, nützlich. »Nicht für die Schule, für das Leben lernen wir« ist deshalb für die Schulen eine existenznotwendige Täuschung, die überdies den Eltern die Erziehung erleichtert. Die Selbstdarstellungszwänge der Schule erklären auch die Rechtschreibreform. Die Rechtschreibreform katapultiert die Schule gleichsam auf die Speerspitze des deutschen Geisteslebens. Nur, einen Rechtsanspruch auf Täuschung kann sich eine Rechtsordnung grundsätzlich nicht leisten. Im Falle der Schule müßten an seiner Verwirklichung nicht nur Pädagogen, sondern auch viele Unschuldige mitwirken.

Man mag einwenden, für einfache Kulturtechniken wie Lesen und Schreiben gelte das nicht. Schließlich müßten sich die Kinder als Erwachsene schriftlich verständigen können. Lassen wir offen, ob die Rechtschreibreform die Verständigung erleichtern oder erschweren würde. Wenn Verständigung Sinn der Schrift ist, kann es ein Recht auf bestimmte Schreibregeln nicht geben, weil es die Verständigung ausschließen würde. Denn ein solches Recht zwänge den Kommunikationspartner zu einer Darstellung seiner Mitteilung, die jedes Urteil darüber unmöglich machte, ob sie noch die Mitteilung des Kommunikationspartners ist. Recht unterdrückt Individualität, gleichgültig, wie man es begründet. Auch das Recht auf freie Entfaltung der eigenen Persönlichkeit wird ein Unterdrückungsinstrument, wenn nach ihm die Sprache in »falsch/ richtig« unterschieden wird, und sei es in der Weise, daß man den Status quo an Regeln für richtig und alle Änderungen für falsch erklärt.

Die juristische Unverfügbarkeit von Schreibregeln folgt auch aus der Funktion der Sprache. Sprache dient der Vermittlung von Sinn. Sie verbindet Sinn mit mündlichen und schriftlichen Zeichen und macht ihn dadurch haltbar und transportabel. Sprache ist die Verpackung von Sinn. Aber der Sinn hat mit dem Sinnzeichen weniger zu tun als der Wein mit der Flasche. Auch wenn es in der Sprache Laut- und Bildmalerei gibt, »Haus« ist im Vergleich zum gemeinten wirklichen Haus willkürlich und zufällig. Der Sinn kann deshalb mit Sinnzeichen spielen, sie miteinander kombinieren und so neuen Sinn erzeugen. Mischt sich das Recht in dieses Spiel, steht es binnen kürzester Frist ohne Hosen da, weil es neue Sinngebungen nicht verhindern kann.

Es gibt nur einen Grund, der Sprachregelungen rechtfertigt: zweckorientierte, formale Organisation. Eine Organisation muß sich nach außen darstellen, wenn sie ihre Zwecke erreichen will. Ein Mittel der Selbstdarstellung sind Sprachregelungen einschließlich der Schreibregeln. Ein Unternehmen kann von seinen Mitarbeitern verlangen, daß sie die Unternehmenswerbung nicht stören und es beispielsweise unterlassen, »Spiegel« in Spiegelschrift oder »blend-a-med« groß zu schreiben. Für die Schule treten Allgemeinbildung, Sprachkompetenz oder etwas Ähnliches an die Stelle der Unternehmenswerbung. Außerdem disziplinieren Rechtschreibregeln das Denken und unterstützen die Selektionsentscheidungen der Lehrer. Welche Rechtschreibregeln wann und wie anzuwenden sind, muß die Schule und dürfen nicht die Karriereerwartungen der Schüler entscheiden. Denn der Schule, nicht den Schülern, ist der Schatz anvertraut, »an welchem alle verflossenen Zeitalter gearbeitet haben«. Fazit: Die Rechtschreibreform verletzt die Schüler nicht in eigenen Rechten.

Aber angenommen, der Gesetzgeber schlösse sich der Ansicht an, er müsse die Rechtschreibung selbst regeln, weil sie so wesentlich sei. Was könnte er tun? Welcher Gesetzgeber soll regeln, der des Bundes oder der der Länder? Der Bundesgesetzgeber ist nur zuständig, soweit ihn das Grundgesetz ausdrücklich ermächtigt. Zur Regelung der Schrift ermächtigt es ihn nicht. Rechtschreibung gehört auch nicht zu den Gegenständen, welche die Länder gesetzlich regeln dürfen, soweit der Bund sie nicht gesetzlich fixiert hat (konkurrierende Gesetzgebung). Manche Fachleute behaupten, eine Notwendigkeit, die Rechtschreibung zu vereinheitlichen, begründe die Gesetzgebungszuständigkeit des Bundes. Im Grundgesetz steht davon zwar nichts, aber die »Natur der Sache« ist ein zulässiges Argument. Nur, wenn jeder schreiben darf, wie ihm die Tinte fließt, und Rechtschreibregeln eigentlich nur für die Ländersache »Schule« erheblich sind, ist die Notwendigkeit der Einheitlichkeit alles andere als selbstverständlich. Bei mündlichen Sinnzeichen legen wir auf Einheitlichkeit keinen Wert. »Nadierlich, mei Guhdster«, in Altbayern sagt man »der Butter«, nicht »die Butter« wie in der norddeutschen Mollenpußta.

Der badische Dichter Harald Hurst hat sogar bewiesen, daß man auf badisch etwas ausdrücken kann, das sich auf Hochdeutsch nicht ausdrücken läßt, und umgekehrt. Wenn die mündlichen Sinnzeichen uneinheitlich sind, warum müssen die schriftlichen einheitlich sein? Soll die Einheitlichkeit den lieben Kleinen die Lektüre der Hotelnamen erleichtern, wenn sie mit ihren Eltern nach Südtirol reisen?

Oder ist die Einheitlichkeit notwendig, weil die Rechtschreibung der nationalen Repräsentation nach innen dient? Mit der Berufung auf die nationale Repräsentation ist der Bund freilich bereits vor dem Bundesverfassungsgericht gescheitert, als er 1960 eine Deutschland-Fernsehen-GmbH gründen wollte. Oder dient die Einheitlichkeit dem Schutz unserer souveränen Dichterfürsten, weil der Staat die Freiheit der Kunst schützen muß? Auszuschließen ist das nicht in einem Land, in dem man Soldaten »Mörder«, Schriftsteller aber nicht »Pinscher« nennen darf.

Aber die Einheitlichkeit der Rechtschreibung rechtfertigt die Gesetzgebungszuständigkeit des Bundes aus einem anderen Grunde nicht. Es hat im deutschen Sprachraum noch nie etwas Einheitlicheres gegeben als die jüngste Rechtschreibreform. Sie reicht buchstäblich von der Etsch bis an den Belt und von der Maas bis an die Oder. Da wir die erste Strophe des Deutschland-Liedes noch nicht wieder singen, besteht ein begründeter Verdacht, daß der Bund dieses Ausmaß an Einheitlichkeit über die Bundesgrenzen hinaus nie erreichen wird. Versuchte er dergleichen, erinnerte er sofort an das »Großdeutsche Reich«. Die zweite oder dritte Verwaltungsebene tut das nicht. Deshalb überläßt man besser ihr die Sache. Der Bund stört nur.

Gesetzt, der Bund erließe trotzdem ein Bundesrechtschreibreformgesetz, könnte es vorschreiben, daß künftig alle Leute »dass« zu buchstabieren haben? Im Gesetz stehen könnte so etwas schon, wenn andere Schreibweisen nicht bestraft werden. Aber nur, weil legislative Lyrik nicht verfassungswidrig ist. Auch der Bund kann das Verhältnis zwischen Sinn und Sinnzeichen nicht rechtlich fixieren. Die Schulen würde ein Bundesgesetz nicht berühren. Sie sind unselbständige Anstalten der Länder und Gemeinden und brauchen in inneren Schulangelegenheiten nur auf ihren Kultusminister zu hören. Ein Eingriff des Bundes in innere Schulangelegenheiten wäre verfassungswidrig. Die Landesbehörden könnte ein Bundesgesetz gleichfalls kaltlassen. Die Amtssprache ist eine Frage der Behördenorganisation, und für die Organisation der Landesbehörden sind ausschließlich die Länder zuständig.

Ein Bundesrechtschreibreformgesetz bände allein die Bundesbehörden, deren Amtssprache der Bund regeln darf. Genauer: Der Regierungsrat im Bonner Zukunftsministerium müßte am dienstlichen Schreibtisch »dass«, in einem Brief an seine grüne Witwe dürfte er »daß« schreiben. Als Organisationen des Bundes wären auch alle Bundesgerichte einschließlich des Bundesverfassungsgerichts an das Gesetz gebunden. Daraus ergibt sich ein original juristisches Problem. Als Rechtsprechungskörper müßten die Bundesgerichte ein Bundesrechtschreibreformgesetz auf seine Verfassungsmäßigkeit kontrollieren, das sie als Bundeseinrichtungen so zu befolgen hätten wie jede andere Bundesbehörde. Deshalb müßte sich das Bundesverfassungsgericht eigentlich als Organisation wegen Befangenheit selbst ablehnen, wenn es als Rechtsprechungskörper über die Verfassungsmäßigkeit eines Rechtschreibreformgesetzes zu urteilen hätte.

Übrigens, ein Staatsvertrag würde die Rechtslage nicht wesentlich ändern. Er würde nur Bund und Länder zu gleichförmigem Verhalten verpflichten, was zulässig wäre, aber nicht mehr bedeutete, als den Vertragspartnern Klagegründe zu nehmen. Es blieben jedoch mehr als genug mögliche Kläger und Protestierer übrig und natürlich das Volk in seiner unergründlichen Souveränität.

30. September 1997

Der Bürger ist unteilbar

Wer Klarheit will, darf den Doppelpaß nicht wünschen

Das Jonglieren mit Moralkeulen ist eine der Zugnummern in der öffentlichen Diskussion um die Unterschriftenaktion der CDU/CSU gegen die doppelte Staatsangehörigkeit, übrigens nicht »Staatsbürgerschaft«, das ist ein politischer Kampfbegriff. Die Einlage Günter Frankenbergs wirkt allerdings unelegant. Man kann der Aktion nicht Rechtmäßigkeit bescheinigen und dann von den beiden Parteien, die auch noch eine Schwächephase durchlaufen, »Sensibilität für die Versehrbarkeit von Gefühlen und Menschenrechten« verlangen, weil sie »auf die Verfassung verpflichtet sind und nicht zuletzt aus Steuermitteln finanziert werden«. Ihrer Verfassungspflicht genügt die Union mit der Rechtmäßigkeit ihrer Aktion. Und der Wink mit der staatlichen Parteienfinanzierung ist die taktlose Gebärde eines Machtbesitzers. Seit 1968 wissen wir doch, daß aus Staatsknete kein moralischer Anspruch auf politisches Wohlverhalten oder gar Regierungstreue folgt.

Mit Lammfrömmigkeit kommt die derzeitige Opposition jedenfalls nie wieder an die Regierung. Ein Spiel gewinnt nicht, wer die Regeln ängstlich befolgt, sondern wer sie gerade eben noch nicht verletzt. Aber das ist so trivial, daß man sich fragt, warum die Unterschriftenaktion überhaupt einen solchen Wirbel verursacht. Die Antwort dürfte in der Vielschichtigkeit des Staatsangehörigkeitsrechtes liegen.

Staatsangehörigkeit gibt es erst seit der Französischen Revolution von 1789. Bis dahin gehörte man zu einem Herrn, dem man Treue und Gehorsam schuldete, der aber auch zu Schutz und Schirm verpflichtet war. Wem kein Herr nachfolgte, der war arm dran. Als Wilder unterlag er dem Wildfangregal der Kurfürsten von der Pfalz. Mit der Auflösung der ständischen Herrschaft tauchte die Frage auf, wie die Menschen, die alle frei und gleich an Rechten geboren werden, aber nicht alle am schönen Rhein wohnen können, auf die Gegenden des Erdballs verteilt werden sollen. Die Antwort schien einfach. Der Herrscher wurde durch die Gebietskörperschaft »Staat« ersetzt. Dadurch wurden aus Untertanen Staatsangehörige. Das Staatsangehörigkeitsrecht wurde ein Souveränitätsrecht, mit dem ein Staat darüber entscheidet, wer ihm angehört und wer nicht.

Aber natürlich wollte die Französische Revolution ihre Errungenschaften nicht ihren Feinden ausliefern. Deshalb betrachtete sie das französische Bürgerrecht nicht als bloße rechtliche Zuordnung, sondern als Mitwirkungsrecht, ähnlich wie heute das aktive Wahlrecht, und setzte die allgemeine Menschengleichheit als Kriterium für die Freund-Feind-Unterscheidung ein. Ein Ausländer konnte nach der Verfassung von 1791 nur französischer Bürger werden, wenn er fünf Jahre in Frankreich gewohnt, Grundbesitz erworben oder eine Französin geheiratet oder einen Gewerbebetrieb eingerichtet und geschworen hatte: »Ich schwöre, der Nation, dem Gesetz und dem König treu zu sein und mit allen meinen Kräften die Verfassung des Königreiches, die durch die verfassunggebende Versammlung in den Jahren 1789, 1790 und 1791 beschlossen wurde, aufrechtzuerhalten.« Die republikanische Verfassung von 1793 ließ die Bürgerrechte erst mit dem einundzwanzigsten Lebensjahr beginnen und war entschieden gegen die doppelte Bürgerschaft: »Die Ausübung der Bürgerrechte geht verloren durch Einbürgerung im Ausland.«

Daß es bei der Staatsangehörigkeit primär um die Zuordnung des einzelnen zu einer Gebietskörperschaft »Staat«

geht, wurde erst im neunzehnten Jahrhundert Allgemeingut. Wie im Mittelalter jedermann zu einem Herrscher, so sollte jetzt jedermann im allseitigen Interesse zu einem Staat gehören. Für die Zuordnung boten sich zwei Anknüpfungspunkte an: der Geburtsort (Territorialprinzip) und die Abstammung. Einige Staaten orientierten sich am Territorial-, andere am Abstammungsprinzip. Die Gründe entsprachen der Tradition oder der politischen Lage der einzelnen Staaten. In Frankreich legte der revolutionäre Imperialismus, in den Vereinigten Staaten die Unordentlichkeit der Verhältnisse die Anknüpfung an den Geburtsort nahe. Frankreich benötigte Soldaten, die Vereinigten Staaten benötigten Einwanderer. Deutschland mit seinen damals geringen Traditionsbrüchen bevorzugte das Abstammungsprinzip. Rein lassen sich beide Prinzipien nicht verwirklichen. Natürlich darf das in Deutschland geborene Kind amerikanischer Eltern ebensowenig staatenlos werden wie ein Findelkind in Deutschland. Das eine muß die amerikanische, das andere die deutsche Staatsangehörigkeit erhalten. Verrechnet man Gründe und Gegengründe, erscheint das Abstammungsprinzip zweckmäßiger, weil es der natürlichen Zugehörigkeit des Kindes zur Familie folgt und ihm keine andere Staatsangehörigkeit aufdrängt. Die Ansicht der Londoner »Times«, das Abstammungsprinzip sei »rassistisch«, sollte man vornehm übergehen.

Die Unterschiedlichkeit der Anknüpfungen führt notwendig zu doppelten Staatsangehörigkeiten. Wenn deutsche Eltern in den Vereinigten Staaten ein Kind bekommen, wird das Kind nach dem Abstammungsprinzip Deutscher und gleichzeitig nach dem Territorialprinzip amerikanischer Bürger. International ist eine doppelte Staatsangehörigkeit aber unerwünscht, weil sie zu Reibungen und Konflikten führen kann. An der Staatsangehörigkeit hängen wichtige

Leistungsansprüche und Leistungspflichten des Staates wie Wehrdienst auf der einen und Schutz gegenüber anderen Staaten auf der anderen Seite. Da die individuelle Leistungsfähigkeit begrenzt ist, muß ein Staat bei doppelter Staatsangehörigkeit seine Leistungsansprüche mit einem anderen teilen, obwohl er seinen Schutz in vollem Umfang bereitstellen muß. Das internationale Übereinkommen über die Verringerung der Mehrstaatigkeit von 1963 gilt daher immer noch. International gesehen, dient die doppelte Staatsangehörigkeit jedenfalls weder dem Frieden noch der Gerechtigkeit. Doppelstaater sind objektiv privilegiert, übrigens gerade dann ganz konkret, wenn die Heimatstaaten den Erwerb von Eigentum Inländern vorbehalten, was merkwürdigerweise Sozialisten oft verkennen.

Auf den Gedanken, doppelte Staatsangehörigkeit sei gerecht, kann man nur kommen, wenn man internationale Beziehungen, Geschichte sowie die Unterschiedlichkeit individueller Biographien ausblendet und sagt, in den Grenzen der Bundesrepublik Deutschland seien alle Menschen gleich. Darin steckt freilich eine Vernachlässigung der Heimatstaatsangehörigkeit, die die Heimatstaaten eigentlich beleidigen müßte. Die revolutionäre Französische Republik wollte ihre Bürger mit niemandem teilen. Die Heimatstaaten reagieren indessen kaum. Ein türkischer Ministerpräsident hat die Forderung vieler in Deutschland lebenden Türken nach einer zweiten, deutschen Staatsangehörigkeit sogar propagandistisch unterstützt. Wahrscheinlich wollte er seinen Landsleuten zu der von ihnen selbst gewünschten größeren Anerkennung und Sicherheit verhelfen. Man kann sich aber schwer vorstellen, daß ein spanischer Ministerpräsident die Bundesrepublik auffordert, den in Deutschland lebenden Spaniern eine zweite, deutsche Staatsangehörigkeit zu verleihen. Dafür gibt es Gründe.

Im alten Europa betrachten sich alle Staaten als gleichwertig. Sie haben in den letzten tausend Jahren auch ziemlich gleichmäßig zur europäischen Kultur beigetragen und können deshalb gut miteinander verhandeln. Wegen der Gleichwertigkeit gilt die Staatsangehörigkeit weder als Ehrenbürgerrecht noch als Lebensversicherung. Als Anerkennung kann die Verleihung der Staatsangehörigkeit nur verstehen, wer ein Gefälle zwischen den Staaten voraussetzt. Über Umfang, Gründe und Richtung des Gefälles darf man jedoch nicht öffentlich sprechen, allenfalls in den Kategorien von Glück und Pech. Alles andere verstieße gegen das Gleichwertigkeitsaxiom und beeinträchtigte unter Umständen die internationale Verhandlungsfähigkeit der Staaten. Durch diese Lücke des Schweigens können allerlei humanitäre Prinzipien in die politische Diskussion einfließen, die den Gedanken an die Unzweckmäßigkeit der doppelten Staatsangehörigkeit verdrängen.

Gerade der distanzierte Blick darf freilich nicht übersehen, daß die Staatsangehörigkeit nicht nur eine Frage der Gleichwertigkeit, des internationalen Friedens und der Gerechtigkeit, sondern auch eine der Emotionen ist. Sie ist das Symbol eines Gefühls der Gemeinschaftlichkeit, das schwer zu beschreiben ist. Für den Fußballfan symbolisiert sie Selbstbestätigung, und für das Bundesverfassungsgericht hat sie immerhin mit Demokratie zu tun, wie die Entscheidungen zum Ausländerwahlrecht zeigen. Beides liegt nicht so weit auseinander, wie man annehmen könnte. Der Satz des Maastricht-Urteils, zur Demokratie gehöre, »daß der wahlberechtigte Bürger mit der Hoheitsgewalt, der er unterworfen ist, in seiner Sprache kommunizieren kann«, spricht allen Fußballfans aus dem Herzen. Diese Gemeinschaftlichkeitsgefühle, die weit diesseits von Recht und Moral liegen, kann die Politik nicht beherrschen, nur kalkulieren. Nennen wir sie kurz und schräg: Nation. Nation und Staat sind nicht dasselbe. Die Zugehörigkeit zu einer Nation kann man nicht wählen, die Staatsangehörigkeit schon. Man muß zwischen Staatsangehörigkeit und Nationalität unterscheiden. Aber die Nation ist ein künstliches, unsicheres, labiles Gebilde, das sich mit Mythen, Geschichten und Distanzierungen seine Identität selbst schafft und doch nach der Form des Rechtes verlangt. Das internationale Recht hat dieses Verlangen mit dem Selbstbestimmungsrecht der Völker anerkannt. Nationalität und Staatsangehörigkeit dürfen daher zwar auseinanderfallen, aber nicht zu weit. Sonst meldet sich das Volk auf unangenehm tatsächliche Weise und läßt sich nicht mit einem »Seid nett zueinander« beruhigen, schon gar nicht, wenn es sich auf Logik und internationales Recht berufen kann. Dem Volk ist einfach schwer zu vermitteln, daß nur die Gefühle von Ausländern versehrbar sind und nicht die von Inländern. Da nützt auch gelehrter Pragmatismus nichts, wie ihn Kay Hailbronner (F.A.Z. vom 20. Januar 1999) vertreten hat. Gefragt sind die Klarheit und Unterscheidungskräftigkeit des Symbols »Staatsangehörigkeit«, und die wird durch die doppelte Staatsangehörigkeit nicht unerheblich getrübt und geschwächt. Die Politik sollte daher die Scheuklappen ihrer weltbürgerlichen Moral ein wenig lüpfen und sich fragen: Was tun die Leute üblicherweise, wenn sie nicht mehr klar sehen, wer sie sind?

10. Februar 1999

Der Herr Kollege

Soziologen beobachten, Philosophen beraten und Politiker behandeln die Gesellschaft. Jürgen Habermas versucht, alles drei gleichzeitig zu tun. Deshalb kann er mit Beratungsschocks therapieren. In »Legitimationsprobleme im Spätkapitalismus« (1973) zum Beispiel steht der Kapitalismus vor dem Aus, wenn er nicht die verallgemeinerungsfähigen und gleichwohl unterdrückten Interessen bedient, die Habermas' kritische Gesellschaftstheorie jeweils feststellt. Inzwischen hat sich gezeigt, daß der Spätsozialismus größere Legitimationsprobleme hatte. Habermas konnte das nicht wissen. Einen Blick auf den real existierenden Sozialismus hat er sich stets versagt. Aber dessen Zusammenbruch hat ihm Mut gemacht, »sich gegen die unter juristischen Kollegen zunehmende Rechtsskepsis« zu wenden. Mit »Faktizität und Geltung« (1992) hat er die Bundesrepublik Deutschland samt Grundgesetz diskurstheoretisch rekonstruiert und so ihre Legitimationsprobleme gelöst. Einige juristische Kollegen aus Frankfurt haben es ihm mit der Aufnahme des Buches in eine Liste der sechs empfehlenswertesten juristischen Bücher des Jahres 1994 gedankt. Manche, besonders jene, die störrisch bei »freiheitliche demokratische Grundordnung« geblieben und nicht zu »fdGO« übergegangen waren, haben »Faktizität und Geltung« in Anspielung auf Heidegger als »Kehre« verspottet. Habermas' Annnäherung an den Kapitalismus hat jedenfalls die Fronten nicht geändert. Vielleicht scheidet sein Tonfall die Geister. Ein »juristischer Kollege« würde einen »philosophischen Kollegen« nur ironisch so nennen und sich von ihm ungern aus dem warmen Pfuhl der Rechtsskepsis ziehen lassen. Vielleicht war es auch Habermas' Engagement, das ihn im Terroristenjahr 1977 einen der von Duve, Böll und Staeck herausgegebenen »Briefe zur Verteidigung der Republik« schreiben ließ, in denen die als Zersetzlinge galten, die linken Terrorismus so auf die linke Theorien zurückführten wie linke Theoretiker rechten Terrorismus auf rechte Theorien. In seinem Brief an Kurt Sontheimer hat Habermas diesen durchaus nicht als politologischen Kollegen betrachtet, sondern ihn darüber aufgeklärt, »daß Leute wie Sie, Herr Sontheimer, nicht mehr nur Tendenzliteratur schreiben, sondern ihr eine praktische Wendung ins Gesinnungsstrafrecht geben«. Aber an Habermas' siebzigstem Geburtstag sind das alles Denkanstöße. Deshalb: ad multos annos.

18. Juni 1999

Bomben auf friedliche Bürger

Auch nach dem Waffenstillstand bleibt der Konflikt von Recht und Moral ungeschlichtet

Der Kosovo-Konflikt dauert an. Trotz der offiziellen Einstellung der Luftangriffe auf Jugoslawien wird er nicht von den Bildschirmen verschwinden. Die Ereignisse im Kosovo haben Fernsehseriencharakter: prinzipiell voraussehbar, klare Unterscheidungen, sichere Distanz und doch stets anders. Aber bevor wir uns entspannt zurücklehnen, noch einmal die Grundfrage.

Darf man unschuldige Menschen töten? Natürlich nicht. Darf man zusehen, wie unschuldige Menschen getötet werden? Natürlich auch nicht. Deshalb konnte der Westen nach dem Zerfall Jugoslawiens die Grenzen nicht einfach schließen und den Balkan sich selbst überlassen. Darf man unschuldige Menschen töten, um die Tötung unschuldiger Menschen zu verhindern? Vom Standpunkt des Tötungsverbotes aus: abermals Nein. Weil alle Leben gleichwertig sind, lassen sich Tötungen nicht rechtfertigen, nicht einmal die Tötung Schuldiger, wie die Abschaffung der Todesstrafe und die Diskussion um den polizeilichen Todesschuß belegen. »Moralisch gerechtfertigtes Töten« ist paradox.

Trotzdem haben die Menschen einander getötet, seit Kain Abel erschlug. Wie wird die Gesellschaft damit fertig? Wenn der Täter rechtswidrig und individuell zurechenbar handelt, mit seiner Bestrafung, in allen anderen Fällen mit Moral, das heißt mit der Zuweisung oder dem Entzug von persönlicher Achtung. Die Gesellschaft macht den Täter entweder zum Helden, weist ihm also so viel persönliche Achtung zu, daß er unangreifbar wird, oder sie diskriminiert ihn sozial, entzieht ihm Achtung und entlastet dadurch sich selbst. Henker galten als unehrliche Leute.

Das Verbot der Tötung in der Zuweisung oder im Entzug persönlicher Achtung verschwinden zu lassen setzt ein Gruppenbewußtsein voraus und vertieft es gleichzeitig. Man muß seinen Umgang mit Achtungserweisen öffentlich zeigen, zum Beispiel »grüßen«, sonst riskiert man, selbst Achtung zu verlieren. Wer den Entzug persönlicher Achtung demonstriert oder nur androht, rechnet selbst mit Achtungsverlust, stellt sich mit dem Rücken an die Wand und fordert seine Umgebung auf, sich für oder gegen ihn als individuelle Person zu entscheiden. Diese Aufforderung schließt alle anderen moralischen Regeln aus, weil sie die Behauptung einschließt, die moralische Regel, auf die sich der Achtungsanspruch stützt, gelte universal, immer und überall. Der Universalitätsanspruch der Moral polarisiert deshalb, schweißt die jeweilige Gruppe zusammen und macht sie blind gegen andere Moralen. Moral ist polemogen, streiterregend. In ihrem Universalitätsanspruch verschwindet das Tötungsverbot.

Kriege werden daher in der Regel von beiden Seiten im Namen der Moral geführt. Im Kosovo-Konflikt haben auch die Serben ihre Moral. Vielleicht besteht sie darin, daß die Albaner die heilige serbische Erde des Kosovo verunreinigen. Das wäre allerdings keine westliche Moral. Im Westen darf man dergleichen nicht einmal denken. Aber damit folgt der Westen nur dem Universalitätsanspruch seiner eigenen Moral. Die Moral der Serben nimmt er gar nicht wahr. Diese partielle Blindheit macht den Protest Peter Handkes gegen die Nato bis zu einem gewissen Grade verständlich. Billigt man den Serben ihre eigene, nichtwestliche Moral zu, wird der Kosovo-Konflikt zu einem Krieg der Moralen, und einen solchen Konflikt kann man nicht mehr moralisch beurteilen. Wie wir seit dem Marquis de Sade wissen, wird jede Gegenmoral zur Unmoral. Also muß man sich für eine Seite entscheiden. Handke hat sich für die serbische Seite entschieden. Sein Irrtum besteht nur darin, daß es die höhere Moral, auf die er sich beruft, in einem Krieg der Moralen nicht geben kann. In einem solchen Krieg gibt es nur Sieger oder Verlierer. Deshalb muß man mit dem Rechnen beginnen, wenn man sich auf eine Seite geschlagen hat: Kosten gegen Nutzen, und darf sich nicht dadurch irritieren lassen, daß die Moral jede Kalkulation durchkreuzt. Menschenleben lassen sich vom moralischen Standpunkt aus nicht gegeneinander aufrechnen.

Aber eine moralisch begründete Kosten-Nutzen-Rechung ruiniert letztlich die Möglichkeit von Politik. Das mußten die Politiker schon in den Religionskriegen des sechzehnten und siebzehnten Jahrhunderts erfahren. Sie haben deshalb nach und nach Recht und Moral getrennt und ein Völkerrecht aufgebaut, das immerhin eine gewisse Hegung des Krieges erbracht hat. Nach diesem Völkerrecht ist auch der Kosovo-Konflikt zu beurteilen. Ihn allein moralisch zu bewerten ist atavistisch und setzt einen mühsam erreichten Zivilisationsgewinn aufs Spiel. Daß Serbien eklatant gegen die in vielerlei Verträgen und Konventionen festgelegten Menschenrechte verstoßen hat, bestreiten wohl nicht einmal mehr die Russen. Allerdings sind die kodifizierten Menschenrechte Ergebnisse der westlichen, europäisch-amerikanischen Kultur. Vielleicht haben die Serben sie deswegen innerlich nie akzeptiert und nur formal anerkannt, weil sie irgendwie westlich sein und vom Westen Geld haben wollten. Aber jetzt müssen sie sich auch in ihrem Konflikt mit den Albanern daran festhalten lassen.

Der eigentliche juristische Streit kreist um die Frage: Menschenrechtsschutz oder Achtung der Souveränität?

Die Völkerrechtslehre diskutiert sie seit Beginn der achtziger Jahre mit der Tendenz, dem Menschenrechtsschutz den Vorrang einzuräumen. Nach der Charta der Vereinten Nationen kann allerdings nur der Sicherheitsrat über ein gewaltsames Einschreiten gegen einen Staat entscheiden. Aber der Sicherheitsrat ist kein Gericht, sondern ein politisches Gremium, in dem Staaten ein Vetorecht haben, die aus historischen Gründen mit den westlich inspirierten kodifizierten Menschenrechten nicht viel anfangen können. Macht man den Schutz der Menschenrechte von ihnen abhängig, kann man lange warten, bis er sich durchsetzt. Die Zuständigkeit des Sicherheitsrates löst das Problem daher ebensowenig wie das Grundgesetz das Verhältnis zwischen der Verpflichtung der Bundesrepublik auf die Menschenrechte und dem Verbot des Angriffskrieges. Das Verhältnis ist ein offenes Problem, das die Politik derzeit auch innerstaatlich durch »Abwägung« von Fall zu Fall lösen muß. Da die Verpflichtung auf die Menschenrechte und das Verbot des Angriffskrieges nur völkerrechtliche Normen innerstaatlich abbilden, kann das Bundesverfassungsgericht als innerstaatliches Gericht nichts Erhebliches dazu sagen.

Mißt man die Bombardierung Serbiens am abstrakten Tötungsverbot oder vergleichbaren moralischen Regeln, hatte die Nato den Kosovo-Konflikt verloren, als die erste Bombe detonierte. Beurteilt man sie unter dem Aspekt der Frage: Menschenrechte oder Souveränität?, hatte sie ihn mit der ersten Bombe gewonnen, weil sie gezeigt hat, daß die Menschenrechte ernst zu nehmen sind. Selbstverständlich wird es auch künftig Menschenrechtsverletzungen geben. Aber der Kosovo-Konflikt hat die Wahrscheinlichkeit erhöht, daß sie eines Tages rechtsförmig entschieden werden können. Vielleicht bleiben dadurch künftig mehr Menschen am Leben, als im Kosovo-Konflikt getötet worden sind.

Moralisch ist diese Überlegung allerdings nicht zu verantworten, weil sie Opfer in Kauf nimmt.

24. Juli 1999

Adresse: öffentliche Meinung

Wenn es Zufall war, dass Christian Geyers Artikel »Der falsche Prophet« über den Neuheiden Peter Sloterdijk und der von Patrick Bahners über das zu erwartende Schuldbekenntnis der katholischen Kirche, »Die verkannte Braut«, auf derselben Seite des Feuilletons der F.A.Z. vom 30. September 1999 erschienen sind, dann war es ein erhellender. Bahners sieht den Sinn des kirchlichen Schuldbekenntnisses in seiner Wirkung auf die öffentliche Meinung. Einen anderen kann es auch nicht haben. Als Institution kann die Kirche nicht in den Himmel kommen. Das Bekenntnis ist vielmehr Teil der bereits wieder abebbenden Entschuldigungswut der Politik.

Wichtiger ist jedoch: Die Adresse »öffentliche Meinung« beantwortet zugleich die Frage Geyers, gegen wen sich Martin Walsers Plädoyer für Normalität genau wende. Es ist dieselbe Adresse. Natürlich spekuliert auch Sloterdijk auf eine öffentliche Meinung. Jürgen Habermas aber nicht minder, wenn er sagt, mit dem Klonen von Menschen werde eine moralische Grenze überschritten. Philosophisch ist das eine wilde Behauptung. Was hat Eineiigkeit von Zwillingen mit Moral zu tun? Wenn man zwischen dem Menschen als körperlichem und dem Menschen als geistigem Wesen unterscheidet und den Satz »Mein Bauch gehört mir« für moralisch erheblich hält, dann neigt sich die Waage Sloterdijk zu. Man könnte auch sagen, der Zug ist längst in die Richtung abgefahren, in die Sloterdijk zeigt, und die Diskursethik wird ihn nicht zurückpfeifen.

Wo der Fehler der katholischen Kirche liegt, hat Bahners geschrieben: Der Papst kann sich dem Gericht der Öffentlichkeit nicht unterwerfen. In der Tat, die Kirche muss zwischen Gott und den Menschen vermitteln, und diesen Auftrag verfehlt sie, wenn sie dem Götzen öffentliche Meinung opfert. (Für religiös untrainierte Neuheiden könnte man das auch soziologisch formulieren.) Entsprechend muss die Philosophie zwischen der Welt und den Individuen vermitteln. Diesen – übrigens selbst gesetzten – Auftrag verfehlt sie, wenn sie das Problem der Leiblichkeit mit den Unterscheidungen der öffentlichen Meinung auflöst und es dem Einzelnen überlässt, zwischen Partnerwahl und Menschenzüchtung, Abtreibung als Sünde und als Straftat und zwischen Tötung und Sterbehilfe zu unterscheiden. Vielleicht sollte die Moralphilosophie einmal mit dem Tierschutz experimentieren. Die »Verantwortung des Menschen für das Tier als Mitgeschöpf« (Tierschutzgesetz) gibt es schulphilosophisch gar nicht. Dass es sie trotzdem gibt, beweist, dass Körperliches mit bloßer Ideologie- und Religionskritik nicht zu erfassen ist.

7. Oktober 1999

Über die Schwierigkeit, deutsches Recht zu sprechen

Am Beispiel Egon Krenz

Straßenbau wird in langwierigen und komplizierten Verfahren vorbereitet, in denen jeder Betroffene seine Rechte geltend machen könnte. Trotzdem versichern Straßenbauer glaubwürdig, die meisten Leute erhöben erst Einspruch, wenn der Bagger vor der Tür stehe. Recht ist eben etwas Unwirkliches. Der Ernstfall ist die Vollstreckung. Jetzt ist der Ernstfall auch für den letzten kommunistischen Staatsratsvorsitzenden der DDR, Egon Krenz, eingetreten. Er muss die Haft antreten, zu der ihn Gerichte des Klassenfeindes wegen mehrerer Mauertoten verurteilt haben, und er muss es entgegen üblicher Praxis unmittelbar vor Weihnachten. Haft ist die radikale Einschränkung von Kommunikationsmöglichkeiten. Sie trifft einen Politiker, der gern und viel redet, besonders hart. Krenz selbst hält die Urteile für Unrecht und wird dabei bleiben. Wollen wir Einspruch erheben?

Monika Böttcher behauptet allerdings auch, sie habe ihre beiden Kinder nicht umgebracht, und wird dabei bleiben, selbst wenn sie endgültig verurteilt werden sollte. Ist mit einer erneuten Verurteilung der Gerechtigkeit Genüge getan? Wir wissen es nicht. Fest steht nur, dass die Maueropfer und die beiden Kinder nicht eines natürlichen Todes gestorben sind. Wodurch unterscheiden sich die beiden Fälle eigentlich? Der Fall Monika Böttcher ist für das Recht ein Normalfall. Das Recht rechnet damit, dass Tatsachen umstritten sind. Im Falle Krenz geht es um den Widerstreit von Rechtsprinzipien, um den Streit des Rechtes mit sich selbst, und damit rechnet das Recht nicht. Das grundlegendste

Prinzip ist, dass Recht immer und überall gelten und sich durchsetzen will. Niemand kann Rechtsverstöße einfach hinnehmen, wenn Recht Recht bleiben soll und er selbst weiter als Person anerkannt werden will.

Dieser Grundsatz bricht sich freilich an der Realität, zum Beispiel an unterschiedlichen Traditionen und Erfahrungen. Deshalb hat die Gesellschaft Grenzen für die Allgemeinheit des Rechtes eingeführt, in räumlicher Hinsicht die Staatensouveränität, in zeitlicher Hinsicht das prinzipielle Rückwirkungsverbot. Die Menschenrechte haben beide Grenzen zwar aufgeweicht, besonders in den NS-Kriegsverbrecherprozessen nach dem Zweiten Weltkrieg das Rückwirkungsverbot, aufgehoben haben sie sie aber nicht. Dass in einem Staat als Recht gilt, was in einem anderen Unrecht ist, dass ein neues Gesetz etwas zu Unrecht erklärt, das gestern Recht war, ist mit der Allgemeinheit des Rechtes nicht vereinbar. Es dient nicht der Gerechtigkeit, sondern dem lieben Frieden. Die Rechtsgeltung stört es aber nicht, weil Staatensouveränität und Rückwirkungsverbot selbst Rechtssätze sind. Mit ihnen verschließt sich das Recht den Blick nach außen und in die Vergangenheit. Dadurch kann es die Illusion aufrechterhalten, es gelte räumlich und zeitlich allgemein.

Im Falle Krenz besteht eine Schwierigkeit darin, dass der räumliche Allgemeinheitsbegrenzer »Souveränität der DDR« ziemlich überraschend weggefallen ist. Aus der Sicht der Bundesrepublik war das eine Rechtsänderung für das Gebiet der fünf neuen Länder. Wie ausnahmslos jedes neue Recht musste das neue Bundesrecht das damals geltende DDR-Recht nach Recht und Unrecht neu bewerten. Die Neubewertung musste allen, die das bis dahin geltende Recht für richtig gehalten haben, als ungerecht erscheinen, naturgemäß besonders den Spitzenpolitikern. Auf Spitzenpolitiker nehmen Änderungen aber um des lieben Friedens willen Rücksicht. In Deutschland ist bis heute noch kein Staatsoberhaupt ins Gefängnis gesteckt worden. Doch jetzt geht Egon Krenz in Haft.

Die bürokratische Durchführung der Wiedervereinigung ließ die übliche Rücksichtnahme nicht zu. Krenz' Rede von der Unrechtsjustiz wird daher subjektiv redlich sein, wenn es auch gute Gründe gibt, daran zu zweifeln. Das Problem liegt aber nicht in individuellen Enttäuschungen – die sind nie zu vermeiden –, sondern im Rechtssystem selbst. Die Einführung bundesrepublikanischen Rechtes in das Gebiet der früheren DDR war keine übliche Rechtsänderung.

Da Rechtsänderungen der Allgemeinheit des Rechtes in der Zeit widersprechen und deshalb strukturell ungerecht sind, müssen sie in Verfahren von der demokratischen Wahl bis zur Veröffentlichung im Bundesgesetzblatt vorbereitet und mit Vertrauensschutz von besonders offensichtlichen Ungerechtigkeiten entlastet werden. Das gelingt nur, wenn das neue Recht an das alte anschließen und die Weitergeltung der Masse an Normen voraussetzen kann. Eine Situation, in der das nicht möglich ist, nennt man revolutionär. Revolution ist der Austausch der Legitimationsgrundlagen eines Rechtssystems und insofern ein Bruch mit dem gesamten bisherigen Recht.

Revolutionen können daher nicht an das prinzipielle Rückwirkungsverbot gebunden sein. Für sie muss die zeitliche Begrenzung der Allgemeinheit des Rechtes entfallen. Sonst gäbe es sie nicht. Die Bestrafung der vormals Mächtigen in den Ländern des früheren Ostblocks ist daher in Wirklichkeit kein Problem des Rechts, sondern eines der Politik. Der Bonner Strafrechtler Günther Jakobs hätte denn auch keine Bedenken gehabt, wenn die Revolutionäre von 1989 etwas weniger friedlich gewesen wären und

Egon Krenz schlicht erschossen hätten. Er hat aber Bedenken, wenn die wiedervereinigte Bundesrepublik Krenz für sechseinhalb Jahre hinter Gitter steckt.

Die Revolution in Ostdeutschland unterschied sich von den Revolutionen in den anderen früheren Ostblockstaaten dadurch, dass sie nicht nur die zeitliche Grenze der Allgemeinheit, das Rückwirkungsverbot, aufgehoben hat, sondern auch die räumliche, die Souveränität der DDR. Folglich musste sich die ganz und gar nicht revolutionäre Bundesrepublik mit der DDR-Revolution identifizieren. Praktisch-politisch ist daher zu fragen, inwieweit das Recht der Revolution und die revolutionäre Aufhebung des Rückwirkungsverbotes der Bundesrepublik zur Seite stehen, dogmatisch-theoretisch, wie sich die Aufhebung der räumlichen Grenze der Allgemeinheit auf die Geltung der zeitlichen Grenze auswirkt.

Die Logik gebietet es, der Bundesrepublik das Recht der Revolution zuzugestehen. Ohne Einschränkung des Rückwirkungsverbots hätten schon die NS-Kriegsverbrecher in Nürnberg nicht verurteilt werden können. Sie hätten im Schutz des westlichen Rechts gegen das System des westlichen Rechts Krieg führen dürfen. Bei der Konfrontation mit Staatsunrecht befindet sich der Rechtsstaat in einer Zwickmühle. Sein eigenes Recht zwingt ihn, das Souveränitätsprinzip und damit Normen, die in seinen Augen Unrecht sind, rückwirkend zu respektieren. Damit begibt er sich in einen Selbstwiderspruch. Ihm blieb so nur die Wahl zwischen Rechtsbruch und Torheit. Beides hebt nicht das Ansehen des Rechtssystems, genauso wenig wie der Haftantritt kurz vor Weihnachten.

16. Dezember 1999

Politiker werden mit Bargeld beworfen wie andere Leute mit Dreck

Die Trennung von Politik und Wirtschaft kann nicht vollständig sein, und deshalb gibt es ein Gesetz: Ein nicht nur juristischer Kommentar zur Parteienfinanzierung

Die Parteien »müssen über die Herkunft und Verwendung ihrer Mittel sowie über ihr Vermögen öffentlich Rechenschaft geben«, schreibt das Grundgesetz vor. Grundsätzlich dürfen die Parteien also so viel Mittel haben, wie sie erhalten können, sie dürfen Mittel erwerben, von wem sie wollen, und sie nach ihrem eigenen Gutdünken zum eigenen Vorteil verwenden. Sie müssen nur die Öffentlichkeit darüber informieren. Technisch gleicht diese Rechenschaftspflicht der Pflicht, sein Auto alle zwei Jahre dem TÜV vorzuführen. Wer es nicht tut, schädigt zwar niemanden, erhöht aber, abstrakt gesehen, das gesamte Gefährdungsniveau.

Auf den ersten Blick verblüfft, wie das Parteiengesetz Verletzungen der Rechenschaftspflicht sanktioniert, also »bestraft«: Die Partei »verliert den Anspruch auf staatliche Mittel in Höhe des Zweifachen des rechtswidrig erlangten oder nicht nach den Vorschriften dieses Gesetzes veröffentlichten Betrages. Die rechtswidrig angenommenen Spenden sind an das Präsidium des Deutschen Bundestages abzuführen.« Von einer Verpflichtung der Partei, losgelöst von der Rechenschaftspflicht Spender und Verwendungen bekannt zu geben, ist keine Rede. Um Aufklärung geht es dem Gesetz nicht. Wenn eine Partei finanziell gebüßt hat, betrachtet man den Fall als erledigt. Spender, Empfänger und Verwendungen brauchen dann nicht mehr bekannt gegeben zu werden. Sie sollen offenbar aus den Finanzierungsstreitigkeiten herausgehalten werden, wenn das Kind einmal in den Brunnen gefallen ist. Keine unvernünftige Regelung.

Die CDU hat gegen den Parteien-TÜV verstoßen. Helmut Kohl hat alle Schuld auf sich genommen und die »Fehler« eingestanden; er weigert sich aber, die Spender zu nennen und die Verwendung der Gelder näher zu beschreiben. Juristisch ist das korrekt. Die CDU muss in jedem Falle zahlen, ob er Namen nennt oder nicht. Hat sie gezahlt, braucht sie nichts mehr zu sagen. Also schweigt er besser. Da Kohl gesetzlich nicht verpflichtet ist, die Spender zu offenbaren, befinden sich alle, die sagen, er bewerte sein Ehrenwort höher als das Gesetz, in einem Rechtsirrtum, den man allerdings nicht als zufällig oder unbeabsichtigt wird verstehen können. Der Rechtsirrtum hat Methode.

Vor seinem ZDF-Interview wird sich Helmut Kohl über die Rechtslage informiert und geglaubt haben, wenn er die Verantwortung übernehme und die CDU zahle, werde sich die öffentliche Meinung wieder beruhigen, weil alles getan sei, was das Parteiengesetz verlange. Das war ein tatsächlicher Irrtum. Schon als Kohl noch nicht in der Schusslinie stand, dräute es landauf landab, ein Verstoß gegen den Parteien-TÜV sei kein Kavaliersdelikt. Nach dem Interview wunderte sich Bundeskanzler Schröder, wieso jemand gegen ein Gesetz verstoßen könne, das er selbst gemacht habe. Ein wunderlicher Rechtsirrtum. Als der Parteien-TÜV konstruiert wurde, drückte Helmut Kohl noch in Ludwigshafen die Schulbank. Gleichwohl sprang der Präsident des Deutschen Bundestages Wolfgang Thierse seinem Partei- und Regierungschef lauthals zu Seite. Kohl habe nicht nur das Gesetz verletzt, er habe auch die Verfassung und seinen Amtseid gebrochen. Zwar bricht jede Gesetzesverletzung jeden Amtseid und wegen des verfassungsrechtlichen Gesetzmäßigkeitsprinzips das Grundgesetz gleich mit. Nur hat Kohl wegen der Parteispenden nicht als Bundeskanzler, sondern als Parteivorsitzender gehandelt. Rechtsirrtümlich ist auch die Ansicht, ein Verstoß gegen den Parteien-TÜV breche Grundgesetz und Amtseid in besonders schwer wiegender Weise. Insgesamt ist aber klar, worauf die Rechtsirrtümer abzielen: Helmut Kohl und mit ihm die CDU-Führungsriege als Personen zu diskreditieren und die Vertrauenswürdigkeit der CDU anzuzweifeln. Wolfgang Thierse muss freilich nun darauf achten, dass er nicht falsch parkt. Mit falschem Parken bricht er seinen Amtseid, und das könnte ihn das Amt kosten.

Die Gefahr des Falschparkens besteht bei Thierse nicht, weil er über einen Dienstwagen mit Fahrer verfügt? Richtig. Damit sind wir bei dem grundlegenden Fehler, den Kohl tatsächlich begangen hat. Im übertragenen Sinne hat er seinen Dienstwagen selbst gesteuert, bei Gelb nicht angehalten und musste dann ohnmächtig und hilflos zuschauen, wie die Ampel auf Rot sprang, noch bevor er sie passiert hatte. Seinem Fahrer wäre das nicht geschehen, und wenn, wäre es nicht so schlimm gewesen.

Allerdings traut man seinen Augen und Ohren nicht, wenn man liest und hört, das Verwerfliche an Kohls Umgang mit den Spendengeldern sei gewesen, dass er sie verwendet habe, um seine persönliche Macht innerhalb und außerhalb der Partei zu sichern und zu erweitern. Um Himmels Willen, was hätte er sonst damit tun sollen? Sie der Arbeiterwohlfahrt spenden? Wer Kohl einhunderttausend Mark in bar übergab, war sich klar, dass das Geld nicht im Unterstützungsfonds für altgediente CDU-Funktionäre landen würde, und er wollte das auch nicht. Er wollte die Position Kohls festigen, weil er wusste, was er an der CDU hatte, solange Kohl sie führte. Der Parteivorsitzende ist eben die Partei, bei der SPD noch mehr als bei der CDU.

Was dem Parteivorsitzenden dient, dient daher auch der Partei. Man darf deshalb gespannt sein, wie die Staatsanwaltschaft den Vorwurf von Untreue begründen wird, die Helmut Kohl zum Nachteil der CDU begangen haben soll. Untreue setzt einen Interessengegensatz zwischen Vorsitzenden und Partei voraus, den es während seiner Amtszeit politisch nicht gegeben hat.

Nein, der zentrale Fehler Helmut Kohls war, dass er sich überhaupt darauf eingelassen hat, mit Geld politische Geschäfte zu betreiben. Im Allgemeinen stinkt Geld nicht, in der Politik stinkt es immer. Je höher einer steigt, desto weniger darf er es berühren. Wer ganz oben ankommt, muss völlig ohne Geld auskommen. Er muss seine Hosentaschen nach außen kehren und allen Leuten zeigen: Ich habe wirklich nichts. Zunächst aus dem gleichen Grund, aus dem der Chef seinen Dienstwagen nicht selbst steuern darf. Wenn Geld Erträge bringen soll, muss man es pflegen. Das bindet Aufmerksamkeit. Die soziale und politische Ebene, auf der verhandelt werden muss, sinkt. Man muss mit Leuten von Angesicht zu Angesicht sprechen, die man sonst übersähe. Man zieht Bettler an, die nur etwas haben, aber nichts leisten wollen. Und man kann sich gegen das nachfolgende Geld nicht wehren, das wie ein Straßenköter jeden führenden Politiker anspringt. Die hochrangigen Politiker der westlichen Industrienationen scheinen aus diesem Grund mit der Verwaltung von Geld nichts zu tun haben zu wollen. Warum war das bei Kohl offenbar anders?

Einen möglichen Grund kann man von vornherein ausschließen. Kohl wollte sich nicht bereichern im Sinne der Vermehrung seines Privatvermögens. Sein Häuschen in Oggersheim ist immer noch eingeschossig, und Kohl wird gar nicht wissen, warum er ein zweites Geschoss darauf setzen sollte. Aber das ist es wohl. Helmut Kohl weiß nicht, was

Geld ist. Ihm ging es stets allein um Macht. Die Währung im Machtpoker ist völlig klar: Ämter, Stellen, Karrierehoffnungen, Selbstdarstellungsmöglichkeiten, nie Bargeld. Die Währung »Personenförderung« soll Kohl virtuos eingesetzt haben. Dabei, vielleicht auch in undeutlicher Erinnerung an Bismarcks Reptilienfonds, muss er festgestellt haben, dass die meisten Leute empfindlich auf etwas reagieren, gegen das er praktisch immun ist: Geld. Also hat er begonnen, im politischen Spiel Geld einzusetzen, aber nur so wie vor der Währungsreform ein Schwarzhändler die Zigarettenwährung. Die Zigarettenwährung zog ihre Eigenschaft als Zahlungsmittel aus der Sucht anderer. Wer selbst rauchte, konnte mit ihr nicht viel verdienen. Und natürlich ging es Kohl bei diesem Spendieren der Parteispenden um das Wohl der CDU. Die CDU ist sein Leben. Die rührende Geschichte von den Not leidenden CDU-Sozialausschüssen in den neuen Bundesländern, für die er das Geld gebraucht habe, kann man ihm getrost abnehmen, auch wenn sie nicht stimmt. Sie ändert nichts an seinem grundlegenden Fehler, der darin bestand, überhaupt Bargeld zu haben.

Nach allem, was wir bisher wissen, scheint Wolfgang Schäuble diesen politisch-strategischen Fehler immer für einen solchen gehalten zu haben. Dafür spricht vor allem, wie er die Barspende jenes legendären Waffenhändlers behandelt hat. Kohl hätte dafür gesorgt, dass die einhunderttausend Mark sofort im Panzerschrank verschwinden, Schäuble hat sie vorbeigewunken und dann wahrscheinlich wirklich vergessen. Das geht allerdings auch nicht. Ein hochrangiger Politiker muss Vorkehrungen treffen, damit er nicht mit Bargeld beworfen wird wie andere Leute mit Dreck. Es gibt Lobbyisten, die eine Tasche mit baren zweihunderttausend Mark im Vorzimmer stehen lassen und sich sechs Wochen später damit ins Gespräch zu bringen versuchen. Vielleicht hat Schäuble dem sogar vorgebeugt. Aber in der Politik zählt nur der Erfolg. Immer noch kann ihn seine Nachlässigkeit das Amt kosten.

Dass Bargeld die Runde machte, unterscheidet die CDU-Spendenaffäre grundlegend von den Affären der SPD. Bei den SPD-Affären geht es in der Regel nicht um Konten, sondern um den Bauch, im direkten wie im übertragenen Sinne. Da der ehemalige Ministerpräsident von Nordrhein-Westfalen nun einmal ganz oben angelangt ist, möchte er auch in einer echten Kaiserloge sitzen. Was politisch gefährlicher ist, Konto oder Bauch, ist schwer abzuschätzen. Appetitlicher ist natürlich das Konto. Aber das Volk hat mehr Verständnis für den Bauch, aus guten Gründen. Der Bauch hat nur begrenzte Möglichkeiten. Er gehört einem Individuum und ist an den Vierundzwanzig-Stunden-Tag gebunden. Die Möglichkeit eines Kontos ist praktisch unbegrenzt. Für die Wirtschaft sind die unabsehbaren Möglichkeiten eines Kontos ein Segen, weil sie Güter unbeschränkt austauschbar machen. Für die Politik sind sie ein Fluch, weil politische Entscheidungen nicht verkauft werden dürfen, wie jedermann weiß.

Hier liegt der Kern des Problems. Der Handel mit politischen Entscheidungen ist nicht nur unzulässig, weil das Gesetz ihn verbietet oder weil Demokratie sonst unglaubwürdig wäre. Vielmehr verbietet ihn das Gesetz, weil die euro-amerikanische Gesellschaft das historisch unwahrscheinliche Kunststück fertig gebracht hat, die Politik im Verhältnis zu Religion, Wirtschaft, Familie oder Recht relativ zu verselbständigen. Wider die menschliche Natur hat sie zwischen Privateigentum und Ämtern unterschieden und es durchgesetzt, dass langdauernde, kontinuierliche, bezahlte Arbeit nicht mehr als Unfreiheit, sondern als Ausdruck der Freiheit interpretiert wird. Wie gefährdet diese Errungenschaft ist, zeigen nicht nur die Angriffe der Sozialutopisten. Mehr noch zeigt es die tatsächliche Abhängigkeit der Politik von der Wirtschaft, vom Recht, von der Familie. Der Politiker muss eben leben können und Geld haben. Die Trennung von Politik und Wirtschaft kann nicht vollständig sein. Diesen offenkundigen Widerspruch zwischen unabhängigen politischen Entscheidungen und der Abhängigkeit der Politiker hat man, beginnend mit dem achtzehnten Jahrhundert, dadurch gelöst, dass man die Versorgung des politischen Apparates entpolitisierte. Ämter und Gehälter wurden generell-abstrakt vor ihrer Verteilung festgelegt, damit sich hinterher niemand beschweren konnte. Da die Ideologie eindeutig ist: Keine Politik gegen Geld, die Politik ohne Geld aber nicht leben kann, hat sich eine ganze Literatur entwickelt, die dem politischen Apparat unentwegt und meist richtig nachweist, wie schamlos er sich wieder aus dem Staatssäckel bedient und seine Gewalt zur Bereicherung missbraucht hat. Diese Klagen lösen freilich das Dilemma nicht.

Für die Ausdifferenzierung der Politik mussten die politischen Parteien ein Sonderproblem werden. Einerseits waren sie unentbehrlich, weil erst ihre Kontinuität das Glücksspiel von Wahlen politisch fruchtbar werden ließ. Andererseits schien es, als könnte man sie nicht entpolitisieren. Sie sollten gerade die Massen zu den Wahlurnen treiben und mussten deshalb für ihren Wahlsieg kämpfen können. Im neunzehnten Jahrhundert hat man vor dem Problem einfach die Augen verschlossen und die Parteien zum Volk geschlagen, das so ist, wie es ist. Nach dem Ersten Weltkrieg hat man aber gesehen, dass die Parteien die Politik erheblich beeinflussen, vor allem, dass sie das Personal für die Führungsetagen der Politik stellen. Deshalb hat die Theorie sie dem Staatsapparat zugeordnet und den »Parteienstaat«

kreiert. Nach dem Zweiten Weltkrieg zog das Grundgesetz daraus praktische Konsequenzen. Artikel 21 neutralisiert die politischen Parteien ähnlich wie den Staatsapparat. Manche halten das für eine Gängelung.

Den Parteien-TÜV hätte man übrigens fast vergessen. Die Rechenschaftspflicht der Parteien ist erst in letzter Minute mit einer erschreckend schwachen Begründung in das Grundgesetz aufgenommen worden. Aus der verfassungsrechtlichen Inpflichtnahme der Parteien hat das Bundesverfassungsgericht geschlossen, der Staat dürfe die Parteien finanzieren. Heute werden die Parteien finanziell ähnlich behandelt wie der übrige Staatsapparat.

Vor diesem Hintergrund zeigt sich die eigentliche Bedeutung der Rechenschaftspflicht. Sie symbolisiert die Trennung von Politik und Wirtschaft, und die gehört zur Grundstruktur der modernen westlichen Gesellschaft. Da die Trennung künstlich und nicht rein durchzuführen ist, muss sie durch Beobachtungsverbote (Tabus) und rigorose Normen gesichert werden. Mit Geldzahlungen politische Geschäfte zu machen wäre daher auch unzulässig, wenn es die Rechenschaftspflicht nicht gäbe. Aber die Unzulässigkeit wäre schwer zu begründen, weil man nicht bestreiten kann, dass auch Politiker leben müssen. Diese Unsicherheit räumt die formale Rechenschaftspflicht aus. Sie vereinfacht die Begründung. Die Verletzung lässt sich isolieren und leicht als Rechtsbruch darstellen. Der Fehler der CDU besteht also genau genommen weniger in einer Verletzung der Rechenschaftspflicht und mehr in dem weit schwerer wiegenden Bruch des Tabus der Trennung von Politik und Wirtschaft.

Bei Tabubrüchen ist die Gesellschaft aus Gründen der Selbsterhaltung unnachsichtig. Der Misskredit, den sie nach sich ziehen, lässt sich kaum wieder abstreifen. Die Sanktion muss eben wirken. In der Regel muss das normale Vergessen Tabubrüche einkapseln. Katastrophen oder andere Tabubrüche können den Vorgang beschleunigen. Eines hilft mit tödlicher Sicherheit nicht: Aufklärung. Tabus sollen unaufhebbare Widersprüche der Beobachtung entziehen und damit lebbar machen. Aufklärung würde die Widersprüche ins Bewusstsein heben, ohne irgendetwas zu ihrer Lösung oder zur Problementlastung beizutragen. In der Parteispendenaffäre kann Aufklärung nur einer verlangen, der beim morgendlichen Strandlauf zufällig einer nackten Frau begegnet und sie auffordert, sie möge ihren Körper der Sonne zuwenden, damit die Wahrheit endlich ans Licht komme.

20. Januar 2000

Leitkultur sei das Gesetz

Deutschland verstößt permanent gegen seine Verfassung

Die Diskussion um die »deutsche Leitkultur« ist kein Ruhmesblatt derselben. Der Bundespräsident hat das Wort auf Europa bezogen und damit bekanntgegeben, daß er nichts verstanden hat. Die anderen Politiker, die lieber spalten statt versöhnen, haben zwar verstanden, sich aber dumm gestellt und Erläuterungen verlangt. Ein branchenüblicher rhetorischer Trick, fehlende Verständigungsbereitschaft zu kaschieren. Wenn Politiker nur in präzisen Begriffen reden dürften, könnten sie nichts mehr sagen. Im übrigen: »Leitung« ist ein Ordnungsbegriff und »deutsch« ein Name. Deshalb ist deutsch, was so heißt. Daß das Grundgesetz eine deutsche Verfassung ist, steht in der Präambel und zeigt ein Vergleich mit der Weimarer Verfassung. Das Problem ist allein: Was bedeutet »Kultur«?

Kultur haben alle, die Ober- und Niederbayern, die Deutschen und die Polen, die Amerikaner und die Afrikaner, die Hutu und die Tutsi. Die Bedeutung von Kultur als »Üblichkeit« ist im achtzehnten Jahrhundert neben die althergebrachte als »Pflege von …« getreten. Sie sollte die Grundorientierungen und Selbsteinschätzungen ermöglichen, die die göttliche Schöpfungsordnung wegen der religiösen Streitigkeiten nicht mehr zuverlässig bieten konnte. Kultur wurde ein Wort für Vergleiche von allem mit allem unter dem Aspekt des Interessanten. Etwas ist um so interessanter, je neuer, fremder, andersartiger es ist. Nur dann ist die Offenheit des Vergleichs gewährleistet.

Kulturelle Vergleiche verlangen jedoch, die Gleichwertigkeit des Verglichenen zu unterstellen. Das Interesse darf nicht auf Ausschließung gehen. Sonst sind Vergleiche nicht möglich. Aus diesem Grund dürfen kulturelle Differenzen nicht öffentlich bewertet werden, und zwar um so weniger, je offenkundiger sie sind. Schon ihre Thematisierung gilt als taktlos, weil sie den Vergleich erschwert, vielleicht sogar ins Lächerliche zieht. Insofern ist »Leitkultur« ein taktloser Begriff, was in der Politik allerdings noch nicht viel besagt.

Das Vergleichsinteresse unterdrückt allen Eigensinn des Verglichenen. Das gilt auch für das Recht. Natürlich ist Recht immer Kultur, aber als Kultur auch immer gleichwertig, weil alle Kultur haben. Wer das Grundgesetz als Kultur betrachtet, zieht es daher auf eine Ebene mit Beschneidungen, Verschleierung, Heiligenverehrung und Regentänzen. Wichtigste Norm wird die, die die Kultur insgesamt regelt. Das ist Artikel 3 Absatz 3: »Niemand darf wegen seines Geschlechtes, seiner Abstammung, seiner Rasse, seiner Sprache, seiner Heimat und Herkunft, seines Glaubens, seiner religiösen oder politischen Anschauungen benachteiligt oder bevorzugt werden.«

Die Kriterien beschreiben die wichtigsten Merkmale »kultureller Identität«. Betrachtet man das Diskriminierungsverbot unter diesem Aspekt, stellt man plötzlich fest, daß eine Gruppe auf eine Weise bevorzugt wird, die der Begründung bedarf: die Deutschen. In Deutschland ist alles deutsch, die Amtssprache, die Geschichte, der Bildungskanon, sogar die Verfassung. Nur die Ausländer sind nicht deutsch. Und denen gegenüber kann man die Bevorzugung der Deutschen nicht rechtfertigen, weil alle Kulturen gleichwertig sind.

Allerdings beginnt sich jetzt das Karussell der Gleichberechtigung zu drehen. Wenn alle Kulturen gleichwertig sind, warum gilt dann nicht überall und für jeden die deutsche? Weil die anderen anders sind? Bei Gleichwertigkeit kann das nur heißen: Sie bestehen auf ihrer Andersartigkeit, mit der Folge, daß die anderen auf ihrer Eigenartigkeit bestehen müssen. Trübe Aussichten für den Frieden. Kultur ist polemogen. Sie erzeugt Streit.

Freilich nur, wenn man mit »Kultur« Streit schlichten will und in diesem Sinne beteiligt ist. Als Außenstehender mit gehörigem zeitlichen, räumlichen oder persönlichen Abstand sieht man natürlich und kann man sagen, daß eine Kultur die andere dominiert oder an den Rand drängt. Als unmittelbar Beteiligter kann man das nicht sagen. Weil Kultur dem Vergleichen dient, taugt sie nicht dazu, jemanden auf irgend etwas festzulegen. Auch »Ein Mann, ein Wort« ist kulturabhängig. In Gesellschaften, in denen Versprechen nur binden, wenn sie gegenüber Stammes- oder Standesgenossen abgegeben werden, kann man damit nicht Frieden stiften. Wer wirklich Frieden will, sollte sich deshalb nicht auf Kultur, sondern auf eine Ordnung beziehen, die selbst nicht weiß, daß sie Kultur ist: auf das positive Recht.

14. November 2000

Der Charme des elften Bewerbers

Im Streit um die Neubesetzungen am Bundesgerichtshof wird die deutsche Rechtstradition vergessen

Die Richter an den Obersten Bundesgerichten werden im wesentlichen von einem Richterwahlausschuß berufen. Der Richterwahlausschuß besteht aus den Landesjustizministern und aus einer gleichen Zahl von Wahlmännern, die der Bundestag wählt. Jedes Ausschußmitglied kann einen Richter zur Berufung vorschlagen. Nach dem Deutschen Richtergesetz gibt der Präsidialrat des betroffenen Obersten Bundesgerichtes eine schriftlich begründete Stellungnahme über die persönliche und fachliche Eignung des Vorgeschlagenen ab. Der Richterwahlausschuß ist an diese Stellungnahme nicht gebunden.

So konnte es geschehen, daß der Richterwahlausschuß jüngst zwei Richter in den Bundesgerichtshof gewählt hat, die der Präsidialrat des Bundesgerichtshofes für fachlich ungeeignet erklärt hatte. Da der Richterwahlausschuß parteipolitisch zusammengesetzt ist und der Präsidialrat aus Bundesrichtern besteht, entstand sofort der Verdacht der parteipolitischen Manipulation. Aber um ihn zu begründen, bedarf es mehr als einer abweichenden Stellungnahme des Präsidialrates. Auch der Bundesgerichtshof hat seine Überempfindlichkeiten. Nahezu seit seinem Bestehen klagt er trotz aller Juristenschwemme über Nachwuchsmangel – über Mangel an qualifiziertem Nachwuchs, wie es auf Nachfrage regelmäßig heißt. Aber in der deutschen Justiz bemißt sich die Qualifikation nach Examensnoten und Dienstzeugnissen, und bessere als Einser- und Zweierjuristen gibt es nun einmal nicht, es sei denn außerhalb der Justiz.

Bei der Wahl der Richter des Bundesverfassungsgerichtes könnte ein vergleichbarer Fall nicht vorkommen. Bundestag und Bundesrat wählen. Stellungnahmen des Gerichts selbst sind nicht vorgesehen. Das bedeutet nicht, daß das Gericht bei Richterwahlen sprachlos wäre, sondern nur, daß seine Richter flüstern müssen, wenn sie gehört werden wollen. Die Kandidaten sind meist aus der Presse bekannt, besonders aus dieser Zeitung. In Karlsruhe kann man dann hören – auch weit außerhalb des Gerichts –, welcher ausscheidende Richter sich wen zum Nachfolger wünscht. Wunderbarerweise geht dieser Wunsch nicht selten in Erfüllung.

Auch der Bundesgerichtshof würde informell an Richterwahlen beteiligt, wenn das Deutsche Richtergesetz nicht formelle Stellungnahmen vorsähe. Wahrscheinlich führe er mit einer informellen Beteiligung besser, auch abgesehen von der Vermeidung belastender Streitigkeiten. Das Richtergesetz zwingt die Gerichte zu etwas, das arbeitsrechtlich verboten und in der Tat unangemessen und unklug ist: jemandem schriftlich ein negatives Zeugnis auszustellen. Niemand braucht ein Dienstverhältnis mit jemandem zu begründen oder fortzusetzen, den er für schlecht hält. Aber daß er ihn für schlecht hält, berechtigt ihn nicht, die Karrierechancen des anderen nachhaltig zu beeinträchtigen. Das gilt auch im öffentlichen Dienst.

Normalerweise kommt kein Personalsachbearbeiter auf die Idee, eine offene Stelle mit dem elften Bewerber zu besetzen, weil die anderen zehn zu schlecht seien. Er nimmt den besten von den elf, die möglicherweise alle sehr gut sind. Das Deutsche Richtergesetz verlangt von den Gerichten jedoch, die Ablehnung von Kandidaten zu begründen. Das widerspricht allen personalpolitischen Binsenweisheiten. Auf Geheimhaltung kann man sich natürlich nicht verlassen. Vielleicht sollte man die Gerichte besser bitten, ihre Wunschkandidaten zu benennen, unverbindlich natürlich.

Die Besetzung von Richterstellen war freilich immer ein Problem, weil das Richteramt schwerer politisch zu neutralisieren ist, als uns die richterliche Unabhängigkeit glauben machen will. Eigentlich ist es unnatürlich, daß Menschen ihre Streitigkeiten untereinander dem Urteil eines Dritten aussetzen. Natürlich verhalten sich so Kinder, die allenfalls akzeptieren, daß der Vater ihren Streit schlichtet. Ähnlich erwarten archaische Kulturen vom Richter, daß er groß und mächtig ist. In Deutschland galt »Friede durch Gerichthalten« als ureigene Aufgabe eines Herrschers. Die Verstärkung der richterlichen Autorität durch politische Macht verwickelte die Richter-Fürsten jedoch in genau die Streitigkeiten, die sie beilegen sollten, löste Widerstandsrechte aus und bedrohte dadurch die Herrschaft.

Deshalb hatten die Fürsten ein eigenes Interesse daran, ihre rechtsprechende Gewalt relativ selbständigen fürstlichen Gerichten zu übertragen. Schulbeispiel ist das Reichskammergericht, das mit dem Ewigen Landfrieden von 1495 vom kaiserlichen Hof abgetrennt wurde. Das Reichskammergericht wurde in die ständische Ordnung eingegliedert und erhielt fürstlichen Rang. Die Urteiler oder Beisitzer, also die Richter, wurden vom Kaiser und den Reichsständen präsentiert. Das Gericht konnte die Präsentierten jedoch ablehnen und untaugliche Beisitzer »abschaffen«. Aber diese Tradition des fürstlichen Gerichts endete 1806 mit dem Ende des Heiligen Römischen Reiches Deutscher Nation. Die heutige deutsche Justiz prägt eine ganz andere Tradition.

Bis 1806 entsprach die Ordnung in den einzelnen deutschen Territorien der im Reich. Abgesehen von der obersten Gerichtsbarkeit des Kaisers, waren die Fürsten in ihren Territorien so höchste Richter wie der Kaiser im Reich. Aber der Landesherr konnte und brauchte seine Gerichte nicht in der gleichen Weise zu verselbständigen wie der Kaiser. Dieser war gezwungen, seine Gerichte mit Adligen zu besetzen und dadurch die Position des Adels zu stärken. In den Territorien wäre das das Ende der Landesherrschaft gewesen, weil die Adligen die einzigen ernsthaften Rivalen der Landesherren waren. Also setzten sich diese mit ihrem Adel ohne Gerichte auseinander und übertrugen die Rechtsprechung fachkundigen Leuten, die sie bezahlten und die nach ihren Weisungen entscheiden mußten: Justizbediensteten. Das Prinzip »Staatsdienst gegen Geld« erlaubte es den Fürsten, Traditionen zu vernachlässigen, das Personal aufgabengerecht auszulesen, die Verwaltung großräumig zu organisieren und die Verfahren entscheidungsbezogen zu ordnen, kurz, Verwaltung und Rechtsprechung zu bürokratisieren.

Preußen war durch seine Gebietserwerbungen besonders früh gezwungen, die feudale durch eine bürokratische Rechtsprechung abzulösen. Deshalb konnte es die deutsche Gerichtsverfassung prägen, und deshalb ist die Auswahl der Richter heute noch Sache des Souveräns und seiner Verwaltung. Die Gerichte haben kein traditionelles Recht, ihre Mitglieder anzunehmen oder abzulehnen. Ihre Mitwirkung bei Richterernennungen ist historisch gesehen nur die dienstrechtliche Variante der betrieblichen Mitbestimmung. Der Souverän bestimmt, wer Richter werden soll. Das eindeutig klargestellt zu haben ist ein Verdienst des Richterwahlausschusses.

Die Unabhängigkeit der Richter ist dadurch nicht bedroht. Sie wird durch die Art der Bestellung ohnehin kaum berührt. Aus der Bestellung ergeben sich höchstens Dankgefühle. Aber die verfliegen schnell: Für das Funktionieren des Gesamtsystems kommt es darauf an, wie unabhängig jemand in seiner Tätigkeit ist. Die Tätigkeit wird durch Organisation und Professionalisierung nach außen abgestützt. Organisation sorgt dafür, daß der einzelne Richter nur als Mitglied eines Stabes entscheiden kann und dadurch als Individuum von den Folgen seiner Entscheidung entlastet wird. Professionalisierung – also Ausbildung, Prüfungen und Laufbahn – verleiht ihm Expertenprestige, Distanz gegenüber Außenstehenden, einen spezifischen Umgang mit den Mitgliedern der eigenen Profession und mit alldem Autorität: Das ist die Unterstellung, die Entscheidungen könnten auf Rückfrage zwingend begründet werden.

Wenn die Spannung zwischen Richterwahlausschuß und Präsidialrat die Unabhängigkeit der Richter nicht gefährdet, kann sie auch die Gewaltenteilung nicht verletzen. Aber machen wir es kurz. Funktional geht es bei der Gewaltenteilung allein um die Möglichkeit, politische Entscheidungen rechtlich zu filtern. Das Recht darf an Politik nur durchlassen, was es geprüft hat oder hätte prüfen können. Wie das Verfahren nach dem Richterwahlgesetz diese Möglichkeit einschränken könnte, ist vor allem dann nicht zu erkennen, wenn man die Wahl der Richter des Bundesverfassungsgerichtes für rechtsstaatlich unbedenklich hält.

Das Problem ist mehr ideologischer Natur. Unter »Staatsgewalt« versteht man in der Regel Politik. Deshalb kann man sich nur schwer vorstellen, daß auch die rechtsprechende Gewalt vom Volke ausgehen soll.

12. März 2001

Wo die Spötter sitzen

Jedenfalls nicht am Tisch des Ethikrats: Und wer soll die Unmoralischen umerziehen?

Politik soll kollektiv verbindliche Entscheidungen herstellen, etwa Gesetze. Dabei ist mit Widerstand zu rechnen. Deshalb muß Politik über die Möglichkeit verfügen, jemanden mit Sanktionen dazu zu bringen, seinem eigenen Handeln politische Entscheidungen zugrunde zu legen. Solange die Religion Politik und Recht legitimierte, konnte die Politik plausibel mit dem Verlust des Seelenheils drohen. Seit den Konfessionsstreitigkeiten des sechzehnten Jahrhunderts geht das nicht mehr. Die Religion hat Politik und Recht aus sich entlassen und bewirkt, daß sich beide entkoppelten. Im Bereich von Politik und Recht wurde der religiöse Zwang einerseits durch die Drohung mit physischer Gewalt und andererseits durch einen neuartigen psychischen Druck ersetzt, den man Selbstbestimmung und Verantwortung nannte und später zu einem komplizierten politischen System namens Demokratie entwickelte.

In einer Demokratie muß alles so aussehen, als habe jeder einzelne es selbst gewollt, obwohl alle wissen, daß das nicht möglich ist. Man kann aber so tun als ob, weil Politik und Recht so konstruiert sind, daß sie ihre Maßnahmen auf Nachfrage oder Antrag rechtfertigen müssen. Das setzt Verfahren und Formen voraus, vor allem Öffentlichkeit und Schriftlichkeit, die zugleich die Möglichkeiten von Politik und Recht begrenzen. Bei Hegel steht es schon: »Das Prinzip der modernen Welt fordert, daß, was jeder anerkennen soll, sich ihm als Berechtigtes zeige.«

Fragt man, inwiefern sich der neue Nationale Ethikrat als Berechtigter zeigt, sieht man kaum etwas. Auf Biopolitik braucht man sich nicht einmal einzulassen. Im Grundgesetz steht nichts von Ethik. In einigen Gesetzen ist nur von Ethikkommissionen für genau umschriebene Zwecke die Rede. Und des Volkes Stimme hat keinen Ethikrat gefordert. Der Ethikrat verdankt sich einer Laune des Bundeskanzlers, der ihn so schnell und umstandslos wieder auflösen kann, wie er ihn gegründet hat. Noch undurchsichtiger ist das Argumentationsarsenal des Rates. Wie kann er seine Empfehlungen begründen? Die Politik kann sich auf die Verfassung berufen, der Rechtsapparat auf das Gesetz. Für den Ethikrat scheidet beides aus, wenn er nicht riskieren will, vom Bundesverfassungsgericht desavouiert zu werden. Religion kommt auch nicht mehr in Betracht. Gewissen gleichfalls nicht, weil es allein dem einzelnen schlägt, keinem Gremium, und alle Gewissensentscheidungen den gleichen Rang haben. Für ein Gremium entfallen damit genaugenommen auch Moral und Ethik. Überdies hat die Politik ihre moralischen Urteile durch übermäßigen Gebrauch selbst entwertet und kann dem Ethikrat keine moralische Autorität mehr verleihen.

Deshalb kann sich der Ethikrat nur lächerlich machen, wenn er den Sack voller Widersprüche öffnet und seine Ansichten »ethisch« begründet. Seine Empfehlungen werden nichts sein als rechtsähnliche Sätze, deren Entstehung das Licht der Öffentlichkeit gescheut hat. Jedenfalls steht jetzt schon fest, daß sich niemand für unmoralisch halten muß, wenn er die Ansichten des Ethikrates nicht teilt. Es geht ja auch allein darum, die moralischen Urteile des politischen Gegners vorbeugend zu neutralisieren. Aber darin steckt eine Gefahr.

Die Mitglieder des Ethikrates werden natürlich nicht meinen, daß sie keine ethischen Urteile abgeben können. Sie werden vielmehr sich und ihre Empfehlungen für hochmoralisch halten. Wie kommen sie dann aber mit denen zurecht, die darüber lachen? Logischerweise müssen sie die Spötter für unmoralisch, verwerflich und verächtlich erklären. Mit Unmoralischen kann ein Moralist aber eigentlich nicht zusammenleben. Er müßte sie aus der Gesellschaft ausschließen, am besten töten. Das darf er jedoch nicht. Ihm bleiben nur drei Möglichkeiten. Entweder ersetzt er die Ausschließung dadurch, daß er den Unmoralischen ändert, umerzieht, aufklärt oder zu sozialem Dienst verpflichtet.

Oder er heult mit den Wölfen und erklärt die Moral zur Unmoral oder umgekehrt. Oder er übt sich in »Verantwortungsethik« und begnügt sich mit dem Bewußtsein, den Verachteten zu verachten. Feindschaft also, nur zivilisiert. Der Ethikrat institutionalisiert die Tendenz der Moral, Streit zu erzeugen.

23. Mai 2001

Lieber ein Hoffnungsschimmer als Dunkelheit

Wider eine moralisierende Scheinrationalisierung: Sollen wir unser genetisches Schicksal den Kräften des Zufalls anheimstellen?

»Bei der Embryonenforschung«, hat Erwin Chargaff im Gespräch mit dieser Zeitung (F.A.Z. vom 2. Juni 2001) zu bedenken gegeben, »könnte man ja sagen, nun gut, ein toter Embryo ist eine Leiche, und eine Leiche pflegen wir zu begraben. Wenn aber jemand daherkäme, der vorschlüge, die Leichen und ihre Organe industriell zu verarbeiten, gäbe es sicher Proteste.« Ist ein toter Mensch ein Mensch? Das ist die Schlüsselfrage im Streit über die Moral der Gentechnik. Biologen und Mediziner antworten: »nein«. Theologen, Juristen und Friedhofswärter neigen eher zum »Ja«. Das Bundesverfassungsgericht hat 1971 dem toten Schauspieler Gustav Gründgens Menschenwürde zugebilligt und ihn mit dieser Begründung gegen postume Herabsetzungen geschützt.

Für den Anfang des Lebens kann man freilich nicht so argumentieren. Zwischen Anfang und Ende liegt ein grundlegender Unterschied: die Geschichte des Individuums und die Erwartungen seiner Mitwelt. Beides hat der Embryo noch vor sich, der Tote aber schon hinter sich. Sie machen das Individuum zur Person. Deshalb braucht eine Frau nicht mit einer Bestrafung zu rechnen, wenn sie ihre Leibesfrucht abtötet oder abtöten läßt, weil ihr – wie das Strafgesetz sagt – »durch das Austragen des Kindes eine Belastung erwächst, die so schwer und außergewöhnlich ist, daß sie die zumutbare Opfergrenze übersteigt«. Wohl aber wird sie bestraft, wenn sie bei exakt der gleichen Belastung ihren ewig quengelnden, debilen Vater tötet. Mit dem Vater verbinden sie Geschichten.

Auch für den Anfang des Lebens gilt indessen: Er hängt nicht an biologischen Fakten, sondern an den Geschichten und Erwartungen, die sich darauf beziehen. Es ist ein erheblicher Unterschied, ob ein Embryo in einem wilden Liebesakt gezeugt wird oder ob eine Eizelle außerhalb des Leibes nach den Regeln und Möglichkeiten der ärztlichen Kunst befruchtet wird. Im Falle des Liebesaktes hofft oder fürchtet jeder, daß die Folge eintritt, die nach alltäglicher Lebenserfahrung zu erwarten ist: ein noch nicht näher zu bestimmendes Kind. Im Falle der künstlichen Befruchtung erwartet jeder, daß der Arzt die Geburt eines kranken oder gar behinderten Kindes ausschließt. Eine Enttäuschung dieser Erwartung stört das Vertrauen in die Medizin.

Deshalb ist es eine falsche Vereinfachung, die Menschenwürde mit der Verbindung von männlicher und weiblicher Eizelle beginnen zu lassen. Dieses Kriterium ist zu unzuverlässig, als daß sich der Rechts- und Geschäftsverkehr darauf stützen könnte. Der Zeitpunkt der Verbindung läßt sich nicht genau feststellen, von allen Embryonen sterben mindestens zwei Drittel und gehen unbemerkt mit Monatsblutungen ab. Ein Überfluß an Früchten sichert die Erhaltung der Gattung. Die Rede von Menschenwürde im Zusammenhang mit Embryonen blendet solche Bedingungen der Evolution des Homo sapiens aus. Sie ist eine moralisierende Scheinrationalisierung. Daß sie bei der Gentechnik sehr beliebt ist, hängt mit der Tabuisierung des Lebens, besonders von Geburt, Sex und Tod, zusammen. Tabus sind öffentliche Geheimnisse oder Hinseh-Verbote, die Paradoxien durch Rituale erträglich machen. In der Regel sollen sie Handlungsalternativen ausblenden, im Falle des Lebens zum Beispiel die Nichtentstehung als Alternative zur

Entstehung des Lebens. Nichtentstehung ist etwas anderes als Tötung oder Tod. Sie ist das herkömmliche bekannte im Vergleich zum unbekannten Leben. Diese Wahl soll nicht als solche erscheinen, weil die Ratio zur Nichtentstehung neigt. Kinder können Glück bringen, aber auch Leid. Wenn man der derzeitigen Kinderschutzgesetzgebung trauen dürfte, müßte das Leid größer sein. Die Gesellschaft des Homo sapiens will jedoch offenkundig weiterexistieren. Also muß sie das Nachdenken über Handlungsalternativen prinzipiell einschränken. Die zuverlässigsten Reflexionsstopps sind Naturtatsachen, an denen man nicht rütteln kann, und moralische Maximen, an denen man nicht rütteln darf. So ist die Gentechnik in die Mühle von Natur und Moral geraten.

In welchem Maße die Moral den Verstand blockiert, war in jener politischen Talkshow des hessischen Fernsehens zu beobachten, deren Unterhaltungswert darin besteht, daß der Moderator die Öffentlichkeit über die Dummheit und Verlogenheit seiner Gesprächspartner aufklären will, während der Befragte seine Schlauheit und Schlagfertigkeit beweisen kann. Ein Varieté der Ethik sozusagen. Am 22. Mai 2001 inquirierte der Moderator die Generalsekretärin der FDP, Pieper, über Gentechnik: Ob sie gegen Behinderte sei? – Natürlich nicht! – Warum sie dann wolle, daß Embryonen ausgesondert würden, aus denen Behinderte entstehen könnten? – Er hatte gewonnen. Sie stotterte herum. Dabei wäre die Antwort einfach gewesen: Weil ich gegen Behinderungen bin.

Auch die Inhalte der Diskussion lassen erkennen, wie tief die Moral den Verstand bindet. Bei der Gentechnik sind natürlich – wie bei allen menschlichen Handlungen oder Unterlassungen – unbekannte und möglicherweise schädliche Folgesfolgen nicht auszuschließen. Bekanntlich leben wir in einer Risikogesellschaft. Verglichen mit der größten

Umweltkatastrophe, die wir genau kennen, nämlich mit dem Wachstum der Weltbevölkerung, dürften das freilich Peanuts sein, die man vernachlässigen kann. In Wahrheit geht der Streit auch nicht um Schäden, sondern um die Produktion möglichst gesunder und widerstandsfähiger Menschen, gleichsam um reblausresistente Individuen. Einer solchen Utopie oder Hoffnung wird entgegengedonnert: Der Mensch müsse Zufall bleiben. Also mögliche Gesundheit in der einen, Nichtwissen in der anderen Waagschale, und dann soll die völlige Dunkelheit schwerer wiegen als ein Schimmer der Hoffnung. Welch eine Rationalität! Und da die Bevorzugung des Zufalls nichts ist als das Verweigern der Entscheidung, als die Flucht vor der Verantwortung, als das Scheuen vor dem Risiko, welch eine Ethik!

12. Juni 2001

Kinder, Kinder, da kann einem wirklich die Lust am Heiraten vergehen

Zu den Voraussetzungen des Instituts der lebenslangen Ehe gehört das Hintertürchen der unbemerkten Bigamie: Der Rechtsgelehrte Karl Michaelis, der solche paradoxen Sätze sagte, ist gestorben

Seinen hundertsten Geburtstag hat er, schwach zwar, aber in geistiger Frische erlebt. Über die Geburtstagsfeier, die seine Fakultät und die Akademie der Wissenschaften zu Göttingen ihm ausgerichtet haben, hat er sich ebenso gefreut wie über die Würdigung in dieser Zeitung (F.A.Z. vom 21. Dezember 2000). Am 14. August 2001 ist er gestorben, Karl Michaelis, emeritierter ordentlicher Professor für Bürgerliches Recht und Neuzeitliche Rechtsgeschichte in Göttingen.

Er war kein Meister der Massen. Dafür war er zu zierlich, zu leise und wohl auch zu anspruchsvoll. Aber bei Diskussionen im kleinen Kreis konnte man sich ihm kaum entziehen. Die Breite seines Wissens, die Genauigkeit seiner Sprache, sein etwas spitzer Humor und seine zähe Skepsis ließen herrschende Meinungen schnell ziemlich schwach aussehen. So meinte er einmal, das Problem der Ehescheidungen sei dringlicher geworden; eine Ehe dauere viel häufiger lebenslänglich als früher, weil wegen der Entwicklung der Medizin weniger Frauen im Kindbett stürben und wegen der Ausbreitung des Personenregisters die Zahl der erfolgreichen Bigamisten stark abgenommen habe. Gegen diese Überlegung kann man nicht einmal den beliebten Vorwurf in Stellung bringen, sie verwende den naturalistischen Fehlschluß, den Schluß vom Sein auf das Sollen. Gerade in hochgradig tabuisierten Lebensbereichen, wie in dem der Sexualität, prägt das Sein das Sollen, weil Tabus nicht regelbar sind. Man darf es nur nicht sagen oder allenfalls so wie Karl Michaelis.

Klar ist freilich auch, daß man mit solchen Aussagen keine Breitenwirkung erzielen kann. Kindbettfieber und unvollständige Register als Alternativen zur Ehescheidung zu sehen setzt distanziert-ironischen Umgang mit Normen voraus. Aber wer einmal hinter solche abgründigen Kombinationen gekommen ist, verlangt nach mehr und versucht es selbst. Deshalb hat Michaelis weniger durch seine Veröffentlichungen und mehr über seine Schüler, seine Doktoranden und Habilitanden gewirkt.

Michaelis hat sich unter Berufung auf seine bayerische Mutter dagegen gewehrt, als westfälisches Pfarrerskind abgestempelt zu werden, obwohl er als Sohn eines evangelischen Pastors in Bielefeld geboren wurde. Aber etwas Protestantisches hatte er schon. Nach Promotion und Habilitation in Göttingen wurde er 1934 Professor in Kiel, 1938 in Leipzig, 1951 in Münster und 1956 in Göttingen. Die beiden letzten Ziffern geben immer zugleich sein Lebensalter an. Wenn man an die deutschen Schicksalsjahre 1933 und 1945 denkt, ist das alles in allem eine erstaunlich gradlinige Karriere, die nach einer Erklärung verlangt. Sie liegt wahrscheinlich in seinem aufmüpfigen Konservativismus.

Als Michaelis in den zwanziger Jahren studierte, begann auch in der Rechtswissenschaft das Spiel »Wahrheit gegen Form«, für das es allerdings Anlässe gab. So versicherte der damalige Reichsjustizminister Gustav Radbruch 1922 im Reichstag, die neue Republikschutzverordnung solle nur gegen Angehörige der politischen Rechten angewandt werden, nicht gegen die Linke. Das erhöhte nicht das Vertrauen in das demokratische Gesetz und erzwang die soziologische Frage: Was steckt dahinter? Michaelis hat das Spiel nach 1933 weitergespielt, wie seine Publikationen zeigen. Aber er hat es als normale dogmatische Arbeit verstanden. Im Mai 1945 hatte er den Mut, für seine Leipziger Juristenfakultät eine Denkschrift zur Vorlage bei der amerikanischen Besatzungsmacht zu verfassen, in der er beklagt, daß die deutschen Professoren dem Naziunrecht nicht widerstanden, nicht, daß sie es gefördert hätten. Bei dieser Linie ist er bis zuletzt geblieben.

Im Wintersemester 1987/88 hat er in einer Göttinger Ringvorlesung über »Recht und Justiz im ›Dritten Reich‹«, die von der Studentenvertretung angeregt worden war, einen Vortrag über »Die außerordentliche Wiederaufnahme rechtskräftig abgeschlossener Verfahren in der Praxis des Reichsgerichts 1941 bis 1945« gehalten. Der Vortrag behandelte ein für Juristen spannendes Thema und war ein rechtshistorisches und dogmatisches Meisterwerk. Besonderen Wert legte Michaelis darauf, alle erreichbaren einschlägigen Entscheidungen zu verwerten.

Politisch war der Vortrag eine Eulenspiegelei. Die Studenten wollten weder Geschichte noch Dogmatik hören, sondern ihre Ansichten bestätigt finden. Michaelis hat sie trotzdem mit der Komplexität historischer Ereignisse und mit der Unterscheidung von Recht und Moral konfrontiert. Das war mutig und in einem sehr anspruchsvollen Sinn wissenschaftlich: Laßt uns – ihr, die Jungen, und ich, der Alte – ohne Rücksicht auf den Unterschied an Jahren, Erfahrung und Wissen gemeinsam das Sachproblem analysieren und sehen, was dabei herauskommt. So muß sich Wilhelm von Humboldt den wissenschaftlichen Dialog in den Universitäten vorgestellt haben. Mit den Göttinger Studenten wäre er weniger zufrieden gewesen. Aber Michaelis hätte er einen »Charakter« genannt; das Ziel der akademischen Ausbildung.

21. August 2001

Karlsruhe hat gesprochen: Mephisto

Im Mai 1837 reiste der fünfzehnjährige Dostojewski von Moskau nach Petersburg. Auf einer Poststation mußte er eine wirkliche Antastung der Menschenwürde mitansehen: Eine Troika fuhr vor, aus dem Wirtshaus sprang ein massiger Kurier in den Wagen und hieb dem Kutscher wortlos mehrfach mit der Faust in den Nacken, worauf dieser zitternd auf das Mittelpferd eindrosch, und ab ging die Post. Dostojewski war entsetzt und dachte, wahrscheinlich prügelt der Kutscher abends seine Frau, weil sie zugesehen hat. Wenn man Menschen demonstrativ zu den Tieren zählt, müssen sie in der Tat nach Menschen schnappen. Menschenwürde ist zunächst die Anerkennung der Zugehörigkeit zur menschlichen Gemeinschaft. Sie hat den Sinn, Wiedererkennbarkeit und Verantwortung der Individuen und dadurch menschliche Kommunikation zu ermöglichen. Das steht freilich nicht im Grundgesetz. Es stimmt trotzdem und bedeutet, daß das Recht die Menschenwürde nicht beliebig definieren und instrumentalisieren kann. Im Mephisto-Fall hat das Bundesverfassungsgericht die Anwendungsgrenzen der Menschenwürde in einer Weise überschritten, die auch ein Licht auf die Rolle des Argumentes in der derzeitigen biopolitischen Debatte wirft.

»Mephisto« wird der Fall nach dem Roman von Klaus Mann genannt. In dem Roman beschreibt Mann seinen früheren Schwager, Gustaf Gründgens, als zynischen, treu- und skrupellosen Karrieremacher im Dienst der Nazi-Diktatur und dichtet ihm abscheuliches Verhalten an. Nach Gründgens' Tod 1963 verlangte dessen Adoptivsohn und Alleinerbe, die Veröffentlichung des Romans zu unterlassen. Das Bundesverfassungsgericht gab ihm recht. Mit der Begründung hat es sich sehr schwer getan. Eigentlich hat es sich nur den beiden Vorinstanzen, dem Oberlandesgericht Hamburg und dem Bundesgerichtshof, angeschlossen. Die Entscheidung hat auch keine Nachfolge gefunden. Trotzdem ist sie am Gericht hängengeblieben.

Der Roman, meint das Gericht, sei ein Kunstwerk. Seine Veröffentlichung falle unter die Kunstfreiheit (Artikel 5 Absatz 3 des Grundgesetzes). Die Kunstfreiheit sei ohne Vorbehalt gewährleistet. Sie finde jedoch ihre Schranken an den verfassungsmäßigen Rechten anderer. Aber welches verfassungsmäßige Recht Gustaf Gründgens' konnte »Mephisto« verletzt haben? In Betracht kam nur das Recht der persönlichen Ehre. Dogmatisch schränkt die Ehre jedoch nur die Meinungsfreiheit ein, nicht die Kunstfreiheit. Aber Ehre und Kunst sind beide Ausdruck der Menschenwürde, die Kommunikation erst ermöglicht. Also darf Kunst die Menschenwürde nicht antasten. »Mephisto« hat Gründgens aber als jemanden dargestellt, mit dem man nicht mehr reden kann. Der Roman war die Faust im Nacken des Troika-Kutschers Gründgens.

Bedauerlicherweise erwies sich die Menschenwürde des toten Gründgens als recht kurzlebig. 1979 dramatisierte Ariane Mnouchkine den Mephisto-Roman und tourte mit dem Stück durch Frankreich. Gewiß, in Frankreich gelten die Urteile des Bundesverfassungsgerichts nicht. Aber 1980 erschien das Textbuch in München in deutscher Übersetzung. Niemand klagte. 1981 brachte der Rowohlt-Verlag eine Neuausgabe des Romans auf den Markt. Jetzt wirkte sich das »Verbot« aus. Das Buch verkaufte sich wie warme Semmeln. Die Verfilmung folgte auf dem Fuße. Alles nachzulesen in »Juristische Rhetorik« von Wolfgang Gast.

Bevor man »Menschenwürde« zur Rhetorik erklärt, muß man freilich genauer hinschauen. Das Bundesverfassungsgericht hat das Schicksal der Menschenwürde des toten Gründgens vorausgesehen: Der Bundesgerichtshof habe »zutreffend berücksichtigt, daß das Schutzbedürfnis – und entsprechend die Schutzverpflichtung – in dem Maße schwindet, in dem die Erinnerung an den Verstorbenen verblaßt und im Laufe der Zeit auch das Interesse an der Nichtverfälschung des Lebensbildes abnimmt. Diese Anwendung des Artikels 1 Absatz 1 Grundgesetz ist nicht zu beanstanden.« Doch, sie ist. So offensichtlich darf man die Menschenwürde nicht für den guten Ruf instrumentalisieren. Zwar ist diese Erde auch deshalb so interessant, weil es auf ihr entgegen den Behauptungen mancher neuerer Philosophen nichts Absolutes gibt. Die Kommunikationsfähigkeit darf man jedoch nicht absichtlich relativieren, wenn man die Kommunikationsmöglichkeit nicht ruinieren will. Bezogen auf die reale Kommunikation gilt die Menschenwürde absolut. Aber nur insoweit. Deshalb darf man sie niemandem zusprechen, der nicht real kommunizieren kann, weder Toten wie im Mephisto-Fall noch ihren Gegenstücken, den Embryonen. Der Mephisto-Fall ist nicht nur falsch entschieden, die Begründung hat auch die Berufung auf die Menschenwürde geschwächt.

15. September 2001

Karlsruhe hat gesprochen: Kunstfehler

Die Geschichte begann mit einem eifrigen Vormund, dessen geisteskrankes Mündel Anfang der zwanziger Jahre in einer Heilanstalt mit einer Pflegerin ein uneheliches Kind gezeugt hatte. Der Vormund verlangte von der Anstalt die Übernahme der Unterhaltszahlungen, weil sie den Geschlechtsverkehr hätte verhindern müssen. Das Reichsgericht hielt das Verlangen für begründet. Das »Kind als Schaden« war geboren. Da das damalige Recht den Erzeuger ohnehin vor allem als »Zahlvater« betrachtete, war die Entscheidung konsequent.

Nach dem Zweiten Weltkrieg häuften sich die Fälle, in denen Eltern Ärzte auf Schadensersatz in Anspruch nahmen, weil sie trotz Beratung oder Behandlung überhaupt Kinder oder behinderte Kinder bekommen hatten. Der Bundesgerichtshof gab den Ansprüchen regelmäßig statt. Aber was bei unehelichen Kindern einmal systemkonform gewesen sein mochte, erschien bei ehelichen Kindern als systemwidriger Einbruch in die personalen Beziehungen zwischen Eltern und Kindern. Sich den Kindesunterhalt von den ärztlichen Fehlerkünstlern ersetzen zu lassen, statt ihn sich vom Munde abzusparen, wurde als Verrat an den Kindern und als Verstoß gegen die Menschenwürde im Sinne des Artikels 1 Absatz 1 des Grundgesetzes verstanden. Das Kind werde zum Objekt, zum bloßen schädigenden Ereignis degradiert. Dieser Kritik hat sich der Zweite Senat des Bundesverfassungsgerichts im zweiten Abtreibungs-Urteil vom 28. Mai 1993 angeschlossen: »Die Verpflichtung aller staatlichen Gewalt, jeden Menschen in seinem Dasein um seiner selbst willen zu achten, verbietet es, die Unterhaltspflicht für ein Kind als Schaden zu betrachten.« Diese Begründung war allerdings bestenfalls eine Volksausgabe des Kantischen Achtungsprinzips.

Den Bundesgerichtshof hat sie denn auch nicht beeindruckt. Der Arzt hafte nun einmal für seine Fehler; ihn freizustellen sei offenkundig ungerecht; und die Leidtragenden seien die Eltern; also müsse der Arzt die Eltern entschädigen. Einige Ärzte erhoben Verfassungsbeschwerde. Wegen der Unerschütterlichkeit der Geschäftsverteilungsregeln landeten die Beschwerden aber nicht beim Zweiten Senat, sondern beim Ersten. Der wies sie ziemlich kühl zurück, ohne sich mit dem Zweiten zu verständigen, was für einige Aufregung sorgte. Aber das ist eine andere Geschichte.

Hier ist zu berichten, daß der Erste Senat zwei Fälle zu entscheiden hatte. Im einen Fall hatte ein Urologe einen Ehemann nicht darüber unterrichtet, daß dessen Sterilisation mißlungen sei. Die Ehefrau gebar einen gesunden Jungen. Im anderen Fall erklärte ein Genetiker den Eltern einer körperlich und geistig behinderten Tochter, eine vererbbare Störung sei unwahrscheinlich. Eineinhalb Jahre später wurde dem Ehepaar eine weitere Tochter mit den gleichen Behinderungen geboren wie ihre Schwester. Das Gericht hat beide Fälle gleich behandelt, bis auf den Umfang des Schadensersatzes natürlich.

Die Anwälte der Ärzte haben pflichtschuldig die ganze Litanei der Argumente gegen das »Kind als Schaden« heruntergebetet, nachdrücklich eine Verletzung der Menschenwürde des Kindes gerügt und dabei wohl nicht bedacht, daß es sehr merkwürdig klingt, wenn die Ärzte, durch deren Kunstfehler die Kinder zur Welt gekommen sind, die unantastbare Menschenwürde dieser Kinder gegen die Haftung für ihre Fehler ins Feld führen. Insofern waren die Ärzte von vornherein in einer schwachen Position. Das Bundesverfassungsgericht hat denn auch wie der

Bundesgerichtshof das Problem der Menschenwürde dadurch gelöst, daß er zwischen der personalen Existenz des Kindes und den wirtschaftlichen Aufwendungen für seinen Unterhalt unterschieden hat. So weit enthält die Entscheidung nichts Neues.

Ihre Bedeutung für die derzeitige biopolitische Debatte kann man freilich kaum überschätzen. Der wichtigste Satz lautet: »Die ärztliche Hilfeleistung bei der Familienplanung durch Sterilisation oder die Beratung über genetisch bedingte Risiken vor der Zeugung (Hervorhebung nicht im Original) eines Kindes berühren Artikel 1 Absatz 1 Grundgesetz nicht.« Behinderte Kinder darf man also vermeiden. Es ist nicht behindertenfeindlich. Lassen wir offen, ob das auch für die Zeit nach der Zeugung gilt. Fest steht jedenfalls, der Arzt muß den Beteiligten nach dem Stand der Medizin reinen Wein einschenken. Fromme Täuschungen können ihn teuer zu stehen kommen. Auch bei künstlichen Befruchtungen und vorgeburtlichen Untersuchungen muß er auf die Gefahr von Erbkrankheiten oder Mißbildungen aufmerksam machen, ohne Rücksicht darauf, was aus dem Embryo wird. Ein Embryo, bei dem die Gefahr einer Störung festgestellt wird, muß natürlich untergehen. Das ist keine Frage der Ethik, sondern geltendes Recht.

17. September 2001

Karlsruhe hat gesprochen: Abtreibung

Abtreibung und Kindstötung sind schwierige Straftatbestände, die nach Zeit und Ort verschieden beurteilt werden. Derzeit können wir Gretchens Lied im Kerker kaum ertragen. Die Schwierigkeit beruht auf einer strukturellen Spannung. Zeugung, Geburt und Aufzucht des Menschen zwingen zu Unterscheidungen zwischen Männern und Frauen, die schwer mit Gleichberechtigung zu vereinbaren sind. Außerdem unterliegt die Fortpflanzung den Entwicklungsgesetzen der Art Homo sapiens. Insofern ist der Mensch Objekt seines Körpers. Vor einhundertfünfzig Jahren mußten barmherzige Ärzte oder Hebammen ein mißgebildetes Kind während der Geburt sterben lassen und der Mutter eine Totgeburt bescheinigen. Heute kann man solche Fälle weit rationeller über pränatale Diagnostik und Abtreibung regeln. Der Widerspruch zwischen Reproduktionsoptimierung im Dienste der Art und den ethischen Ansprüchen einer modernen Gesellschaft ist so tief, daß man von Recht und Politik nur Beschwichtigungen, keine Lösungen erwarten kann. Strafrechtlich soll beispielsweise das Abtreibungsverbot das Leben des Ungeborenen schützen. An die Reproduktion des Menschengeschlechtes denkt dabei niemand.

In dieser juristischen Vereinfachung stellte sich das Problem auch dem Bundesverfassungsgericht, als es 1975 zu entscheiden hatte, ob die Nichtstrafbarkeit der Abtreibung in den ersten zwölf Wochen nach der Empfängnis verfassungsmäßig war. Die Nichtstrafbarkeit konnte nur verfassungswidrig sein, wenn das Grundgesetz den Gesetzgeber zur Bestrafung verpflichtete. Nach deutscher staatsrechtlicher Tradition und nach dem Wortlaut des Grundgesetzes hat der Staat aber nur das Recht zu strafen, nicht die Pflicht.

Das Gericht hat die Strafpflicht dem Grundrecht des Ungeborenen auf Leben (Artikel zwei Absatz zwei des Grundgesetzes) entnommen. Seitdem schützen die Grundrechte nicht mehr nur gegen den Staat, sie ermächtigen den Staat auch, mit Strafen in Grundrechte anderer einzugreifen, im Falle von Abtreibungen vor allem in das Selbstbestimmungsrecht der Frauen. Wenn der Frau die Fortsetzung der Schwangerschaft unzumutbar sei, könne der Staat von einer Bestrafung absehen.

Heute wird behauptet, das Bundesverfassungsgericht habe die Zumutbarkeit nur ins Spiel gebracht, weil der Schutz des Ungeborenen nicht gegen den Willen der Mutter erreicht werden könne. Das ist unrichtig. Historisch ging es dem Bundesverfassungsgericht um das feministische »Mein Bauch gehört mir!« Dogmatisch ist das Verhältnis der Schwangeren zum Fötus nicht singulärer als das der Eltern zu ihren Kleinkindern oder das der erwachsenen Kinder zu ihren greisen Eltern. Wie die Schwangerschaft sind auch diese Fälle durch die rohe Macht des ersten Zugriffs und die Ohnmacht der Schutzbefohlenen gekennzeichnet. Diese Enge und Unvorgreiflichkeit der Beziehung ist der Grund, Pflichtverletzungen der Stärkeren zu bestrafen. Sonst könnte man Schadenersatz oder ähnliches vorsehen.

Daß es der Politik in Wahrheit darum ging, die Entscheidung über den Schwangerschaftsabbruch in den Willen der Schwangeren zu stellen, zeigte das Schwangeren- und Familienhilfegesetz von 1992, das die Fristenlösung durch eine (Beratungs-)Scheinlösung ersetzte und vom Bundesverfassungsgericht 1993 im wesentlichen bestätigt wurde. Bemerkenswert an diesem zweiten Urteil ist, wie detailliert das Gericht der Politik Maßnahmen zur Steigerung der Gebärfreudigkeit beschrieben und die Begründung neu akzentuiert hat. 1993 liegt der Grund sowohl für den Schutz des

Ungeborenen wie für die Rechte der Schwangeren in der Menschenwürde des Artikels eins Absatz eins des Grundgesetzes. So kann der Schwangeren geholfen werden. Ihre Menschenwürde gebietet Kindergartenplätze und Abtreibungsstatistiken.

In dem Interessenkonflikt zwischen der Schwangeren und dem Ungeborenen können sich also beide Seiten auf ihre absolute und gleiche Menschenwürde berufen. Denn »diese Würde des Menschseins liegt auch für das ungeborene Leben im Dasein um seiner selbst willen«. Damit scheidet die Menschenwürde als Maßstab für die Beurteilung von Abtreibungen logisch aus. Nach welchen Kriterien das Gericht immer geurteilt haben mag, die Menschenwürde hat es zu Tode geritten. Wenn sie jedem Menschen um seiner selbst willen und ohne Rücksicht auf sein Handeln zusteht, dann erlaubt sie keine Unterscheidungen zwischen Menschen, dann wird alles menschenwürdig, was Menschen tun, auch eine Abtreibung. Das war aber wohl das Ziel der Argumentation. Gretchen läßt aus dem Kerker grüßen.

18. September 2001

Karlsruhe hat gesprochen: Kruzifix

So viel Schelte wie für seine Entscheidung von 1995, ein Kreuz in den Unterrichtsräumen einer staatlichen Pflichtschule verletze die Glaubensfreiheit, hatte das Bundesverfassungsgericht selten einzustecken. Die Schelte war so heftig, daß einige Verfahrensrichter sich öffentlich um den Rechtsstaat zu sorgen begannen. Ein Binsenargument des Establishment. Wenn die großen Kirchen es verwenden, beziehen sie es allerdings auf Kultur.

Im Kern meinte das Gericht, ein Kreuz im Klassenzimmer setze die Kinder unter geistig-moralischen Druck. Das Kreuz trete mit einem missionarischen Anspruch auf. Die Pflichtschule sei eine Monopolveranstaltung des Staates. Deshalb könne das Kind dem Anspruch des Kreuzes nicht ausweichen. Also müsse das Kreuz weg. Wie oft in der Jurisprudenz ist auch an dieser Begründung »etwas dran«. Wenn der Staat eine Situation schafft, in der die Beteiligten abhängig werden, weil es für sie kaum noch Alternativen gibt, muß er tatsächlich für religiöse Neutralität sorgen. Das hat das Gericht ausdrücklich erklärt und wird von niemandem bestritten. Die Frage ist allein, ob dieser Tatbestand vorliegt oder ob Kreuze im Klassenzimmer nicht religiös gefärbte Symbole im öffentlichen Raum sind, die jeder hinzunehmen hat, weil das christliche Abendland nicht aus seiner Geschichte aussteigen kann. Es geht also um die Anwendung eines unstreitig richtigen Satzes auf einen unstrittigen Sachverhalt.

Das Bundesverfassungsgericht hat 1960 einen ähnlichen Fall entschieden, diese Entscheidung im Kruzifix-Beschluß aber merkwürdigerweise nicht zitiert, obwohl jedem Juristen die strukturelle Verwandtschaft zwischen den Sonderrechtsverhältnissen Schule, Militär und Gefängnis geläufig ist. 1960 hatte der Bundesgerichtshof die bedingte Entlassung eines Strafgefangenen abgelehnt, weil er aus tiefem Haß auf alles Religiöse mehrfach versucht hatte, Mitgefangene gegen das Versprechen, ihnen Tabak zu geben, zum Austritt aus ihrer Kirche zu bewegen. In dieser Begründung erblickte der Strafgefangene – übrigens ein ausgemachter Fiesling – eine Verletzung seiner Glaubensfreiheit. Das Bundesverfassungsgericht meinte, zwar gehöre auch die Abwerbung von einem fremden Glauben und überhaupt die Gegenpropaganda zur Glaubensfreiheit. Aber die Glaubensfreiheit dürfe nicht mißbraucht werden. Mißbrauch liege vor, »wenn die Würde der Person anderer verletzt wird«. Und das Angebot Tabak gegen Kirchenaustritt verletze die Würde der Mithäftlinge.

Das ist kein Kunstwerk an Begründung, in der Sache jedoch richtig. Wesentlich ist aber nicht, daß das Ansinnen, gegen ein paar Tabakkrümel das Bekenntnis zu ändern, in der Tat Verachtung ausdrückt, wesentlich ist, daß sich Häftlinge in einer ausweglosen Zwangssituation befinden, besonders, wenn sie nikotinabhängig sind, und daß sie sich wegen des Anstaltsfriedens nicht selbst wehren sollen. Wenn der Staat Menschen in eine solche Situation bringt, entsteht für ihn die Pflicht, die Menschen davor zu bewahren, Entscheidungen zu treffen, die sie bedauern könnten, wenn sie wieder unter normalen Verhältnissen leben. Das gilt vor allem für religiöse, aber auch für familiäre oder berufliche Entscheidungen. Der Grundsatz lautet richtig: In allen »Besonderen Gewaltverhältnissen«, wie man früher sagte, muß der Staat dafür sorgen, daß sich die Gewaltunterworfenen glaubwürdig als verantwortliche, entscheidungsfähige und belastbare Individuen darstellen können. Mehr als die Möglichkeit kann er den Menschen nicht verschaffen. Wenn »Selbstdarstellung« keine individuelle Leistung ist, ist sie eben keine Selbstdarstellung. Daran kann der Staat nichts ändern.

Für den Staat geht es eigentlich nur um den Respekt vor der Person und die Selbstachtung des einzelnen. Um Religion geht es genaugenommen nicht. Seit der Säkularisierung von Recht und Politik im sechzehnten und siebzehnten Jahrhundert kann der Staat in Religionssachen nichts mehr sagen, weil er für Religion blind geworden ist. Das »Lexikon für Theologie und Kirche« ist für ihn ein Buch mit sieben Siegeln. Zwar hat er Kontakt zur Religion, aber nur vermittelt durch Personen. Jede Person muß für sich die Anforderungen von Recht, Politik, Religion, Wirtschaft und Familie auf einen Nenner bringen und insofern Religion und Politik aufeinander abstimmen. Für den Staat kann Religionsfreiheit daher nur Freiheit der Person in bezug auf die Religion sein. Wie er mit dieser persönlichen Freiheit umgehen muß, das lehrt der Tabak-Fall und verunklärt der Kruzifix-Beschluß. Die Kinder, die »unter dem Kreuz lernen« mußten, brauchten sich jedenfalls für nichts zu schämen, und ihnen stand die Welt offen.

19. September 2001

Karlsruhe hat gesprochen: Lüth

Bis zur Säkularisierung hat die Religion Recht und Politik legitimiert. Nachher wurde die Religion ersetzt durch Freiheiten der Individuen. Diese Freiheiten entlasteten die Politik von nichtaktuellen Fragen, gefährdeten sie aber auch, weil sie Macht entwickeln konnten. Um die Gefahr zu begrenzen, wurden die Freiheiten mit einer Art von Kommunikationen verknüpft, denen man widersprechen kann, mit Meinungen. Die Politik würde Meinungen gerne steuern. Das funktioniert zwar nicht, kann aber Kommunikationen stören und die Politik ruinieren. Soziologisch-historisch hat das Bundesverfassungsgericht daher recht, wenn es im Lüth-Urteil vom 15. Januar 1958 schreibt: »Das Grundrecht auf freie Meinungsäußerung ist (…) für eine freiheitlich-demokratische Staatsordnung (…) schlechthin konstituierend.« Nur, wenn Meinungen Recht und Politik zugleich legitimieren und bedrohen, wo steht das Bundesverfassungsgericht in diesem Spannungsverhältnis? Wo anders als auf der Seite von Recht und Politik!

Seine Kurzbezeichnung hat das Urteil nach dem Beschwerdeführer erhalten, dem damaligen Senatsdirektor, Leiter der Hamburger Staatlichen Pressestelle, Vorsitzendem des Hamburger Presseclubs und führendem Mitglied der Gesellschaft für christlich-jüdische Zusammenarbeit, Lüth. Lüth hatte Theaterbesitzer und Filmverleiher aufgefordert, den Film »Unsterbliche Geliebte«, den die Domnick-Film unter der Regie Veit Harlans produziert hatte, nicht in ihre Programme aufzunehmen. Harlan sei »für einen großen Zeitabschnitt des Hitler-Reiches der »Nazifilm-Regisseur Nr. 1« gewesen. Auf eine Klage der Domnick-Film hatte das Landgericht Hamburg Lüth zur Unterlassung verurteilt, weil seine Aufforderung zum Boykott sittenwidrig sei. Dagegen legte Lüth Berufung zum Oberlandesgericht Hamburg und gleichzeitig Verfassungsbeschwerde wegen Verletzung seiner Meinungsfreiheit ein.

Das Bundesverfassungsgericht ließ die Verfassungsbeschwerde zu, obwohl der Rechtsweg noch nicht erschöpft war. Es wußte also um die politische Brisanz, die der Fall allein dadurch erhalten hatte, daß nun alle Welt nach Karlsruhe blickte. Wie würde das höchste deutsche Gericht den Streit zwischen einem eifrigen Antifaschisten und einem faschistischen Verführer entscheiden? Eine Entscheidung zugunsten Lüths zu begründen war nicht leicht. Grundrechte gelten grundsätzlich nicht zwischen Privaten. Allerdings zeigen die Kommentierungen der einschlägigen Vorschriften des Bürgerlichen Gesetzbuches aus der Zeit vor 1933, daß die deutschen Gerichte von jeher Sittenwidrigkeit mit grundrechtsähnlichen Argumenten begründet haben. Problematisch war nur der Einbruch der Politik in die (Film-) Wirtschaft. Außerdem: War die Aufforderung zum Boykott überhaupt eine Meinungsäußerung?

Hinter dem Aufruf stand sicher eine Meinung, aber der Boykott sollte Harlan weder überzeugen noch gar wandeln, sondern »als repräsentativen Vertreter des westdeutschen Films ausschalten«. Und wie stand es mit den Gegenrechten Harlans, mit seiner Meinung und seinem Recht, den Beruf eines Filmregisseurs auszuüben? Die etwas blumige Antwort des Gerichts lautet zusammengefaßt: Eine uneigennützige Meinung in einer wichtigen öffentlichen Angelegenheit hat den Vorrang vor privaten, besonders vor wirtschaftlichen Interessen. Lüth gewann.

Das Lüth-Urteil ist zur Grundlage für die verfassungsgerichtliche Kontrolle der gesamten zivilrechtlichen Rechtsprechung und für die Auslegung der Meinungsfreiheit geworden. Der frühere Bundesverfassungsrichter Dieter Grimm hat es 1997 als Indikator für den Bedeutungsschwund des Grundgesetzes eingeschätzt: »Die epochale Entscheidung zur umfassenden Wirksamkeit der Grundrechte, die fast 40 Jahre lang als Großtat des Bundesverfassungsgerichts gerühmt wurde: das Lüth-Urteil von 1958, gilt vielen neuerdings als Fehlurteil.«

Ganz stimmt das nicht. Hier ist der Münchner Staatsrechtslehrer Peter Lerche zu rühmen, der schon 1970 ausgerechnet in einer Festschrift für den früheren Präsidenten des Bundesverfassungsgerichts Gebhard Müller höflich, aber deutlich gezeigt hat, daß das Lüth-Urteil in allen erheblichen Hinsichten falsch ist. Wenn man bedenkt, daß es in der Entscheidung vor allem um den eigenen Einfluß des Gerichts geht, überrascht das nicht. Natürlich überrascht es auch nicht, das Lerches Kritik in der Rechtsprechung keine Spuren hinterlassen hat. Die Frage, wie ein Urteil die Meinungsfreiheit kaum stören konnte, das »die Zulässigkeit der freien Rede« davon abhängig machen will, ob es sich »um einen Beitrag zum geistigen Meinungskampf in einer die Öffentlichkeit wesentlich berührenden Frage durch einen dazu Legitimierten handelt«, dieses Rätsel löst die Säkularisierung von Recht und Politik.

20. September 2001

Karlsruhe hat gesprochen: Mörder

Der Oberst hatte es eilig. Ausgerechnet jetzt streikte der Wagen. Zum Glück näherte sich eine Straßenbahn. Kaum war er eingestiegen, tönte es aus der Tiefe des Waggons: »Mörder raus!« Der Oberst stieg aus und nahm ein Taxi. Er wußte, warum. Niemand bezweifelte, daß »Mörder« ihn meinte. Jeder hatte von der »Soldaten sind Mörder«-Entscheidung des Bundesverfassungsgerichts mindestens gehört. Danach sollte ein Autoaufkleber dieses Inhalts durch die Meinungsfreiheit gedeckt sein, wenn er nicht die Soldaten der Bundeswehr, sondern alle Soldaten der Welt und der Weltgeschichte meinen sollte. An diese Möglichkeit hat aber wohl nur das Bundesverfassungsgericht geglaubt. Die Fahrgäste in besagter Straßenbahn haben »Soldaten sind Mörder« jedenfalls auf den Obersten bezogen. Da sie der Zufall zusammengeführt hat, darf ihre Meinung als repräsentativ gelten.

Einen einzelnen Soldaten »Mörder« zu nennen ist allerdings auch nach Ansicht des Bundesverfassungsgerichts eine Beleidigung. Aber der Fall war nur ein Rechtsfall und wurde kein Gerichtsfall. Theoretisch hätte der Oberst vor Gericht ziehen können. Praktisch kannte er nicht einmal den Beleidiger. Es war wie bei einer Demonstration. Die Steinewerfer agieren aus der zweiten Reihe, gedeckt durch die erste Reihe der friedlichen Demonstranten. Die friedlichen Demonstranten sind abgrundtief verunsichert. Einerseits fühlen sie sich im Recht, weil sie im Recht sind. Andererseits fürchten auch sie die Steinewerfer. Und dritterseits sind sie wütend auf die Polizei, weil die nichts gegen die Steinewerfer unternimmt; daß sie selbst der Polizei im Wege stehen, dringt nicht in ihr Bewußtsein.

Eine ähnliche Situation hat die »Soldaten sind Mörder«-Entscheidung bewirkt. Sie erzeugte Geschrei in allen Massenmedien. Fachlich wurde sie wenig diskutiert. Die Pole waren zu klar, und man konnte sich ihnen nicht entziehen. Wer dem Bundesverfassungsgericht beipflichtete, neigte zum Pazifismus, wer es kritisierte, zum Bellizismus. Es kam zu einer aparten Auseinandersetzung zwischen Bundeswehr und Bundesverfassungsgericht, die wiederum einen Rummel im Rummel auslöste. Inzwischen sitzen die Pazifisten in der Bundesregierung und predigen den gerechten Krieg. Amen.

Eine Chance, die Auseinandersetzung zwischen Pazifisten und Bellizisten gerecht zu beenden, besteht nicht. Aber Gerechtigkeit ist auch entbehrlich, solange sich die Leute anpassen. Und das gelingt immer besser. Wenn man die Mär vom edlen Wilden dem Propaganda-Arsenal zuordnet, sieht man, daß natürliche Auslese seit Jahrmilliarden das Töten von Artgenossen einschließt. Entwicklungsgesetzlich kommt es für den einzelnen Menschen darauf an, seine Reproduktion zu optimieren. Das muß zu Konflikten mit Artgenossen führen. Andererseits benötigen Menschen für die Aufzucht ihrer Kinder extrem viel Zeit. Aufzucht verlangt Schutz und Ruhe und damit Tötungsverbote.

Aber die Menschheit ist nicht Herrin ihrer Entwicklung. Tötungsverbote können Tötungen daher nicht ausschließen. Wie wird die Gesellschaft mit diesem Widerspruch fertig? Die einfachste und allgemein akzeptierte Methode ist, Tötungen zu bestrafen. Strafen geht aber nicht, wenn die Gesellschaft selbst töten will. Die beiden Grundfälle sind Todesstrafen und Krieg. Die Lösung: Im Falle der Todesstrafe drückt die Gesellschaft den Tötenden an ihren unteren Rand, wo er nur mit Leuten kommunizieren kann, auf die es nicht ankommt. Henker galten als unehrliche Leute. Im

Falle des Krieges stilisiert sie die Tötenden zu Helden, die so hohe Anerkennung genießen, daß sie unangreifbar werden.

»Soldaten sind Mörder« durchkreuzt die Heldenstrategie. Der Spruch rückt Soldaten in die Nähe von Henkern. Das stört gewaltig, ändert Lebensläufe und mindert die Verteidigungsfreude. Wenn man das bedenkt, hielt sich das Geschrei um die Entscheidung in Grenzen. Die Pazifisten streben eine Minderung der Verteidigungsfreude allerdings gerade an. Aber »Stell Dir vor, es ist Krieg, und niemand geht hin« ist ein steindummer Spruch. Wenn niemand hingeht, kann man gar nicht auf den Gedanken kommen, man könnte hingehen. Denkt man, man könnte hingehen, ist garantiert schon jemand da, und dann ist es zu spät. Mit der Degradierung der Henker war die Todesstrafe nicht abgeschafft, sondern erst ermöglicht. Und mit der Degradierung der Soldaten verschwindet der Krieg nicht, sondern wird er roher, kriegerischer. Heldentum diszipliniert. Wenn man Soldaten »Mörder« nennen darf, stoßen andere Leute zur Truppe. Deshalb sind »Helden« das bessere Konzept. Pazifisten müßten es bevorzugen.

Freilich, soweit es um die Frage »Henker oder Helden?« geht, muß »Soldaten sind Mörder« ein zulässiger Beitrag zur Meinungsbildung sein. Der Spruch wirkt nur etwas unaufgeklärt. Aber das ist nicht verfassungswidrig.

21. September 2001

Karlsruhe hat gesprochen: Apotheken

Berufsfreiheit ermöglicht die Verteilung von Arbeitskräften, die Garantie des Privateigentums ermöglicht die Produktion und die Übertragung von Gütern. Beide Grundrechte verselbständigen das Wirtschaftssystem. Man kann sie auch als Aspekte der individuellen Persönlichkeitsentfaltung verstehen. Dann läuft die Wirtschaft etwas zäher. Das muß kein Nachteil sein. Die Möglichkeiten der Individuen werden zwar eingeschränkt, aber sie merken es kaum und können ruhiger atmen. Nur wenn die Persönlichkeitsentfaltungen überhandnehmen, muß man mit Stagnation rechnen. Die kann man dann kaum bekämpfen, weil man Persönlichkeitsentfaltungen schlecht beschneiden kann. Diese Strichmännchenzeichnung einer gesellschaftlichen Entwicklung erleichtert vielleicht das Verständnis der wohl folgenreichsten Entscheidung des Bundesverfassungsgerichtes, des Apotheken-Urteils vom 11. Juni 1958.

Ein angestellter approbierter Apotheker wollte in Traunreut eine Apotheke eröffnen. Die Regierung von Oberbayern versagte ihm die Erlaubnis und berief sich auf das bayerische Apothekengesetz: Für eine weitere Apotheke in Traunreut gebe es keinen Bedarf, ihre wirtschaftliche Grundlage wäre nicht gesichert. Das Bundesverfassungsgericht erklärte die bayerische Regelung für nichtig, weil sie gegen Artikel 12 Absatz 1 Satz 1 des Grundgesetzes verstoße: »Alle Deutschen haben das Recht, Beruf, Arbeitsplatz und Ausbildungsstätte frei zu wählen.« Dieser Vorschrift gibt das Gericht einen tiefen philosophischen Sinn: »Wohl zielt das Grundrecht auf den Schutz der – wirtschaftlich sinnvollen – Arbeit, aber es sieht sie als ›Beruf‹, das heißt in ihrer Beziehung zur Persönlichkeit des Menschen im ganzen, die sich erst darin voll ausformt und vollendet, daß der einzelne sich einer Tätigkeit widmet, die für ihn Lebensaufgabe und Lebensgrundlage ist und durch die er zugleich seinen Beitrag zur gesellschaftlichen Gesamtleistung erbringt.« Bei solch einer protestantischen Ethik muß der Geist des kapitalistischen Gesetzgebers an die Selbstverantwortung des Apothekers anknüpfen, alle Eingriffe müssen verhältnismäßig sein. Objektive Zulassungsvoraussetzungen wie Bedürfnisprüfungen können nur mit der Abwehr schwerer Gefahren für ein überragend wichtiges Gemeinschaftsgut gerechtfertigt werden. Solche Erwägungen waren allen Juristen aus dem Polizeirecht bereits bekannt. Vielleicht haben sie das Urteil deshalb so gelobt.

Ähnlich wie die Bedürfnisprüfung für Apotheken hat das Bundesverfassungsgericht 1960 die Zulassungsbezirke für Kassenärzte als unzulässige Eingriffe in die Berufsfreiheit bewertet. Damals hat der Bundesarbeitsminister vorgetragen, eine Freigabe der Kassenpraxis würde zu einer ärztlichen Unterversorgung auf dem flachen Land führen. Inzwischen gibt es wieder Niederlassungsbeschränkungen für Kassenärzte. Anders meint die Politik die Finanzierung der gesetzlichen Krankenkassen nicht sicherstellen zu können. »Kein Geld« als überragend wichtiges Gemeinschaftsgut. Aber nennenswerte Proteste hat es nicht gegeben, und das Bundesverfassungsgericht hatte noch keine Gelegenheit, sich zu äußern. Angesichts der verfahrenen gesundheitspolitischen Situation, die das Gericht mitverschuldet hat, ist eine Revision der Rechtsprechung nicht auszuschließen.

Allerdings ist das Durcheinander, das der protestantisch-akademische Berufsbegriff angerichtet hat, groß. Das Numerus-clausus-Urteil von 1972 zeigt, wo der Fehler liegt. In dieser Entscheidung hat das Gericht versucht, die Grundsätze des Apotheken-Urteils unmittelbar auf den Hochschulzugang zu übertragen, obwohl es sich um zwei grundverschiedene Fälle handelt. Im Apotheken-Fall konnte man zur Not noch argumentieren, das Gesetz verwehre dem Apotheker den Zugang zum freien Markt, auf dem er sich bewähren könne. Der Student erhält eine knappe staatliche Leistung, die an sich jeder Bürger beanspruchen kann. Ein Studienplatz ist ein Privileg, und die Vergabe von Privilegien muß man anders rechtfertigen als die Einschränkung von Rechten.

Die Grundschwierigkeit liegt darin, daß das Gericht ein Argumentationsmuster übernommen hat und beibehält, das zwar das neunzehnte Jahrhundert dominiert, aber nie richtig gestimmt hat. Der einzige Fall, auf den das Modell der Gefahrenabwehr einigermaßen paßt, ist die Verteidigung wohlerworbener Rechte. Nach dem Bundesverfassungsgericht sind Grundrechte aber mehr, nämlich auch Leistungs-, Schutz-, Teilhabe- und Mitwirkungsrechte. Außerdem dienen Gesetze nicht nur der Gefahrenabwehr, sondern auch der Entschädigung, dem Lastenausgleich, der Wohlstandsförderung oder der Zukunftssicherung. In all diesen Fällen müssen Einschränkungen der Berufsfreiheit wenigstens diskutabel sein. Mit dem Schema des Apotheken-Urteils sind sie das nicht.

22. September 2001

Karlsruhe hat gesprochen: Rundfunk

»Die Freiheit der Berichterstattung durch Rundfunk wird gewährleistet.« Aus diesen acht Wörtern in Artikel 5 Absatz 1 Satz 2 des Grundgesetzes sind Bibliotheken und Entscheidungsserien geworden. Die Rundfunkurteile des Bundesverfassungsgerichtes werden gezählt. Zur Zeit stehen wir beim achten. Das erste stammt vom 28. Februar 1961 und erklärte den Versuch der Adenauer-Regierung, ein bundeseigenes Fernsehen aufzuziehen, für verfassungswidrig; Rundfunkprogramme dürften nur die Länder organisieren. Die Grundsätze dieses Urteils wirken bis heute bestimmend, vor allem die Interpretation der Veranstaltung von Rundfunksendungen als »öffentliche Aufgabe« und die Bevorzugung der gebührenfinanzierten öffentlich-rechtlichen Anstalten. Heute gilt: Rundfunkfreiheit durch Rundfunkordnung, ein orwellscher Satz. Das Internet läßt ihn freilich alt klingen. Es hat den Herrschaftsanspruch der Anstalten erfreulich angeknackst. Die Nachrichtensprecherinnen und -sprecher wirken auch viel freundlicher. Nur ist noch undeutlicher geworden, was Rundfunkordnung mit Rundfunkfreiheit zu tun hat. Das liegt an der deutschen rundfunkrechtlichen Tradition, die das Gericht nur geringfügig modifiziert hat.

Diese Tradition beginnt nicht, wie das Gericht meint, mit der ersten Radiosendung 1923, sondern am 27. Juli 1615, als Kaiser Matthias die Freiherren von Taxis mit dem »General-Postmeister-Amt über die Posten im Reich« belehnte. Damit wurde die Post zu einer öffentlich-rechtlichen Aufgabe. Wie Kirchen und Universitäten überstand das Reichspostregal zunächst den Zusammenbruch des alten Reiches 1806. Im neunzehnten Jahrhundert wurde es als öffentlich-rechtliches Nachrichtenübermittlungsmonopol interpretiert. Damit konnte der Staat seine schwere Hand auf die neuen Fernmeldetechniken legen. Als in den zwanziger Jahren der Rundfunk technisch möglich wurde, verfügte der Staat beziehungsweise die Reichspost über die notwendige Infrastruktur und brauchte nur Programmgesellschaften zu organisieren.

Nach dem Kriege knüpften die westlichen Besatzungsmächte an die deutsche Tradition an, unterschieden aber weit schärfer zwischen Technik und Programmgestaltung. Die Technik betreute weiter die Post. Die alliierte Organisation der Programmgestaltung hat das Bundesverfassungsgericht verfassungsrechtlich seliggesprochen: »Für die Veranstaltung von Rundfunksendungen wird durch Gesetz eine juristische Person des öffentlichen Rechts geschaffen, die dem staatlichen Einfluß entzogen oder höchstens einer beschränkten staatlichen Rechtsaufsicht unterworfen ist; ihre kollegialen Organe sind faktisch in angemessenem Verhältnis aus Repräsentanten aller bedeutsamen politischen, weltanschaulichen und gesellschaftlichen Gruppen zusammengesetzt.« Damit wurden Rundfunkräte zu verfassungsrechtlich notwendigen Einrichtungen. Nach der Theorie des Gerichtes sollen sie in die Vielfalt der Presseorgane ersetzen, die im Funk aus technischen und wirtschaftlichen Gründen nicht erreichbar sei. Der Binnenpluralismus trete an die Stelle des Außenpluralismus.

Inzwischen haben die Funkmedien eine Vielfalt erreicht, die der der Druckmedien vergleichbar ist. Die Vielfalt wäre noch größer, wenn die öffentlich-rechtlichen Anstalten nicht eindrucksvoll bevorzugt würden. Die Entwicklung hat aber nicht zu einer Änderung der Organisationsstruktur, sondern zu einer Änderung der Argumentation geführt. Wurden Privatsender in den sechziger Jahren aus technischen Gründen ausgeschlossen, so in den achtziger Jahren aus funktionalen: »Die Programme privater Anbieter vermögen der Aufgabe umfassender Information nicht in vollem Ausmaß gerecht zu werden.« Klar, die Privaten müssen werben, die Öffentlich-Rechtlichen nicht, und genau das wird den Privaten vorgehalten. Von den binnenpluralistischen Rundfunkräten weiß man nur eines ganz sicher: Sie erinnern fatal an Standesvertretungen und sind mit demokratischer Gleichheit nur schwer zu vereinbaren.

Fraglich ist vor allem, ob das Medienkonzept des Gerichtes stimmt. Warum sollen die Rundfunkanstalten umfassend informieren, obwohl unsere knappe Aufmerksamkeitskapazität umfassende Informationen nicht aufnehmen kann? Gewiß, wer vieles bringt, wird manchem etwas bringen. Aber muß man dafür die öffentlich-rechtlichen Anstalten bevorzugen? Berichte über herausragende Sportereignisse, also reine Zeitvernichtungen, sollen zur Grundversorgung mit Informationen gehören. Wo bleibt der Sinn der Meinungsfreiheit? Ist Pluralismus nicht jene Theorie, die sich weigert, zwischen richtig und falsch zu unterscheiden? Oder kommt es nur auf das Irritieren an? Dann hätte das Bundesverfassungsgericht einen Beitrag zur Meinungsbildung geleistet.

24. September 2001

Karlsruhe hat gesprochen: Streikbrecher

Die Deutsche Postgewerkschaft bestreikte 1980 etwa fünfundsiebzig Postämter. Die Post war damals noch staatlich, viele ihrer Mitarbeiter waren Beamte. Beamte dürfen nicht streiken. Deshalb setzte die Bundespost Postbeamte anstelle von streikenden Arbeitnehmern ein. Die Gewerkschaft hielt das für eine Verletzung ihres Rechtes, »zur Wahrung und Förderung der Arbeits- und Wirtschaftsbedingungen Vereinigungen zu bilden« (Artikel 9 Absatz 3 Satz 1 des Grundgesetzes). Zu dieser Koalitionsfreiheit gehöre auch die Möglichkeit des Arbeitskampfes nach dem Prinzip der Waffengleichheit. Dieses Prinzip habe die Bundespost verletzt. Sie habe im Arbeitskampf »staatliche Mittel« verwendet, nämlich Beamte, über die Arbeitgeber normalerweise nicht verfügten. Das Bundesarbeitsgericht erklärte eine Unterlassungsklage der Gewerkschaft jedoch für unbegründet, für den Staat seien die Beamten im Arbeitskampf auch eine Belastung; er müsse sie weiter bezahlen, gleichgültig, ob er sie beschäftigen könne oder nicht.

Auf die Verfassungsbeschwerde der Postgewerkschaft hin hob das Bundesverfassungsgericht das Urteil des Bundesarbeitsgerichtes auf. Die Begründung war eine juristische Innovation. Niemand hatte sie in Erwägung gezogen: Die Bundespost habe ihre Beamten nicht einsetzen dürfen, weil es dafür an einer gesetzlichen Regelung gefehlt habe. Eine gesetzliche Regelung sei aber zwingend geboten. Wenn die Bundespost in einem Arbeitskampf Beamte einsetze, werde sie hoheitlich tätig und berühre gleichzeitig die Koalitionsfreiheit der Gewerkschaft, also ein Grundrecht. Werde die Staatsgewalt im Bereich der Grundrechtsausübung tätig, müsse der Gesetzgeber alle wesentlichen Entscheidungen selbst treffen.

Damit hat das Gericht der Gewerkschaft mehr gewährt, als sie verlangt hat, ohne daß es sich zur Sache hätte äußern müssen. Es hat es unmöglich gemacht, bei Arbeitskämpfen noch Beamte einzusetzen. Denn die gesetzliche Regel, die das Gericht verlangt, wird es nie geben. Das kollektive Arbeitsrecht, besonders das Tarifvertragsrecht, ist bekanntlich dicht geregelt. Im Flickenteppich der Gesetze gibt es jedoch einen auffälligen weißen Fleck: das Arbeitskampfrecht. Zwar ist auch der Arbeitskampf in ein Netz von Normen gebunden. Aber diese Normen stammen nicht vom Gesetzgeber, sondern von den Arbeitsgerichten. Sie sind Richterrecht. So galt der Streik nach dem Kriege als Bruch des Arbeitsvertrages. Erst ein Beschluß des Großen Senats des Bundesarbeitsgerichts vom 28. Januar 1955 hat ihn für gerechtfertigt erklärt.

Warum der Gesetzgeber das Arbeitskampfrecht nicht geregelt hat, obwohl es dringend regelungsbedürftig ist, liegt auf der Hand. Die politischen Parteien trauen sich nicht. Wenn sie sich dem Arbeitskampfrecht zuwenden, verderben sie es entweder mit den Gewerkschaften. Dann müssen sie mit Verlusten schon bei der nächsten Wahl rechnen. Oder sie verderben es mit den Arbeitgebern. Dann steht die übernächste Wahl auf dem Spiel. Die englische Krankheit ist noch nicht vergessen. Für den Einsatz von Beamten bei Streiks wird sich schon gar niemand verkämpfen. Er ist fast so schlimm wie Aussperrungen. Außerdem erledigt sich das Problem mit der weiteren Privatisierung von Verwaltungen. Eigentlich ist es nur noch für die Gemeinden erheblich, weil es dort einen Mix von Beamten, Arbeitern und Angestellten gibt.

Aber völlig unangefochten wird das Bundesverfassungsgericht nicht davonkommen. Es hat in seine Wesentlichkeitstheorie den Stachel des Justizverweigerungsverbotes gesenkt. Wesentlichkeitstheorie meint das Prinzip, daß der Gesetzgeber bei hoheitlichen Eingriffen in Grundrechte alles Wesentliche selbst regeln muß. Was jeweils wesentlich ist, weiß nur das Bundesverfassungsgericht. Deshalb ist die Theorie bei anspruchsvollen Juristen nicht besonders beliebt, wohl aber bei Studenten, weil sie sich leicht merken und beliebig anwenden läßt. Immerhin galt als unstrittig, daß die Wesentlichkeitstheorie nur die Verwaltung als Ersatzgesetzgeber ausschließen sollte, nicht auch die Rechtsprechung. Die Rechtsprechung darf das Recht nicht verweigern, muß also immer entscheiden, gleichgültig, ob ein Gesetz zu dem Fall etwas sagt oder nicht. Für sie sind Lücken im Gesetz allenfalls ein methodisches Problem, das mit Prinzipien gelöst wird, im Falle von Arbeitskämpfen zum Beispiel mit dem Prinzip der Verhandlungsparität von Arbeitgebern und Arbeitnehmern. Daß bei Streiks keine Beamten eingesetzt werden dürfen, kann man mit der Verhandlungsparität begründen. Insofern paßt die Entscheidung ins System. In Fällen, in denen die Gesetzgebungspflicht nicht so nahtlos an die dogmatische Diskussion anschließt, wird sich aber wohl das Justizverweigerungsverbot als das zähere Prinzip erweisen und gegen die Wesentlichkeitstheorie durchsetzen.

25. September 2001

Karlsruhe hat gesprochen: Wehrpflicht

Die Wehrpflicht speist sich aus einer tiefen Quelle, die oft übersehen wird, obwohl man sie in jedem Wildwestfilm beobachten kann, aus dem alten Defensionsrecht. Bis in das siebzehnte Jahrhundert war es das Recht des freien, souveränen Mannes, Waffen zu tragen, sich zu verteidigen und sich bewaffnet mit anderen zu versammeln. Wer das nicht wollte, galt als Knecht oder als Memme, es sei denn, er war ein Mönch.

Allerdings konnte man den Frieden im Lande nicht dauerhaft erhalten, wenn man den Waffendienst als Freiheit oder Privileg verstand. Nach dem Aufkommen der Söldnerheere war es jedoch nicht schwer, ihn als Last darzustellen, die mit Sold auszugleichen war. Die Verpflichtung aller männlichen Bürger zum Waffendienst warf indessen immer wieder Gleichbehandlungsprobleme auf. Diese »Wehrgerechtigkeit« hat die Heeresreformen der letzten dreihundert Jahre kräftiger vorangetrieben als die Kampffähigkeit. Von ihr hing der »Wehrwille« ab. In der Bundesrepublik verschärfte sich das Problem durch das Grundrecht auf Kriegsdienstverweigerung aus Gewissensgründen (Artikel 4 Absatz 3 des Grundgesetzes). Wenn der Wehrdienst eine Last ist, dann ist Verweigerung eine Entlastung, es sei denn, man rechnet Gewissensqualen und Dienstzeit gegeneinander auf. Juristisch geht das aber nicht. Gewissen ist so individuell, daß das Recht es nicht erkennen kann. Gewissen zeigt sich nur in der Opferbereitschaft des Trägers. Das Grundrecht der Kriegsdienstverweigerung will dem Träger aber gerade Opfer ersparen. Es befreit ihn von Gewissensentscheidungen und erweist sich dadurch als paradox. Das Bundesverfassungsgericht hat die Paradoxie 1985 dadurch aufgelöst, daß es die gesetzliche Regelung der Kriegsdienstverweigerung als »Probe auf das Gewissen«, als Test auf die Opferbereitschaft interpretiert hat.

Diese Interpretation hatte das Gericht 1978 mit seiner Rechtfertigung der allgemeinen Wehrpflicht schon vorbereitet: »Der Staat, der Menschenwürde, Leben, Freiheit und Eigentum als Grundrechte anerkennt und schützt, (kann) dieser verfassungsrechtlichen Schutzverpflichtung gegenüber seinen Bürgern nur mit Hilfe ebendieser Bürger und ihres Eintretens für den Bestand der Bundesrepublik Deutschland nachkommen (...). Individueller grundrechtlicher Schutzanspruch und gemeinschaftsbezogene Pflicht der Bürger eines demokratisch verfaßten Staates, zur Sicherung dieser Verfassungsordnung beizutragen, entsprechen einander.« Damit hat das Gericht die Wehrdienstpflicht von einer gesetzlichen Pflicht zu einer Verfassungspflicht befördert und den Gesetzgeber in die Lage versetzt, eine Kollision zwischen zwei ungefähr gleichrangigen Normen zu regeln. Die Wehrpflicht hat es so stark gemacht, daß sie als Grundsatz und die Kriegsdienstverweigerung als historisch bedingte Ausnahme erschien.

Das mußte Proteste aller Gewissensgläubigen provozieren, deren es in Deutschland traditionell besonders viele gibt. Aber auch dogmatisch und staatstheoretisch ist die Argumentation schwer zu vertreten. Schon die Grundrechte schließen die Konstruktion einer allgemeinen verfassungsrechtlichen Schutz- und Hilfspflicht aus. Richtig wäre, sich darauf zu berufen, daß das Grundrecht der Kriegsdienstverweigerung aus Gewissensgründen etwas Unmögliches verlangt.

Aber das kann man von einem Verfassungsgericht wohl am wenigsten erwarten. So ist das Gericht zu loben. Es hat das Recht der Kriegsdienstverweigerung in genau die Position geschoben, die es von Anfang an hätte haben müssen, in die Position einer aus militärischer Zweckmäßigkeit gewährten Ausnahme. Wem der Wehrdienst von Herzen zuwider ist, stört die Truppe, im Krieg wie im Frieden. Das Gericht hat auch die moralischen Gewichte zurechtgerückt. Den Wehrdienst versteht das Grundgesetz als Last, nicht als moralische Pflicht. Gewissensgründe dagegen sind moralisch aufgeladen. Sie signalisieren existentielle Risiken und abgrundtiefe Empfindlichkeiten. Insofern gibt es ein moralisches Gefälle von der Kriegsdienstverweigerung zur Wehrpflicht. Dieses Gefälle hat das Gericht auszugleichen versucht.

Manche Kritiker des Gerichtes, besonders die aus den großen Kirchen, erklären, niemand könne ein anderes Gewissen erreichen, auch nicht das Recht. Deshalb könne es kein Verfahren geben, in dem eine Gewissensentscheidung festgestellt werden könnte. Beides ist wahr. Die Konsequenz kann freilich nur sein, das Grundrecht der Kriegsdienstverweigerung aus Gewissensgründen aus dem Grundgesetz zu streichen.

26. September 2001

Karlsruhe hat gesprochen: Renten

Die ständische Gesellschaft war eine Ordnung von Eigentümern. Deshalb konnte Eigentumskritik – »Eigentum ist Diebstahl« – sie revolutionieren. Andererseits war die Unterscheidung zwischen Haben und Nichthaben entbehrlich, wenn man Handel treiben wollte. John Locke hatte die rettende Idee. Gleichheit und Eigentum lassen sich vereinbaren, wenn man mit seiner Hände Arbeit, also mit dem, was jeder hat, Güter schafft. Über die kann man dann frei verfügen. Denn selbsterarbeitetes Eigentum ist völlig frei von Lasten, von allen politischen oder familiären Pflichten und daher hochmobil. Die Idee funktionierte. Überall im Westen wurde Eigentum als das Recht interpretiert, frei über Sachen zu verfügen.

Die Idee funktionierte so gut, daß man auch Güter wie Eigentum behandeln konnte, die keine körperlichen Sachen waren. Man konnte zum Beispiel Urheberrechte verkäuflich machen und dadurch die Künste aus ihrer Abhängigkeit von der Politik befreien. Aber diese »property rights« lassen sich nicht beliebig erfinden. Versichertenrenten und Rentenanwartschaften aus der gesetzlichen Rentenversicherung etwa sind wirtschaftlich gesehen kein Eigentum, weil man sie grundsätzlich nicht übertragen kann.

Ein Urteil des Bundesverfassungsgerichtes vom 28. Februar 1980 hat freilich genau solche Rechte der Eigentumsgarantie des Artikels 14 Absatz 1 des Grundgesetzes mit einer Begründung unterstellt, die an Locke erinnert. Zwar seien Renten und Rentenanwartschaften grundsätzlich nicht übertragbar oder pfändbar. Aber die grundsätzliche Verfügungsbefugnis »wird bei Rentenansprüchen und Rentenanwartschaften nicht nur durch die spätere Nutzung, sondern auch dadurch hergestellt, daß ihr Umfang durch die persönliche Arbeitsleistung des Versicherten mitbestimmt wird, wie dies vor allem in den einkommensbezogenen Beitragsleistungen Ausdruck findet. Die Berechtigung des Inhabers steht also im Zusammenhang mit seiner eigenen Leistung, die als besonderer Schutzgrund für die Eigentümerposition anerkannt ist.«

Wird also meine Tochter nicht Eigentümerin, wenn ich ihr ein Fahrrad schenke, weil sie nicht dafür gearbeitet hat? Oder umgekehrt: Darf das Rentenalter nicht erhöht, dürfen Renten nicht gekürzt werden? Natürlich doch. Aber was gewinnt der Rentner dann, wenn seine Rente zum Eigentum befördert wird? Wie sich aus mehreren Entscheidungen ergibt, glaubt das Gericht ernsthaft, der Eigentumsschutz mache die Renten sicherer. Wäre das richtig, ließe sich die Rentenreform mit einem Federstrich des Grundgesetzgebers erledigen. Inzwischen weiß aber sogar der Bundesarbeitsminister, daß die Sicherheit der Renten allein von der Produktivität der aktiv arbeitenden Generation abhängt. So bleiben dem Rentner als Mehrwert des Eigentumsschutzes die Ehre des Arbeitsadels und die Zuständigkeit des Bundesverfassungsgerichtes. Das Gericht hat die Renten gleichsam zur Chefsache erklärt.

Der Vergleich mit Locke zeigt, daß das Gericht die Renten nicht wirtschaftlich, sondern moralisch betrachtet. Es kam ihm nicht auf Marktgängigkeit, sondern darauf an, daß der Rentner nur etwas verzehrt, das er auch erarbeitet hat. Mit der Anerkennung der Selbsterarbeitung ist es sehr großzügig. Nicht nur hat es die Arbeitgeberbeiträge zu den Eigenleistungen der Versicherten gerechnet, es hat auch die Beteiligung am Generationenvertrag genügen lassen, obwohl dieser Vertrag bedeutet, daß die Rentner die Leistungen der nächsten Generation genießen. Ein schönes Beispiel dafür, daß Moral den Blick auf die Realität trübt. Dem Gericht ist entgangen, daß Locke nur eine Gegenmoral geliefert hat und der moderne Eigentumsbegriff gerade durch seine Entmoralisierung gekennzeichnet ist.

Um so verwirrender ist die Anwendung des Eigentumsschutzes auf die Zusatzversorgung der Stasi-Mitarbeiter. Bei der Aushandlung der Währungs-, Wirtschafts- und Sozialunion mit der damaligen DDR hat die bundesrepublikanische Seite wahrscheinlich nicht an die Rentenrechtsprechung des Bundesverfassungsgerichtes gedacht, als sie vereinbarte, daß DDR-Ansprüche und Anwartschaften in das bundesrepublikanische Rentensystem überführt werden. 1999 hat das Gericht entschieden, in dieser Vereinbarung liege eine Anerkennung der Stasi-Zusatzversorgung als Eigentum. Jetzt ist die Stasi-Schnüffelei als Arbeit geadelt.

Der Glaube an die dogmatische Weisheit dieser Rechtsprechung will sich nur schwer einstellen. Andererseits betrifft sie nur Geld, nicht Sachen. Handel und Wandel stört sie nicht.

27. September 2001

Karlsruhe hat gesprochen: Mieteigentum

Die effektivsten ehrenamtlichen Mitarbeiter eines Staates sind seine Privateigentümer. Der Eigentümer ist Fluchtpunkt aller organisatorischen Lasten, die das Produzieren und Verteilen von Gütern mit sich bringen. Er muß auf seine Kosten kommen, seine Sachen pflegen und hegen, Rücklagen machen, für Verkehrssicherheit sorgen, Steuern zahlen und für alles haften. Deshalb fragt man sich, warum Politik und Recht den Privateigentümer so schlecht behandeln. Auch in den Augen des Bundesverfassungsgerichts gilt er als der dumme Klügere, von dem erwartet wird, daß er nachgibt. Wenn es um riesige Konzerne geht, überrascht das nicht. »Krieg den Palästen« nährt die Politik. Die Frage ist jedoch, ob die »sozial gerechte Eigentumsordnung« des Gerichtes den Hütten Frieden bringt. Das Gericht hat 1991 einen Mietrechtsfall entschieden, der eine Antwort enthält.

Im Mittelpunkt steht ein armes Hascherl, dem sein Vater eine Eigentumswohnung geschenkt hatte, die an einen Dritten vermietet war. Da die Tochter nur 1337 Mark verdiente und den Mieter mit monatlich 45 Mark subventionierte, weil die Eigentümerkosten um diesen Betrag höher lagen als der Mietzins, wollte sie die Wohnung schließlich veräußern. Sie mußte lernen, daß sie die Wohnung vermietet für 145 000 Mark, nichtvermietet aber für 205 000 Mark verkaufen konnte. Die Tochter kündigte dem Mieter deshalb mit der Begründung, die Fortsetzung des Mietverhältnisses hindere sie an einer angemessenen wirtschaftlichen Verwertung der Wohnung.

Das Amtsgericht gab ihrer Räumungsklage statt, das Landgericht wies sie mit einer Begründung ab, die dem harten Wettbewerb in der Wohnungswirtschaft entspricht: Die

Tochter habe ihre miese Lage selbst zu verantworten. Sie habe nichts getan. Für die Rentenreform heißt das, Grundeigentum sollte man nur als Alterssicherung wählen, wenn man beabsichtigt, mit fünfundsiebzig Jahren noch das Sportabzeichen zu erwerben.

Auf die Verfassungsbeschwerde hat sich das Bundesverfassungsgericht für die persönlichen Verhältnisse des armen Hascherl nicht interessiert, aber eine interessante Wirtschaftlichkeitsrechnung aufgestellt: Die Wohnung sei 125 000 Mark wert gewesen. Jetzt könne die Eigentümerin 145 000 Mark erzielen. Also habe sie einen Gewinn von 20 000 Mark gemacht. Dieser Betrag gleiche auch die Verluste aus, die ihr durch den niedrigen Mietzins entstanden seien. Mit den 60 000 Mark Differenz habe sie nie rechnen können. Also könne die Verfassungsbeschwerde keinen Erfolg haben.

Was ist an dieser Rechnung sozial gerecht? Sozial gerecht ist die rigorose Vereinfachung der Verhältnisse zu einem Rechenverhältnis durch Abstraktion der Eigentümerin. Vom Mieter ist mit keinem Wort die Rede, obwohl er immerhin einige Jahre auf Kosten der Eigentümerin gewohnt hat. Das Gericht hat noch nicht einmal den Zeitfaktor berücksichtigt. Bei Zeiträumen über zehn Jahren muß man den Wertverlust des Geldes vom Marktwert wieder abziehen. Es hat auch nicht erwähnt, daß bei Enteignungen in Höhe des Marktwertes zu entschädigen ist. Hätte das Land die Wohnung zugunsten des Mieters enteignen können, hätte es die Enteignung mit 205 000 Mark entschädigen müssen. Schließlich wäre zu fragen gewesen, wer die Differenz zwischen dem Preis der vermieteten und dem Preis der nichtvermieteten Wohnung einstreicht. Wahrscheinlich der, der die Wohnung billig kauft, den Mieter mobbt oder ihm den Auszug vergoldet und dann die Wohnung teuer wieder verkauft.

Eine solche Eigentumsordnung wird man nicht gerecht nennen können. Interessanter ist, warum sie trotzdem leidlich funktioniert. Die Wohnungsnot aus der Zeit nach dem Kriege ist ideologisch auf Dauer gestellt worden. Dem Mietrecht geht es immer noch darum, daß jeder, Banker wie Rentner, ein »Dach über dem Kopf« haben muß. Nur muß es heute ein preisgünstigeres sein. Der Wohnungsmangel wird von vornherein gegen den Markt konstruiert und kann nicht über den Markt behoben werden. Wohnungen gelten weniger als wirtschaftliche und mehr als persönliche, gleichsam existentielle Güter, für die der Staat ebenso sorgen muß wie für saubere Luft, reines Wasser und Jugendclubs. Zahlen müssen allerdings die Wohnungseigentümer und die jungen Mieter, die zum ersten Mal eine Wohnung suchen. Da Eigentümer ihre Häuser nicht bei jeder Mietrechtsreform oder Grundsteuererhöhung verkaufen können, kann der Staat sie ausbeuten. Und Politik und Recht tun es gnadenlos, weil ihnen das »Dach über dem Kopf« ein reines Gewissen verschafft.

28. September 2001

Karlsruhe hat gesprochen: Zuständig

»Supplizieren und Wassertrinken sind jedermann gestattet«, hieß es schon im Alten Reich. Aber für das Bundesverfassungsgericht ist die Flut der Verfassungsbeschwerden eine Last. Es glaubt an seine Mission als Grundrechtschützer, läßt sich von Erledigungsstatistiken beeindrucken und muß mit dem Aufmucken der anderen Gerichte rechnen. Den Beschwerdeführern genügt allerdings meist, daß sie sich überhaupt beschweren können. Ob und wie das Gericht entscheidet, spielt keine große Rolle mehr. Auch darin gleicht die Verfassungsbeschwerde der Supplikation.

Jedenfalls hat das Gericht versucht, seine eigene Zuständigkeit zu kanalisieren. 1964 hatte es zu klären, in welchem Umfang das Patentamt Einsicht in Patentakten gewähren darf oder muß. An der gesetzlichen Regelung fand das Gericht nichts auszusetzen, den Fall selbst mochte es jedoch nicht entscheiden: »Nur bei einer Verletzung von spezifischem Verfassungsrecht durch die Gerichte kann das Bundesverfassungsgericht auf Verfassungsbeschwerde hin eingreifen (...). Spezifisches Verfassungsrecht ist aber nicht schon dann verletzt, wenn eine Entscheidung, am einfachen Recht gemessen, objektiv fehlerhaft ist; der Fehler muß gerade in der Nichtbeachtung von Grundrechten liegen.« Ob das der Fall ist, entscheidet natürlich das Bundesverfassungsgericht. Seit Aristoteles' Forderung, Gesetzgebung und Rechtsprechung nicht derselben Person anzuvertrauen, hätte man freilich wissen können, daß nicht nur institutionelle Sicherungen das Verhältnis von Kontrolleur und Kontrollierten austarieren können. Aber wie um seine Kritiker zu bestätigen, hat das Gericht 1999 beim Streit um die Veröffentlichung von Fotos der Prinzessin Caroline von Monaco die Formel von 1964 in gegenteiligem Sinn gebraucht: um die Überprüfung einer Entscheidung des Bundesgerichtshofes zu rechtfertigen. Deshalb versucht die deutsche Staatsrechtslehre heute, in Legitimation, Verfahren, Zusammensetzung und Leistungsmöglichkeiten des Bundesverfassungsgerichtes einen Maßstab zu finden.

Das Gericht soll den Gesetzgeber kontrollieren. Aber was es ist, ist es durch den Gesetzgeber. Entschiede die »gesetzliche Organisation«, könnte der Gesetzgeber leicht dafür sorgen, daß ihn das Gericht nur noch schwer überprüfen kann. Einen Streit um seine Finanzierung könnte das Gericht nicht entscheiden, weil es Partei wäre. Deshalb haben alle panische Angst davor, der Gesetzgeber vielleicht größere als das Gericht, weil er mehr auf das Gericht angewiesen zu sein scheint als das Gericht auf ihn. Da das Problem unlösbar ist, darf man nicht darüber reden.

In den Vereinigten Staaten hat der Verfassungsrechtler Mark Tushnet 1999 ein Buch vorgelegt: »Taking the Constitution Away From the Courts«. In Deutschland würde die Forderung »Nehmt den Gerichten die Verfassung weg« auf eine Riege von Verehrern des Bundesverfassungsgerichtes treffen, die behaupten, das Grundgesetz verbiete eine Aufhebung des Gerichtes. Aber sich auszumalen, wie sich die Bundesrepublik ohne das Gericht entwickelt hätte, kann keine verfassungspatriotische Sünde sein.

Es gäbe die Bundesrepublik noch. Großbritannien, die Niederlande und Schweden kennen kein Verfassungsgericht, existieren unangefochten und sind sogar reformstärker als die Bundesrepublik. Die Bundesrepublik wäre auch in den Westen integriert und Mitglied der Europäischen Union. An beidem war das Bundesverfassungsgericht nie sonderlich interessiert. An der Wiedervereinigung war es zwar interessiert. Das Urteil zum Grundlagenvertrag hat aber die SPD nicht daran gehindert, 1987 mit der SED ein gemeinsames Grundsatzpapier zu verabschieden, das den Wiedervereinigungsvorbehalt aufgab.

Aber jede Fortsetzung dieser Liste würde nur klarer machen, daß die Entscheidungen des Gerichtes in der Regel politische Einstellungen berühren und deshalb keine Gewinn-und-Verlust-Rechnung erlauben. Wenn man sich nicht mit der Vermutung begnügen will, das Bundesverfassungsgericht spiele für Deutschland eine ähnliche Rolle wie die Monarchie für England, muß man objektiv fragen: Welche Verfassungsfragen kann die Politik, welche muß ein Gericht entscheiden? Die Antwort: In einem Bundesstaat müssen Streitigkeiten zwischen den Ländern oder zwischen Bund und Ländern gerichtlich, das heißt in einem unpolitischen, relativ verselbständigten Verfahren entschieden werden, weil Bundesländer in politischem Wettbewerb stehen und bei Streitigkeiten nicht plötzlich in die Rolle eines Richters wechseln können. Das ist eine bescheidene, aber klare Rechtfertigung der Existenz des Bundesverfassungsgerichtes.

29. September 2001

Was soll er denn sonst tun?

Der Protest gegen Otto Schilys Sicherheitspolitik ist lächerlich

Auf die Frage, was eine Feuerpause dazu beitragen könnte, die Welt vor dem Terrorismus zu schützen, bekommt man von hohen Geistlichen oder Basisgrünen allenfalls zu hören: Wenn ich einem Gegner entgegenkomme, ist er aus moralischen Gründen verpflichtet, mir auch entgegenzukommen. In gewisser Weise stimmt das. Rechtsbeziehungen beginnen mit der Darstellung der eigenen Person. Aber nicht bei Rechtsbrüchen und nicht immer im Verhältnis zu anderen Kulturen. Auf Rechtsbrüche muß man möglichst schnell und grob reagieren, sonst können sie zu Recht werden. Am 28. Juni 1914 ermordete ein Serbe das österreichisch-ungarische Thronfolgerpaar in Sarajevo. Erst am 23. Juli 1914 stellte Österreich-Ungarn Serbien ein Ultimatum. In diesen vier Wochen hatte sich die Weltöffentlichkeit darauf eingestellt, Österreich-Ungarn werde die Ermordung hinnehmen. Als es dann doch zuschlug, erschien es als Störer. Die Amerikaner scheinen aus dem Fall gelernt zu haben.

Daß wir in einer Risikogesellschaft leben, hören wir seit fünfzehn Jahren. Zu eigen gemacht haben wir es uns nicht. Wie wird man in Deutschland mit dem Terrorismusproblem fertig? Ein wichtiger Aspekt des Problems ist, daß es sich dem Links-rechts-Schema entzieht. Hinter dem Terror kann man weder Nationalsozialisten noch Kommunisten vermuten. Wie mit denen umzugehen ist, weiß man. Nationalsozialisten sind zu exkludieren, Kommunisten zu integrieren. Wie mit völlig anders sozialisierten Terroristen umzugehen ist, weiß man nicht. Deshalb kann man weder einschätzen, ob in Deutschland überhaupt eine Gefahr droht – hatten wir nicht immer gute Beziehungen zu den arabischen Ländern? –, noch, wie groß ein möglicher Schaden sein könnte. Andererseits gehören wir zum Westen, sind mit den Amerikanern befreundet, und in Amerika ist es passiert. Also könnte es auch uns treffen.

»Es« – was heißt das? Flugzeuge auf Frankfurter Bürotürme oder auf das schöne neue Reichstagsgebäude, möglichst während einer Plenarsitzung des Bundestages? Schon um sich mögliche Angriffsziele und Schäden auszumalen, müßte man die Psyche der möglichen Attentäter kennen. Wir können aber nicht einmal ausschließen, daß mögliche Attentäter uns mißverstehen und glauben, wir hielten etwas anderes für wertvoll als das, was wir wirklich für wertvoll halten.

Angesichts dieser tiefen Ungewißheit haben alle ein leichtes Spiel, die den Innenministern und der Polizei vorrechnen, diese oder jene Maßnahme hätte den New Yorker Anschlag nicht verhindert und werde auch künftige Anschläge nicht verhindern. Wahrscheinlich wissen das die Innenminister selbst. Zuverlässige Vorkehrungen gegen Terrorismus gibt es nicht. Vergleichsweise zuverlässig wäre nur Staatsterrorismus. In der früheren DDR sollen die Straßen viel sicherer gewesen sein als in der alten Bundesrepublik. Aber Staatsterrorismus wirkt kaum im Verhältnis zum Ausland. Und selbst die PDS will ihn nicht mehr. Sie hat sich den ausgestreckten Händen verschrieben (außer gegenüber den Rechtsradikalen). Was also sollen wir tun, wenn wir nichts tun können? Es ist grausam, aber wahr: energisch auftreten, Zeichen setzen wie ein Rufer im Walde, uns selbst Mut machen. Gerechtigkeit zu fordern geht aber zu weit.

Im Grunde kennen wir das Problem. Ende Dezember 1952 traten in Stuttgart epidemisch Typhusfälle auf. Die Polizei vermutete den Erreger im Endiviensalat und verbot dessen Verkauf. Das Verkaufsverbot lief auf eine Vernichtung des Salats hinaus. Das Bundesverwaltungsgericht hielt es für rechtmäßig. Die Polizei hätte schon bei Verdacht einschreiten dürfen, und der Verdacht habe sich hinreichend aus den Umständen ergeben. Die betroffenen Händler seien jedoch zu entschädigen. Da es nur um den Verdacht ging, ist nie geklärt worden, ob der Endiviensalat wirklich vom Typhuserreger befallen war. Vielleicht hat das Verkaufsverbot nur Unschuldige getroffen. Die Assoziation »Gerechtigkeit« will sich in diesem Fall schwer einstellen. Man hat aber auch nichts von Protesten gehört. Selbst glühende Antikapitalisten werden kaum behaupten, die Endiviensalat-Entscheidung sei Ausbeutungsrechtsprechung oder Siegerjustiz. Sie bedeutet nur, daß Sicherheit einen hohen Preis hat: die Belastung Unschuldiger.

Was ist beim Angriff auf das World Trade Center und bei den Milzbrand-Attacken in den Vereinigten Staaten anders? Die Typhusfälle in Stuttgart wurden als zufälliges Unglück betrachtet, die amerikanischen Fälle werden als Taten von Verbrechern verstanden. Aber die Polizei muß sich in beiden Fällen ähnlich verhalten. Sie soll Gefahren abwehren. Das beeinträchtigt sehr oft auch Nichtstörer. Nach dem Anschlag vom 11. September wurden alle Flugzeuge aus dem Luftraum über den Vereinigten Staaten verbannt. Wahrscheinlich saß in keinem ein Attentäter. Von einer Entschädigung der Fluggäste ist nie die Rede gewesen. Jeder hätte sie auch als unangemessen empfunden.

Darin zeigt sich der strukturelle Unterschied zum Endiviensalat-Fall. Bei aller Unsicherheit im einzelnen konnten die Stuttgarter Behörden an Kontinuitäten anknüpfen, ein geordnetes Umfeld voraussetzen und mit der Unterstützung aller Gutwilligen rechnen. Nur deshalb war auch eine Entschädigung sinnvoll. Die amerikanischen Fälle dagegen sprengen alle herkömmlichen politischen, geographischen und kulturellen Grenzen. Deshalb kann man sich gegen ihre Wiederholung nur schwer sichern. Auch ein Ende ist nicht abzusehen. Naturkatastrophen kann man überstehen, das Böse muß man unschädlich machen. Das geht aber nur bei »geordneten Verhältnissen«. In richtiger Einschätzung dieses Faktors haben die Amerikaner ihre Antiterrorismusallianz zusammengetrommelt. Aber das verschafft ihnen nicht die Sicherheit, die die Stuttgarter Behörden haben konnten. Angeschlossen haben sich nur die politischen Apparate.

Bei diesen Unsicherheiten ist es vielleicht nicht das Dümmste, wenn wir uns einfach mit uns selbst beschäftigen. Angesichts der terroristischen Bedrohung ist der Kampf gegen Fingerabdrücke mit der Begründung, sie schränkten die Freiheit ein, natürlich lächerlich. Schon Hegel hat die Philosophen verspottet, die die Vervollkommnung der Paßpolizei bis zur Gestaltung der Pässe »konstruierten«. Die Wahl zwischen Fingerabdrücken und Existenz ist keine. Vielleicht sind allerdings auch die Fingerabdrücke lächerlich. Aber das kann man erst nach dem nächsten Terroranschlag eindeutig beurteilen. Bis dahin müssen wir mit der Abwägung zwischen einer Unannehmlichkeit und einem Risiko auskommen. Beides ist aus dem gleichen Grund nicht sehr groß. Polizei und Terroristen haben sowenig Leute, daß sie wahrscheinlich ausgerechnet uns nicht treffen werden. Aber immerhin, Fingerabdrücke könnten den einen oder anderen belasten. Weitere Terrorakte sind freilich auch nicht auszuschließen.

Allerdings ist es nicht richtig, die individuellen Unannehmlichkeiten nur individuell zu sehen. Identitätsfeststellungen wirken vor allem als Teil eines Netzwerkes. Der Endiviensalat-Fall zeigt es. Da die Polizei wenig wußte, konnte ein Verkaufsverbot die Verbreitung des Typhuserregers nur stoppen, wenn es allgemein galt. Auch Fingerabdrücke helfen bei der Verhinderung von Verbrechen nur, wenn alle sie zur Verfügung stellen. Einen Rest von Zweifeln an der Zweckmäßigkeit muß man mit Vertrauen in die Sachkunde der Polizei und die Zuverlässigkeit des Rechtsstaates verdrängen.

Das ist die Realität, und so handelt man vernünftigerweise unter Ungewißheit. In den Massenmedien können wir jedoch beobachten, daß viele Politiker und Intellektuelle völlig anders reden. Sie reden wie Fürsten, die ihre Freiheiten gegen den Kaiser, oder wie Bürger, die ihre Rechte gegen einen Fürsten verteidigen müssen. Das hat zwar eine lange Tradition und einen gewissen politischen Sinn. Politiker neigen ähnlich zum Mißbrauch wie Asylsuchende. Es wird dem Verhältnis von Freiheit und Sicherheit aber nicht gerecht. In einer rechtsstaatlichen Demokratie ist der Kaiser ersatzlos weggefallen. Deshalb kann man Freiheit nicht mehr als aristokratisches Privileg oder natürliche Befugnis verstehen. Heute ist Freiheit der Anspruch auf kulturell ausgewiesene Normalität, die gibt es nicht ohne Sicherheit und Sicherheit nicht ohne Politik.

Insofern ist die Sicherheit der Politik unser aller Freiheit. Man kann zwischen individuellen Unannehmlichkeiten und Attentatsrisiko natürlich anders abwägen als der Bundesinnenminister. Sich dafür auf Freiheit zu berufen klingt aber nicht sehr verständig. Wenn es einflußreiche Politiker gegenüber einflußreichen Politikern tun, klingt es sogar komisch. Es zeigt jedoch, daß diese Advokaten der Freiheit nicht an die Realität, sondern in dem spätmittelalterlichen politischen Schema von eigenen Rechten und Rechten des Kaisers denken. Realitätsblindheit ist indessen ein gewaltiges Risiko, gegen das es keine Vorkehrungen gibt. Aber sie hat auch ihren Charme und macht handlungsfreudig.

20. November 2001

Es wäre unbedingt ein Leben mit mehr Sinn

Wenn Eltern sich für Tennis interessieren, sollen sie Tennischampions züchten dürfen: Das Klonen ist nicht unsittlich

Als meine Frau die Einladung zum Symposion »der künstliche Mensch« las, sagte sie, die wollen dich nur als Beispiel für einen künstlichen Menschen vorführen. Sie meinte damit, daß ich zu wenig Sport treibe, zu wenig Gemüse esse und mein Arbeitszimmer zu wenig lüfte. Tatsächlich sind wir alle kulturell überformt. Mit unserer natürlichen biologischen Ausstattung könnten wir nicht massenhaft überleben. In diesem Sinne sind wir alle »künstliche Menschen«. Aber das ist nicht gemeint.

Gemeint ist auch nicht der Mensch als Kommunikationsmedium, als großes oder kleines, häßliches oder schönes Bild, dem wir folgen oder das wir ablehnen sollen. Menschenbilder sind selbstverständlich »künstliche Menschen«, auch und gerade dann, wenn sie »natürliche Menschen« darstellen sollen. Als Medium, sogar als Objekt der Betrachtung ist Natur immer Kunst im Sinne von Konstruktion.

Hier meint »künstlicher Mensch« den außerhalb der biologisch vorgegebenen Zweigeschlechtlichkeit technisch-naturwissenschaftlich erzeugten wirklichen, natürlichen Menschen. Dieses Wesen sind wir selbst. Und wirklich sind wir, weil wir sterben müssen. Schmerz und Tod sind ziemlich sichere Indizien für Realität. Der Gedanke, solche Menschen wie uns künstlich herzustellen, ist wahrscheinlich so alt wie die Menschheit. Geburt und Tod legen ihn auch nahe. Wirkliche Menschen nicht durch Zauberei oder Beschwörungen, sondern technisch-naturwissenschaftlich zu produzieren, diese Idee ist wohl im dreizehnten Jahrhundert aufgekommen. Noch Goethe läßt Faustens Assistenten Wagner einen Homunculus nach einem Rezept des Paracelsus erzeugen. Die Frage nach der Herstellung wirklicher Menschen ist also keine der Kunst, sondern eine von Leben und Tod.

Heute unterscheidet man biologische und physikalische Verfahren, Menschen künstlich herzustellen. Die Herstellung in biologischen Verfahren ist in den Bereich des Möglichen gerückt und grundsätzlich rechtlich verboten. Die Herstellung in physikalischen Verfahren ist noch blanke Science-fiction und deshalb nicht verboten. In nichtbiologischen Verfahren können bisher nur Roboter produziert werden, die aber sofort als Nichtmenschen zu erkennen sind, weil ihnen das Fleisch fehlt. Man darf die Aufsätze von Bill Joy und Ray Kurzweil deshalb nur zur Unterhaltung lesen. Roboter sind so nützlich oder schädlich wie Fernsehapparate oder Maschinengewehre.

Die in biologischen Verfahren künstlich hergestellten Menschen sind Menschen von Fleisch und Blut. Religiös sind sie Gottes Kinder, säkular Träger der Menschenwürde und juristisch Rechtssubjekte. Das ist so unproblematisch, daß man sich fragt, warum ihre Herstellung verboten sein soll, wohlgemerkt: ihre Herstellung, nicht ihre Tötung. In der biopolitischen Debatte geht es fast ausschließlich um die Vernichtung von Embryonen, aus denen einmal Menschen werden könnten, also um die Tötungsperspektive. Das Produzieren und das Töten von Menschen sind aber offensichtlich zwei verschiedene Fälle. Das sagt auch das positive Recht. Der lebende Mensch ist unser Kommunikationspartner, gleichgültig, wie er zustande gekommen ist. Deshalb darf er nicht getötet werden. Der zu produzierende Mensch kann noch keine Geschichte haben. Genaugenommen kann sich bei ihm das Problem der Menschentötung daher nicht stellen.

Aber die biopolitische Debatte ist überhaupt gespenstisch. Man sollte meinen, wer die Vernichtung von Embryonen verurteilt, müßte Gründe angeben, nach denen sich Embryonen zu ausgewachsenen Menschen weiterentwickeln sollten. Solche Gründe erfährt man aber eher von denen, die die Vernichtung von Embryonen aus medizinischen Erwägungen für zulässig halten. Sie können variieren und abwägen.

Die Vernichtungsgegner dagegen verabsolutieren den Schutz des Embryonenlebens. Was immer dem Embryo widerfahre, Menschen dürften nicht zu seinem Untergang beitragen. Diese Position ist freilich umstritten, nach geltendem Strafrecht – Stichwort: Abtreibung – sogar unhaltbar. Mindestens fordert sie die Frage heraus, warum der Mensch Embryonen nicht anrühren dürfen soll, wenn sie ohnehin vergehen. Darauf antworten viele, von Joschka Fischer bis Jürgen Habermas: Der Mensch muß Zufall bleiben. Um diesen Satz geht es. Da der Zufall blind ist, bedeutet er: Die Entstehung des einzelnen Menschen soll geheim bleiben.

Nun wissen wir längst, daß es Geheimnisse geben muß. Nicht nur der Staat, jeder Bürger hat das Recht auf informationelle Selbstbestimmung. Friedrich Dürrenmatt hat uns in seinem »Herkules« auch über den Charme von Geheimnissen aufgeklärt. Unter dem Mist im Stalle des Königs Augias wurden wertvolle Mosaiken vermutet. Augias fürchtete aber, es werde sich herausstellen, daß die Mosaiken nicht existierten, wenn Herkules den Stall ausmistete. Also verzichtete Augias auf das Ausmisten und bewahrte sich die Hoffnung. So kann man auch den Zufall der Geburt interpretieren. Als Hoffnung auf alles und Furcht vor allem. Sehr ethisch wirkt das jedoch nicht. Allerdings können wir uns ausmalen, was denkbar würde, wenn der Faktor Zufall wegfiele. Aldous Huxley hat es uns in »Schöne neue Welt« geschildert: ein Weltstaat, in dem alle Menschen geklont und von vornherein genetisch ihren gesellschaftlichen Aufgaben angepaßt würden. »Man wird so genormt, daß man nichts anderes tun kann, als was man tun soll«, läßt Huxley den für Westeuropa zuständigen Weltaufsichtsrat sagen; für unglückliche Zufälle erlaube die Droge »Soma« Urlaub von der Wirklichkeit. Der Widerpart des Weltaufsichtsrates, ein natürlich geborener Wilder, protestiert: »Ihr macht euch das zu leicht. Ich will Gott, ich will Poesie, ich will wirkliche Gefahren und Freiheit und Tugend. Ich will Sünde. Ich fordere das Recht auf Unglück.« Es ist, als ob er sagte: Ich fordere das Recht auf Zufall.

Vergegenwärtigt man sich Huxleys »Schöne neue Welt«, wundert man sich, warum der Roman in der heutigen biopolitischen Debatte allenfalls in Leserbriefen eine Rolle spielt. Dabei zeigt er, um was es wirklich geht. Nicht um Erbkrankheiten oder Alzheimer und deren Heilung, sondern um Unglück und Friedlosigkeit auf der einen und den ewigen Frieden auf der anderen Seite. Huxleys »Schöne neue Welt« ist nichts Geringeres als der »Ewige Friede« Kants, ergänzt um einige biologische Voraussetzungen. Ob Planung oder Zufall, in Frage stehen alle Möglichkeiten der menschlichen Existenz, nicht nur einige Kranke hier und einige Tote dort. In Frage steht unser aller Verdruß oder Freude, Angst oder Hoffnung.

Der Zufall schließt den ewigen Frieden aus. Er bedeutet »Soweit nichts dazwischenkommt«, und ein solcher Vorbehalt verunmöglicht nach Kants erstem Präliminarartikel jeden dauerhaften Friedensschluß. Er erlaubt nur Waffenstillstände, bis sich die Konfliktparteien wieder erholt haben. Wer den Zufall will, dem kann man nur aus dem Wege gehen. Widersprechen kann man ihm nicht, weil es für oder gegen Zufälle keine Gründe gibt. Widersprechen muß man freilich, wenn sich der Apologet des Zufalls auf eine universelle oder universalisierbare Vernunft beruft. Der Zufall setzt nicht nur den Frieden, sondern auch die Vernunft unter Vorbehalt. Dem Waffenstillstand entspricht dann im Falle der Vernunft der gesunde Menschenverstand.

Die Alternative: Zufall oder Friede führt uns freilich in eine ausweglose Lage. Wir können den Zufall nicht vermeiden und deshalb den Frieden nicht erreichen. Das mußte auch Huxley einsehen. Ohne Zufälle hätte er seine Geschichte nicht erzählen können. Er hat das Problem mit der Droge »Soma« gelöst, die von der Wirklichkeit beurlaubt. Aber das ist eine schwache Konstruktion. Rauschmittel zerstören die Person, weil sie ihre Wiedererkennbarkeit zersetzen. Wiedererkennbarkeit ist jedoch die Bedingung der Möglichkeit von Glück. Deshalb kann man auf Drogen keine »Schöne neue Welt« bauen.

Bei »Zufall« muß man aber auf den Zusammenhang achten, in dem das Wort benutzt wird. »Der Mensch muß Zufall bleiben«, erinnert zunächst an das Verbot Gottes im Paradies, vom Baum der Erkenntnis zu essen. Tatsächlich haben beide Sätze eine für unseren Zusammenhang grundlegende Gemeinsamkeit. Man kann sie nicht diskutieren. Gegen Gottes Wille gibt es kein Argument und für oder gegen Zufälle keine Gründe. Der Zufall trennt uns von Geschichte und von guten oder bösen Erfahrungen. Deshalb kennt er keine Abwägung und kein Kosten-Nutzen-Kalkül. Das entspricht dem absoluten Schutz des Lebens. Die Gefahren, die mit der Herstellung künstlicher Menschen tatsächlich verbunden sind, zum Beispiel die Entstehung körperlicher oder geistiger Krüppel, läßt der Zufall nicht zu Wort kommen. Darüber kann man buchstäblich nicht mehr sprechen. Zufall ist überhaupt kein Argument, sowenig übrigens wie die Warnung vor einem Dammbruch. Er ist der Versuch, Beobachten zu unterbinden und Reflexion zu stoppen, er ist ein Hinsehverbot.

»Der Mensch muß Zufall bleiben«, wäre indessen weniger anstößig, wenn der Satz nicht als Verbot, sondern als Beschreibung der Wirklichkeit verstanden werden könnte. Dann könnte man die Aussage relativieren und sagen: Gemessen an unserem Wissen über den Sinn der Menschheit, kann jede Planung der menschlichen Entwicklung nur zu zufälligen Ergebnissen führen. Als Teil des Gesamtsystems können wir nie so viel Wissen erwerben, daß wir das Gesamtsystem zentral steuern könnten, weil unser Wissen vom Gesamtsystem abhängt. Oder: Wir wissen zwar, daß sich der Mensch entwickelt hat. Den Homo sapiens kennen wir erst seit etwa vierhunderttausend Jahren. Aber wir können uns biologische Entwicklung nur als Versuchsverfahren mit hoher Verschiedenheit der Beteiligten und dem Ziel vorstellen, die Reproduktionschancen jedes einzelnen zu optimieren. Die Richtung dieses Prozesses steht in keinem Augenblick fest. Sie kann nur im nachhinein registriert werden. Die Schicksale der einzelnen Beteiligten kann man daher in jedem Augenblick allein als Zufälle verstehen. Lediglich in der Rückschau fügen sich die Zufälle zu einer sinnvollen Entwicklung zusammen, auch wenn man die Regeln nur statistisch ausdrücken kann.

Geburt und Tod kann man aber gut mit Reproduktionschancen erklären. So berichtet der Anthropologe Christian Vogel, in der ostfriesischen Krummhörn hätten die Töchter der überdurchschnittlich reichen Bauern im achtzehnten und neunzehnten Jahrhundert mit 5,4 Prozent die geringste Säuglingssterblichkeit gehabt. Das Sterberisiko ihrer Brüder dagegen habe bei 19,4 Prozent gelegen, sei also mehr als dreimal so hoch gewesen. Erklärung: Aus wirtschaftlichen, familien- und erbrechtlichen Gründen waren die Heiratschancen der Töchter erheblich größer als die der Söhne. Weil die Söhne geringere Reproduktionschancen hatten, wurden sie offenbar einfach vernachlässigt. Es gibt Hunderte von entsprechenden Beobachtungen. In der Wirklichkeit scheinen also Reproduktionschancen Geburt und Tod wesentlich zu beeinflussen. Insofern ist »Zufall« eine Standpunktfrage.

Aus der Tatsache, daß Menschen ohne Proteste und Sanktionen auf dem Altar der Evolution geopfert werden, folgt freilich nicht, daß das moralisch gut ist. Man kann noch nicht einmal verlangen, daß Moral und die Entwicklung der Art einander entsprechen. Einmal kennt die Moral die Entwicklung der Art nicht. Zum anderen sind die Regeln der Evolution viel stärker als die stärkste Moral. Wenn einer Entwicklung irgendeine Moral nicht paßt, läßt sie die Menschheit einfach eingehen, mag die Moral sagen, was sie will.

Die Eigenständigkeit der Entwicklung der Art Homo sapiens erklärt auch, warum es vorteilhaft ist, die Entstehung des Menschen einen Zufall zu nennen, obwohl wir die meisten biologischen Bedingungen und Folgen bis hin zu den Mendelschen Gesetzen gut kennen. Der Zufall ist blind. Deshalb hindert er erstens an der Beobachtung des Zeugungs- und Geburtsvorganges, die bekanntlich zum Intimbereich gehören. Das liegt im Interesse der Reproduktionsoptimierung, weil es Alternativen ausschließt. Zweitens hindert er an der Beobachtung der vielen geplanten Geburten und Tötungen, die der Evolutionsprozeß erzwingt, und drittens an der Beobachtung der zahlreichen Normverstöße, deren Bekanntwerden die Geltung der Grundnormen bedrohen würde. Das Hinsehverbot »Zufall« erlaubt es, kausale Verknüpfungen auszublenden und den Menschen als Höchstwert zu verstehen, der absolut zu schützen sei. Man wird den Zufall in diesem Zusammenhang deshalb eine Ideologie, ein falsches Bewußtsein nennen müssen.

Nachdem der Ideologieverdacht einmal ausgesprochen ist, läßt sich der Satz »Der Mensch muß Zufall bleiben« nur noch religiös begründen im Sinne von: Der Mensch ist ein Geschöpf Gottes, und Gott darf man nicht ins Handwerk pfuschen. Ich bin Christ und glaube an die Gotteskindschaft des Menschen, zumal das Christentum mit der Beseelung das plausibelste Kriterium für den Beginn des Menschseins bietet. Aber objektiv kann das nicht mehr sein als die Bekanntgabe einer Voreingenommenheit. Die Bundesrepublik ist ein säkularer Staat. In ihr gibt es nur zwei Normenkomplexe, die allgemein verbindlich sind: Recht und Mode. Die Religion gehört nicht dazu. Daß Außenminister Fischer meint, Eingriffe in menschliches Erbgut seien »nichts Geringeres als das Infragestellen der Schöpfung als eines nichtmenschlichen, göttlichen Willensaktes«, ist daher erstaunlich. Ein Atheist kann dazu nur gähnen.

Außerdem stellt das neue »Gesetz zur Beendigung der Diskriminierung gleichgeschlechtlicher Lebensgemeinschaften« die traditionelle europäische Leibes- und Lebensordnung viel radikaler auf den Kopf als die gesamte Gentechnik. Wenn sich die Politik in einem säkularen Staat auf die Unberührbarkeit des göttlichen Ratschlusses, also auf das Verbot beruft, genauer hinzusehen, kann das nur bedeuten, daß es keine säkularen Argumente mehr gibt. Höchstens mit der kulturellen Tradition läßt sich noch argumentieren. Aber seit dem Kruzifix-Beschluß des Bundesverfassungsgerichtes können wir uns auf die Anerkennung kultureller Traditionen nicht mehr verlassen.

Wenn es keine absoluten Gründe gegen die Herstellung künstlicher Menschen gibt, taucht die Frage auf, die die gesamte Diskussion leitet, obwohl sie nicht immer deutlich ausgesprochen wird: Darf man Menschen im Hinblick auf bestimmte gesellschaftliche Leistungen oder Funktionen herstellen wie in Huxleys »Schöne neue Welt«? Darf man beispielsweise versuchen, besonders leistungsstarke Sportler zu produzieren? Diese Frage wird in der Regel mit dem Instrumentalisierungsverbot beantwortet. Der Mensch müsse immer als Selbstzweck und dürfe nie als Mittel zum Zweck betrachtet werden. Aber Kant, der die Regel formuliert hat, hat sie auch relativiert. Das Subjekt sei »niemals bloß als Mittel, sondern zugleich selbst als Zweck zu gebrauchen«. Das heißt, wir alle müssen einander stets zugleich Mittel und Zweck sein. Sonst wäre beispielsweise Erziehung nicht möglich. Die Zöglinge benutzen den Lehrer als Mittel, etwas zu lernen. Das ist aber unschädlich, solange die Zöglinge den Lehrer als Person, als Zweck an sich selbst anerkennen.

In diesem Sinne kann es nicht unsittlich sein, Nachwuchs für den Leistungssport zu produzieren. Der künstliche Spitzensportler hat auch Menschenwürde und Grundrechte; Sklaven gibt es in unserer Gesellschaftsordnung nicht. Seine Herkunft spielt für das Recht keine Rolle, wie man dem Diskriminierungsverbot des Grundgesetzes entnehmen kann. Wenn ihm der Leistungssport nicht mehr gefällt, kann er sich von ihm trennen, notfalls mit Hilfe der Gerichte. Außerdem: Sollten Steffi Graf und Andre Agassi bei der Zeugung ihres Sohnes wider alle Vernunft an Spitzentennis gedacht haben und meldet man dagegen keine Bedenken an, ist nicht einzusehen, warum für die Produktion eines künstlichen Spitzensportlers nicht das gleiche gelten soll.

Aber natürlich muß sich die Produktion leistungsfähiger Spezialisten an das gesetzte Recht halten. Deshalb ist zu prüfen, ob das positive Gesetz die Herstellung von Menschen regeln kann, ja muß. Das ist weder eine Frage der Verfassung noch eine der Ethik. Auch wenn beide eine gesetzliche Regelung weder gebieten noch verbieten, kann der Gesetzgeber aktiv werden. Daß er handeln sollte, dafür gibt es im Bereich der Reproduktion der Gesellschaft gute Gründe.

In diesem Bereich können wir uns zwar auf die Natur sowenig verlassen wie auf Tradition. Aber immerhin wissen wir, daß der Geschlechtstrieb des Menschen außerordentlich variabel und nicht ausschließlich auf die Fortpflanzung fixiert ist. Multifunktionalität kennzeichnet alles Leben. Sonst könnte es sich nicht entwickeln. Die Plastizität des Geschlechtstriebes verlangt jedoch nach institutionellen Stützen, also nach positivem Recht und nach Tradition. Außerdem benötigt die Familie für die Zeit der Schwangerschaft, der Geburt und der sehr langen Aufzucht der Kinder Schutz und Fürsorge. Schließlich gibt es einen relativ starken Trieb des Menschen, die eigenen Gene, genaugenommen also sich selbst, zu reproduzieren.

Das Reproduktionsbedürfnis hat für Kinder erhebliche Folgen. So haben Anthropologen herausgefunden, daß die Sterblichkeitsrate bei Stiefkindern signifikant höher ist als bei genetisch eigenen Kindern. An den Bedingungen der menschlichen Reproduktion kann der Gesetzgeber natürlich fast nichts ändern. Aber wenn eine gesetzliche Regelung nur einigen Kindern in einigen Fällen hülfe, hätte sie sich schon gelohnt.

Hilfe kann indessen nur gelingen, wenn sich der Gesetzgeber an den anthropologischen Vorgaben orientiert und zum Beispiel das evolutionsbedingte Bestreben der Menschen berücksichtigt, die eigenen Gene weiterzugeben. Der Gesetzgeber sollte also versuchen, Kindern bei den Eltern, von denen sie genetisch abstammen, ein möglichst warmes Nest zu bereiten und Stiefkindschaften zu reduzieren. Das könnte bedeuten, die Herstellung künstlicher Menschen zu verbieten, weil bei ihnen das Integrationsrisiko zu hoch ist.

Das ist freilich eine politische Entscheidung, keine rechtliche. Prinzipiell kann das Recht aber auch im Reproduktionsbereich Unsicherheiten vermindern.

Für Moral und Ethik fällt die Antwort weit weniger positiv aus. Wie gesagt, kann Moral gegen Evolution nicht viel ausrichten. Im Familienrecht kennt die Politik nur ein moralisches Gebot: Schutz der Schwachen. Schwach sind Kinder und Frauen, stark sind die Männer. Aber das ist die Allerweltsmoral des öffentlichen Zusammenlebens, die als solche nicht zu beanstanden ist, die auf die Familie aber nicht ohne weiteres übertragen werden kann. In der Familie sollte die Liebe regieren, und sie tut es in den meisten Fällen, wenn auch die Turtelei der Anfangszeit nie lange durchzuhalten ist.

Überdies ist die Familie von der Reproduktionsaufgabe geprägt, die Konflikte eigener Art schafft. Dem Nachwuchs muß – manchmal unter großen Opfern – Platz eingeräumt werden, und ein paar Jahre später entzieht er sich den Eltern. Für die Eltern sind das schmerzliche Erfahrungen. Soweit ich sehe, hat sich von den Großen nur Hegel ausführlicher dazu geäußert. Die Allerweltsmoral nimmt von diesen Erfahrungen keine Notiz. Sie gehorcht dem Hinsehverbot, das die Reproduktion des Menschen der öffentlichen Diskussion entzieht.

Aber deshalb kann sie auch weder der Herstellung künstlicher Menschen fundiert widersprechen noch gar die Reproduktion ordnen. »Das darf man nicht«, ist ihr letztes Wort.

1. März 2002

Die Rentner sind sicher

Rot-Grün wählen? Na klar, das Zerstörungswerk an der akademischen Jugend ist noch nicht vollendet

Mit der rot-grünen Bundesregierung begegnen die Achtundsechziger sich selbst. Ein Teil von ihnen ist auf dem Marsch durch die Institutionen ganz oben angekommen. Beim Bundeskanzler, beim Außenminister und bei einigen anderen Mitgliedern der politischen Spitze stimmt das sogar biographisch. Und was tun die Achtundsechziger dort oben? Was sie seit 1968 getan haben. Sie werfen sich in Uniformen (heute von Hugo Boss), skandieren Knittelverse (heute von Hans Jonas und am liebsten bei Sabine Christiansen), und sie versuchen, modern zu sein, indem sie alle Probleme durch mehr Wettbewerb lösen, durch sich selbst sozusagen.

Vor der letzten Bundestagswahl haben sie plakatiert: »Wir sind bereit«. Heute wissen wir, sie waren es nicht, auch nicht intellektuell. Beispiel: Gegenwärtig argwöhnen viele, die geplante Neuordnung der Arbeitslosenstatistik habe nur den Sinn, dem Bundeskanzler zu ermöglichen, sein Wahlversprechen einzulösen, die Arbeitslosenzahlen sichtbar zu senken. Aber wer so redet, versteht nach Ansicht von Bundesarbeitsminister Riester nichts von der Sache, die verlangt, daß die Arbeitslosen, die gar keine Arbeit mehr anstreben, aus der Statistik herausgerechnet werden. Früher ist Riester das nicht aufgefallen. Oder wollte die Bundesregierung lediglich nicht über die Arbeitsunwilligkeit von Arbeitslosen reden?

Dieser Hang und Drang zur Wahrheit ist charakteristisch für die Achtundsechziger. Die Institutionen mußte man möglichst schnell hinter sich bringen. Die Nichtachtundsechziger haben schon 1968 gefragt: Was kommt nach den Institutionen?, und geantwortet: Natürlich andere Institutionen. Was die Achtundsechziger glaubten, zeigt heute die rot-grüne Bundesregierung: Nach den Institutionen kommt Macht, nichts als Macht, ohne Institutionen, ohne Geschichte, eigentlich auch ohne Menschen, dafür mit vielen Wählern. Beleg: Da die inzwischen größte Gruppe der Wähler im Rentenalter steht, fließen die Mittel aus der Ökosteuer nicht in die Universitäten, sondern in die Rentenkassen, obwohl dort offensichtlich nicht die Zukunft und Konkurrenzfähigkeit der Bundesrepublik liegt. Die Rentner werden gepflegt, nicht die Studenten. Die müssen parieren.

Darob sind viele Akademiker und -innen erzürnt. Sie drohen unverhohlen, wie der Historiker Paul Nolte am 26. Februar an dieser Stelle, nicht die Berliner Achtundsechziger, sondern die Opposition zu wählen. Das zeugt von kurzem Gedächtnis und von fehlendem Sinn für die Verteilung von Wählerstimmen. Wie die Intellektuellen wählen, ist gleichgültig. Wissenschaftler können überhaupt nur mit der Hoffnung auf ertragreiche Entdeckungen politisch Stimmung machen. Als Wählergruppe sind sie viel zu klein. Ertragreiche Entdeckungen gibt es in den Geisteswissenschaften aber praktisch nicht. Und ihren Kredit haben die Soziologen, Pädagogen, Politologen und Historiker schon in den siebziger Jahren verspielt, als sie der Politik vorübergehend weismachen konnten, sie hätten Rezepte, den neuen Menschen zu bilden. »Demokratisierung« war ja eine Erfindung der Wissenschaft. Heute werden die Hochschulen im gegenseitigen Einverständnis mit »Zielvereinbarungen« und ähnlichen Fallen bürokratisiert. Die Politik ist von den Geisteswissenschaften viel enttäuschter als umgekehrt und mit besseren Gründen. Wer weiß schon, ob die

Wahltrommelei der Intellektuellen Rot und Grün Stimmen zuführte? Zur Arbeitslosigkeit haben Intellektuelle nichts zu sagen, und zur Ausländerfrage, die für Nichtakademiker nicht minder wichtig ist, müssen sie dem Volk peinlicherweise erklären, darüber dürfe es nicht entscheiden, sich möglichst auch nicht äußern. Statt dessen müsse es unbedingt den Bundespräsidenten wählen dürfen. Die Intellektuellen sind nicht einmal wahrhaftig.

Das alles wissen die Achtundsechziger in Berlin natürlich. Da sie aber nicht wissen können, was sie anders machen könnten, verhalten sie sich wie ein Unteroffizier beim Wecken. Aber so würden sich auch die Achtundsechziger verhalten, die heute auf Lehrstühlen kauern, wenn sie auf einen Ministersessel springen könnten. Achtundsechzig war eben keine Idee, sondern eine Attitüde.

Vielleicht sollte man trotzdem Rot-Grün wieder wählen. Das Zerstörungswerk ist noch nicht vollendet. Die deutsche Universität ist noch nicht kaputt genug. Völlig kaputt ist sie erst, wenn alle hochschulreifen und -unreifen Bürger nach vier Jahren Universitätsaufenthalt ein Abgangszeugnis mit der Note »sehr gut« erhalten, in allen Universitätsgebäuden Technologiezentren angesiedelt sind und sich die Professoren von Nebentätigkeiten ernähren müssen. Dann werden Staat und Wirtschaft Zugangsprüfungen einführen und zur Vorbereitung auf diese Prüfungen Schulen einrichten. So ähnlich haben die Universitäten auch im Mittelalter angefangen.

2. März 2002

Schönbohm ist unschuldig

Raus Rüge verkennt die Natur des Bundesrates

Für seine Inszenierung der Unterzeichnung des Einwanderungsgesetzes hat Bundespräsident Rau den Beifall verdient, den er erhalten hat. Es ist ihm gelungen, Politik und Verfahrensrecht deutlich zu trennen und dadurch die Auseinandersetzung auf die Sachregelung zurückzuschneiden. Aber die Behauptung, wir hätten jetzt einen starken Bundespräsidenten, ist weit übertrieben. Rau selbst hat sie dementiert, als er Respekt für seine politischen Ansichten forderte. Stärke fordert nicht Respekt, sie sanktioniert Mißachtungen.

Bundesinnenminister Schily und einige SPD-Funktionäre haben die Forderung denn auch ignoriert und die Unterzeichnung des Gesetzes als Bestätigung seines Inhalts interpretiert, also genau den Salat von Politik und Verfahrensrecht wieder angerichtet, den Rau entsorgen wollte. Das deutlichste Zeichen von Schwäche ist aber: »Ich rüge das Verhalten des Ministerpräsidenten des Landes Brandenburg und seines Stellvertreters.« Worin das Fehlverhalten des brandenburgischen Ministerpräsidenten lag, hat dieser selbst gesagt. Er hat den brandenburgischen Koalitionsvertrag gebrochen, weil er die Parteiräson über die Staatsräson gestellt hat. Hätte Stolpe sich an die Stimmenthaltungsklausel gehalten, wäre es zu den »verheerenden Eindrücken« von der Sitzung des Bundesrates am 22. März 2002 nicht gekommen. Ein Fehlverhalten seines Stellvertreters, des Innenministers Schönbohm, ist dagegen nicht zu erkennen. Was hätte Schönbohm anderes tun sollen, als laut zu protestieren, nachdem sein Ministerpräsident den Koalitionsvertrag gebrochen hatte?

Hätte er den Vertragsbruch schweigend hingenommen, wäre er als Politiker erledigt gewesen. Denn von einem Politiker muß man verlangen, daß er für das Recht kämpft. Die Bundesratssitzung war auch der richtige Ort für den Protest. Wo denn sonst? Im heimischen Kabinett hatte man sich schon auseinandergesetzt und nicht einigen können. Die Regel, die die Folgen der Nichteinigung regulierte, war allen klar, auch dem Ministerpräsidenten: Stimmenthaltung Brandenburgs. Die Stimmenthaltungsklausel in Koalitionsverträgen der Länder bezweckt genau das, was der Bundespräsident neuerdings wünscht: die Entlastung des Bundesrates von Parteipolitik. Der brandenburgische Ministerpräsident hat sie bewußt sabotiert. Das festzuhalten ist wichtig, weil es Raus Überlegungen zur Reform des Bundesrates der Lächerlichkeit preisgibt. Gegen Rechts- und Vertrauensbrüche gibt es keine Reform, und Politik ist überall. Gegen Rechts- und Vertrauensbrüche hilft allein: zu unterscheiden. Für Unterscheidungen ist Rau aber viel zu schwach. Er kann nur versuchen, Ruhe dadurch herzustellen, daß er die ganze Klasse rüffelt, Schuldige und Unschuldige. Das dient weder dem Frieden noch der eigenen Autorität.

Immerhin kann man jetzt über die Aufgaben des Bundesrates nachdenken, ohne sich über das Einwanderungsgesetz aufregen zu müssen. Dem Beobachter fällt eine deutliche Lücke in der juristisch-dogmatischen Diskussion um den Bundesrat auf. Klargeworden ist nur, daß das Recht der Stimmabgabe in Artikel 51 Absatz 3 des Grundgesetzes unklar geregelt ist. Also greift man auf die uralte Frage zurück: Ist der Bundesrat eine Vertretung der Bundesländer als Staaten oder eine Vertretung der Landesvölker? Sei er eine Vertretung der Länder, meint man, müsse die Einheit der Länder im Bundesrat den Ausschlag geben. Nach dem Willen der Verfassungseltern, der Funktionsbestimmung des Grundgesetzes und nach der deutschen Verfassungstradition ist der Bundesrat eindeutig eine Vertretung der Länder als Staaten. Dem widerspricht jedoch der Satz: »Der Bundesrat besteht aus den Mitgliedern der Regierungen der Länder«, und die Regelung der Stimmabgabe. Denn wäre der Bundesrat lediglich eine Vertretung der Länder als Staaten, dürften nur die Länder Mitglieder sein und nicht, wie allgemein anerkannt, die Mitglieder der Landesregierungen.

Als Mitglieder des Bundesrates haben die Mitglieder der Landesregierungen natürlich eigene mitgliedschaftliche Rechte im Bundesrat, die sie auch gegen ihre Landeskollegen geltend machen können. Beispielsweise darf ihnen der Regierungschef nicht die Teilnahme an Sitzungen des Bundesrates verbieten. Einige Autoren halten diese Konstruktion für absurd. Sie ist aber gewollt und soll – so merkwürdig das klingt – den Bundesrat und damit die Länder stärken. Das erkennt man sofort, wenn man die Regelung des Grundgesetzes mit der entsprechenden Regelung des Artikels 63 der Weimarer Verfassung vergleicht. Im Weimarer Reichsrat waren die Länder Mitglieder und wurden durch die Mitglieder ihrer Regierungen vertreten, in der politischen Praxis durch Oberregierungsräte. Der Parlamentarische Rat hat darin einen der Gründe für die relative Untätigkeit und den geringen politischen Einfluß des Reichsrates gesehen und deshalb die Vertretung im Bundesrat zur Sache der Landesregierungen erklärt.

Das ist der Sinn der Personalisierung der Mitgliedschaft: Der Bundesrat sollte auch eine Tribüne für die Landespolitik werden, damit sich die Landesregierungen in ihm engagieren und die Verhandlungen nicht einfach ihren Beamten überlassen. Das Regelungsmuster ist uralt. So hat der Gesetzgeber eine Kontrolle der Verwaltung dadurch erreicht, daß er den Bürgern das Recht gewährte, gegen Verwaltungsakte zu klagen. Den Bundesrat hat er eben dadurch aktiviert, daß er den Mitgliedern der Landesregierungen eigene Rechte und Pflichten aufnötigte. Das machte den Bundesrat interessant, schloß aber eine gewisse Parteipolitisierung ein. Die will Bundespräsident Rau jetzt jäten. Das sollte ihm nicht gelingen. Zur vieldiskutierten Abstimmung im Bundesrat kann jedenfalls jeder durch einen Vergleich zwischen dem Grundgesetz und der Weimarer Verfassung selbst beurteilen, was vom Ausspruch des brandenburgischen Ministerpräsidenten am Schluß der Verhandlungen zu halten ist: Das Land bin ich!

28. Juni 2002

Weltpolizist Ströbele?

Da sei Amerika vor: Die Skepsis gegenüber dem Internationalen Strafgerichtshof ist gut begründet

In Sachen »Internationaler Strafgerichtshof« verhalten sich die Vereinigten Staaten – das zu lesen wird viele Amerikaner schmerzen – wie die verflossene Sowjetunion, eigentlich schlimmer. Die Sowjetunion hat der Konvention zur Verhütung und Bestrafung des Völkermordes von 1948 zugestimmt, die Zuständigkeit des Internationalen Gerichtshofes aber nicht anerkannt. Die Vereinigten Staaten haben die Verträge über die Errichtung eines Internationalen Strafgerichtshofes bis zur Unterzeichnung vorangetrieben, dann wollten sie nichts mehr davon wissen, und jetzt machen sie sogar im UN-Sicherheitsrat ihre Zustimmung zur Verlängerung des UN-Mandates für Bosnien-Hercegovina davon abhängig, daß ihre Soldaten nicht vor dem Strafgerichtshof zur Verantwortung gezogen werden können. Sie stellen also nicht nur dem Fortschritt in der Sicherung des Weltfriedens ein Bein, sie setzen auch einen labilen regionalen Frieden und das Leben von Tausenden von Menschen aufs Spiel. Das ist Rufselbstmord. Warum machen die Amerikaner das? Was gewinnen sie für die Zustimmung, die sie verlieren?

Souveränität? Was das sein könnte, wissen nur noch die deutschen Bundesverfassungsrichter, und die sind mit dem Fall nicht befaßt.

Vielleicht legen die Amerikaner keinen Wert mehr auf Zustimmung? Wer sich gegen die täglichen moralischen Zumutungen in Presse, Funk und Fernsehen ein wenig abgehärtet hat, wird diese Frage nicht für absurd halten. Nach der veröffentlichten Meinung gibt es derzeit drei massakerverdächtige Nationen: die Amerikaner, die Israelis und die

Deutschen, in dieser Reihenfolge, weil die Amerikaner die größten und die Deutschen die geringsten Möglichkeiten haben. Überall, wo amerikanische Friedensbringer an Land gehen, klären Journalisten nach kurzer Zeit über Massaker auf, jüngst wieder in Afghanistan. Wer das unglaubliche Glück hatte, unmittelbar nach dem Zweiten Weltkrieg in der amerikanischen Besatzungszone leben zu können, mag das zwar nicht uneingeschränkt glauben, aber die umflorten Augen und die gepreßten Stimmen der Berichterstatter ersticken jeden Widerspruch. Wenn sich amerikanische Soldaten dagegen wehren, daß dieses Spiel in der Öffentlichkeit vor internationalen Gerichten fortgesetzt wird, kann man ihnen das kaum verdenken.

Die Verfechter des Internationalen Strafgerichtshofes verweisen darauf, daß die Staaten Straftäter nur selbst gerichtlich überprüfen zu lassen brauchen, wenn sie den Zugriff des Gerichtshofes ausschließen wollen. O heilige Einfalt! Kriege und Revolutionen sind keine Sportfeste, bei denen Dopingsünden geahndet werden müssen. Sie konfrontieren Abertausende mit dem Risiko, getötet zu werden oder töten zu müssen, und zwingen sie, so lange immer mehr Konfliktstoff aufzuhäufen, bis alles zusammenbricht. Das schafft Solidaritäten ohne Rücksicht auf Recht oder Unrecht. Der Staat, der freiwillig eigene Mitstreiter zur Rechenschaft zieht, ist noch zu erfinden. Er ist ja die Bande, die alles organisiert. Ein Sieg macht alle Verbrecher zu Helden, eine Niederlage alle Helden zu Verbrechern. Was soll da ein Gericht? Sich den einen oder anderen verlorenen Sohn aus dem großen Haufen greifen? Sündenböcke schlachten? Die Deutschen haben versucht, ihre beiden Unrechtsvergangenheiten juristisch zu bewältigen, zur allgemeinen Unzufriedenheit, wie jeder weiß. Anzeichen dafür, daß die Weltbevölkerung es besser machen könnte, sind nicht zu sehen.

Trotzdem, Unrecht muß natürlich bestraft werden, auch wenn es an der Gleichmäßigkeit hapert. Mit Gerechtigkeit muß man hier und heute einfach anfangen. Das fiele allerdings leichter, wenn man wüßte, welchen Sinn das Strafen hat. Das weiß man aber seit geraumer Zeit nicht mehr. Die herkömmlichen »Straftheorien« – Vergeltung, Gleichbehandlung, Sühneopfer, Abschreckung oder Resozialisierung des Täters, Abschreckung der Allgemeinheit – versagen ausgerechnet bei Kriegsverbrechen, bei denen der Staat die Infrastruktur zur Verfügung stellt, von der Ausbildung über die Bewaffnung und die Gelegenheit bis zur Rückendeckung. Außerdem konvergiert die Rückfallquote bei Kriegsverbrechern gegen Null. Freilich könnte man argumentieren, gerade weil das Umfeld Kriegsverbrechen erst ermöglicht, tragen die Täter eine höhere Verantwortung und müssen um so schärfer bestraft werden. Aber das sagt niemand. Verbrecherisches Umfeld gilt eher als entschuldigend. Ausnahme natürlich: NS-Verbrechen.

Dieser Zwiespalt erklärt sich daraus, daß das Strafrecht im Kampf gegen Gewalt entstanden ist. Gewalt ist die natürliche Reaktion auf Unrecht. Sie hat aber etwas Endgültiges und zerstört daher Alternativen und zersetzt Entscheidungsmöglichkeiten. Gewalt schließt Planung aus und liegt eigentlich nicht im Interesse der Politik. Nur, was hilft gegen Gewalt, zumal wenn sie sich mit erlittenem Unrecht rechtfertigt? Nicht einfach Gewalt, sondern Unterscheidungen und Versprechungen, Recht! Das bedeutet, das Recht mußte gegen eine Gewalt antreten, die im Recht war. Das konnte nur funktionieren, wenn das Recht in sich unterschied, zum Beispiel zwischen Zivilrecht und Strafrecht oder zwischen der Feststellung des Tatbestandes und der Feststellung der Rechtswidrigkeit. In diesem Zusammenhang ist Gerechtigkeit nur eine Forderung des Rechtes an sich selbst und ein

Mittel der Ausdifferenzierung. Das Strafrecht ist also eine »unnatürliche«, ganz und gar unwahrscheinliche kulturelle Leistung. Hegel hat sie am sachgerechtesten auf den Begriff gebracht: In der Sicht des Rechtes ist die Strafe die Wiederherstellung des Rechtes, in der Sicht der Gesellschaft, also der Kommunikationsfähigkeit, ehrt sie den Verbrecher als Vernünftiges.

Daß es gerechtfertigte Gewalt einschränken sollte, rechtfertigt das Strafrecht bis heute und erklärt, warum die herkömmlichen »Straftheorien« nicht überzeugen. Inzwischen hat das Strafrecht sein Ziel in den Einzelstaaten weitgehend erreicht. Gewalt ist latent und Selbsthilfe politisch unerheblich geworden. Das bedeutet natürlich nicht, daß man auf das Strafrecht verzichten könnte. Aber es hat sich verselbständigt und läßt sich politisch instrumentalisieren. Ein eindrucksvolles Beispiel ist der Versuch des Parteispenden-Untersuchungsausschusses, die Vorgängerin der derzeitigen Bundesregierung zu kriminalisieren. Dieser Versuch wäre als erfolgreich betrachtet worden, wäre es gelungen, den damaligen Bundeskanzler oder einen seiner Minister vor ein Strafgericht zu ziehen, gleichgültig, wie das Gericht entschieden hätte. Das Risiko der Angreifer war denkbar gering. Das Recht gewährte ihnen Schutz und erlaubte ihnen, die Verantwortung für die Richtigkeit ihrer Vorwürfe auf ein Gericht abzuwälzen. Wenn sich die Amerikaner vorstellen, auf Weltebene Opfer einer ähnlichen Instrumentalisierung zu werden, kann man das nachvollziehen.

Unter dem Aspekt der Gewaltbekämpfung könnte man allerdings sagen, ein Internationaler Strafgerichtshof knüpfe genau an die Anfänge des Strafrechtes an. Auf Weltebene gehe es gerade um die Bekämpfung halbwilder Gewalt, um eine Zivilisierung der Politik. Massaker und Massenvergewaltigungen sind ja nicht aus quantitativen Gründen, sondern wegen ihrer rechtlichen und politischen Bedingungen Verbrechen, die international zu verfolgen sind. Indessen, man steigt nicht zweimal in denselben Fluß. Das Strafrecht, das international angewendet werden soll, stammt nicht aus der Zeit Kaiser Barbarossas, sondern aus der Zeit der Überschallgeschwindigkeit. Stromlinienförmige Außenminister, Flugzeugkapitäne und Panzerkommandanten kann es als Vernünftige ehren und wieder in die westliche Gesellschaft zurückführen. Aber auch Warlords aus dem Hindukusch? Hoffen wir es. Willkürlich ist der Widerstand der Vereinigten Staaten gegen einen Internationalen Strafgerichtshof jedenfalls nicht. Man weiß auch nicht, ob die Befürworter des Gerichts mehr an die heilende Wirkung der Strafe oder mehr an die einschüchternde Wirkung von Richterroben glauben. Nach Norbert Elias war es übrigens nicht das Strafrecht, sondern die Anhebung der Peinlichkeitsschwelle, die den Prozeß der Zivilisation vorangetrieben hat.

10. Juli 2002

Wer nimmt sich Einfluß?

Genau hinsehen:
Weshalb Europa eine Verfassung erhalten soll

Großbritannien hat kein Verfassungsgesetz. Trotzdem kann man dort nicht nur gut leben, man versteht sogar die politischen Einrichtungen und bewundert ihre Entscheidungskraft, Anpassungsfähigkeit und Stabilität. Daher überrascht es nicht, daß sich die Engländer nur mäßig für das Projekt begeistern können, die Europäische Union mit einem Verfassungsgesetz französischer oder deutscher Art zu beglücken, über dessen Stand der Präsident des Konvents für die Zukunft Europas, Giscard, die Staats- und Regierungschefs in Kopenhagen zu unterrichten hat. Ende kommenden Jahres wird der Europäische Rat entscheiden, welche Vorschläge des Konvents in einen Verfassungsvertrag eingehen können. Zu der Grundsatzfrage, welchen Sinn eine Verfassung für Europa überhaupt hätte, zwingt der Blick in die englische Geschichte, die gemeinhin als Muster einer glücklichen Verfassungsentwicklung gilt.

In England hatte sich der auch auf dem Kontinent übliche Kampf zwischen den Mächtigen im achtzehnten Jahrhundert auf eine Auseinandersetzung zwischen Parlament und König zugespitzt. Das Parlament konnte erfolgreich »Souveränität« für sich proklamieren. In diesen Turbulenzen begann man, mit »Constitution« so nach der Ordnung des Gemeinwesens oder der Kirche zu fragen, wie man sich nach der gesundheitlichen Verfassung eines Nachbarn erkundigt. »Constitution« meinte eine Beschreibung der Politik und der Machtverhältnisse. Diese Beschreibung wurde wichtig durch das, was sie betont ausklammerte: die religiöse und historische Rechtfertigung der politischen Macht des Königs.

Die Macht des Königs wurde zu einem Merkmal der Ordnung des Gemeinwesens. Auf diese Weise verdrängte die Verfassung Religion und Tradition als rechtfertigende Gesichtspunkte. Das hatte eine Folge, die die moderne Gesellschaft strukturieren sollte. Religion und Tradition kann man schwer ändern, aber eine von beidem gelöste politische Ordnung kann man leicht ändern, genauer: verbessern, und zwar mit Hilfe des Rechtes. Die Verdrängung der religiösen und traditionalen Legitimation machte es möglich, die Macht des Königs wie des Parlaments rechtlich einzuschränken, und das nannte man Verfassung.

Diese Vorstellung nahmen die englischen Kolonisten mit nach Nordamerika und verwandten sie dort im Kampf um ihre Unabhängigkeit vom Mutterland. Da sich die Kolonisten nicht kannten, einander und jeder Herrschaft mißtrauten, haben sie ihre Gedanken über ihre politische Ordnung schriftlich fixiert, damit sich jedermann darauf berufen konnte, auch gegen die eigenen Repräsentanten. Natürlich haben sie dabei zunächst an die Freiheiten gedacht, die sie sich erkämpft hatten. So wurde die nordamerikanische Verfassung von 1787 zur ältesten modernen Verfassung der Welt.

Mit dem deutschen Grundgesetz von 1949 hat die amerikanische Verfassung von 1787 gemein, daß sie fair, unideologisch und parteipolitisch neutral ist. Der Grund war in beiden Fällen der gleiche. Die Verfassungsväter mußten unter einem dichten Schleier des Nichtwissens entscheiden. Weder die amerikanischen Politiker von 1787 noch die deutschen Politiker von 1949 wußten, wie sich das Land und besonders der politische Apparat weiterentwickeln würden. Deshalb mußten sie damit rechnen, daß der Gegner an die Regierung gelangte, und die Macht so organisieren, daß der Gegner sie nicht mißbrauchen konnte und in absehbarer Zeit wieder hergeben mußte.

Während der Revolution in Frankreich übernahmen die Revolutionäre das in Amerika entwickelte Muster moderner Verfassungen. Aber was in den Vereinigten Staaten – wenn auch mit Hängen und Würgen – funktionierte, funktionierte in Frankreich nicht. Zwischen 1789 und 1799 gab es dort fünf Verfassungen. Über die Gründe ist viel spekuliert worden. Zu vermuten ist, die französischen Politiker glaubten so fest, die gesellschaftliche Entwicklung zu beherrschen, daß sie meinten, die Verfassungsgebung als politisches Instrument verwenden zu können. Ihnen fehlte der »Schleier des Nichtwissens« und deshalb der Druck, einen Sieg des politischen Gegners einzukalkulieren. Klarheit blendet.

Allerdings hat die Französische Revolution Verfassungsgesetzen jenen verkitschten, gesamtgesellschaftlichen Sinn gegeben, den der deutsche »Verfassungspatriotismus« noch überboten hat. Wie alle Gegenstände der Beobachtung kann man auch Verfassungen mit vielerlei Bedeutungen aufladen. Altarkerzen zum Beispiel leuchten, wärmen, schmücken, inspirieren, symbolisieren, haben aber auch chemische und physikalische Eigenschaften, und sie kosten Geld. Entsprechend kann man Verfassungen alle Aufgaben zusprechen, von denen man glaubt, sie bewirkten ein dauerhaftes und erträgliches Miteinander der Menschen. Ausgerechnet die angeblich wichtigste Funktion von Verfassungen: die Rechtfertigung politischer Entscheidungen, kollidiert aber mit dem Verfassungssatz: »Alle Staatsgewalt geht vom Volke aus.«

Vergleicht man die Situation von 1787 in den Vereinigten Staaten und von 1949 in Deutschland mit der heutigen Situation in Europa, fällt es schwer, von der Berufung der Europäischen Union zur Verfassungsgebung zu sprechen. Ein Verfassungsgesetz für Europa wird jedenfalls nicht viel ändern. Der Teil herkömmlicher Verfassungen, den Verfassungsjuristen und viele Menschenfreunde für den wichtigsten halten, schmückt zwar als »Charta der Grundrechte der Europäischen Union« vom 7. Dezember 2000 bereits einige Gesetzsammlungen. Die Grundrechte-Charta wollte aber nie mehr sein als eine Zusammenfassung dessen, was es in Europa schon an grundrechtsähnlichen Sätzen gibt. Sie verschafft allenfalls den europäischen Gerichten einige Argumentationserleichterungen.

Eine ähnliche Absicht läßt der Vor-Vorentwurf einer Verfassung für Europa erkennen, den das Präsidium des Konvents vorgelegt hat (F.A.Z. vom 29. Oktober 2002). Viel wird deshalb auch er nicht ändern. Aber er wird die europäische Politik ganz anders aufmischen als die Grundrechte-Charta. In einen Grundrechtskatalog kann man alles schreiben, was gut und teuer ist, solange man genügend Vorbehalte anbringt und nicht mit politisch ambitionierten Gerichten rechnen muß. Organisatorische Regelungen dagegen wirken sich unmittelbar auf Zuständigkeiten aus.

Dafür gibt es zwei Gründe. Einmal duldet Politik kein Vakuum. Irgend jemand muß immer entscheiden. Auch Nichtentscheidungen sind Entscheidungen, wenn die Sache drängt. Zum anderen wird politische Macht künstlich verknappt. Ihre Verteilung wird nach den Regeln des Nullsummenspiels organisiert. Was der eine verliert, gewinnt der andere. Dadurch entstehen Preise für den politischen Wettbewerb, deren Auslobung der Politik viel Aufmerksamkeit verschafft. Aufmerksamkeit benötigt die Politik, damit sich Symbole für Konsens oder Dissens, Zustimmung oder Ablehnung bilden können. Das heißt, wenn eine europäische Verfassung mehr sein soll als eine Zusammenfassung des jetzt schon geltenden Vertragsrechtes, muß sie politischen Einfluß neu verteilen. Das läßt die europäischen Politiker unruhig in ihren Startlöchern scharren. Der Wettkampf könnte unterhaltsam werden. Aber man muß genau hinschauen. In der Öffentlichkeit dürfen Politiker nicht um ihre Ämter, sondern nur für das Gemeinwohl kämpfen.

Gar nichts bewirken kann der Vor-Vorentwurf einer Verfassung für Europa schon heute nicht mehr. Selbst wenn aus ihm nicht mehr würde als eine Kodifikation, eine systematisierende Zusammenfassung des geltenden Rechtes, würde er den nicht regelbaren Kontext der geltenden Regeln angreifen, die informellen Voraussetzungen der formellen Normen, und das würden mindestens die Politiker spüren.

Die preußischen Junker wußten, warum sie das Allgemeine Landrecht für die Preußischen Staaten von 1794 als »Gleichheitskodex« bekämpften, obwohl das Gesetz ihren Vorrang und viele ihrer Privilegien ausdrücklich gewährleistete. Jetzt konnte jeder die Grenzen des Vorrangs schwarz auf weiß nachlesen, während sie vor der Kodifikation im Nebel des Herkommens verliefen. Auch eine Kodifikation der politischen Ordnung Europas wird vertraute Gewohnheiten berühren, selbst wenn sie nichts Neues bringt und nur einiges anders arrangiert. Ein Beispiel ist das Recht der Mitgliedstaaten, aus der Union auszutreten. Es ist derzeit nicht geregelt und heftig umstritten. Eine Regelung müßte Position beziehen.

Wahrscheinlich führt eine Verfassung für Europa aber doch zu substantiellen Änderungen. Noch wird die Union von den Mitgliedstaaten getragen. Praktisch können diese nicht mehr austreten. Ihre Verluste wären zu groß. Also müssen die Mitgliedstaaten versuchen, möglichst viel aus der Union herauszuholen. Das wird die Organisationsspitze immer stärker belasten. Wegen der materiellen Wünsche ihrer Mitglieder neigen alle Organisationen zum Zentralismus. Im Gegenzug wird die Spitze versuchen, sich zu entlasten. Entlasten kann sie sich nur mit Zuständigkeitsänderungen, und Zuständigkeitsänderungen werden im Bereich der Politik in Verfassungen geregelt. Insofern werden wahrscheinlich die Mitgliedstaaten durch eine Erhöhung ihrer Ansprüche an die Europäische Union deren Konstitutionalisierung erzwingen.

Aber Sorgen braucht man sich deshalb nicht zu machen. Friedliche Zusammenschlüsse bezeugen zivilisierte Verhältnisse.

13. Dezember 2002

Der Schweigespiralnebel

Politiker dürfen nicht lügen und auch nicht die Wahrheit sagen

Die verantwortlichen Bundesminister geben selbst zu, daß sie vor der Bundestagswahl 2002 anders geredet haben als nachher. Sie bestreiten auch nicht, daß die Aussichten in allen wesentlichen Politikbereichen anders waren, als sie sie vor der Wahl dargestellt haben. Aber sie behaupten, sie hätten es nicht besser wissen können, weil sie die entscheidenden Informationen erst nach der Wahl erhalten hätten. Das glauben ihnen die Leute aus einem einfachen Grund nicht: Hätten die Minister vor der Wahl gesagt, was sie nachher einräumen mußten, hätten viele Wähler sie nicht gewählt. Der Unterschied zwischen den tatsächlichen Aussichten und ihrer Darstellung hatte also ein eigensüchtiges Motiv. Im normalen Leben nennt man solches Verhalten: Lügen.

Wie man in der Schrift »Über ein vermeintes Recht aus Menschenliebe zu lügen« des Haus-, Hof- und Staatsphilosophen der deutschen Moralisten, Immanuel Kant, nachlesen kann, ist Lügen Teufelswerk, weil es (a) Grundvertrauen zerstört und (b) den Gesprächspartner nicht als Vernunftwesen anerkennt. Wir erinnern uns noch gut, wie die Regierungsparteien im Parteispenden-Untersuchungsausschuß der vergangenen Legislaturperiode im Namen der heiligen, unteilbaren Wahrheit Wolfgang Schäuble zu diskreditieren versucht haben, weil er sich nicht mit Frau Baumeister darüber einigen konnte, durch wessen Hände hunderttausend Mark des ehrenwerten Geschäftsmannes Schreiber gegangen sind. Und Helmut Kohl haben die Regierungsparteien zum Verbrecher erklärt, obwohl er nicht gelogen, sondern nur geschwiegen hatte. Aber für gewisse Diskursethiker ist

Schweigen gleich Lügen. Da die Lüge ein Unrecht ist, »das der Menschheit überhaupt zugefügt wird« (Kant), also die Menschenrechtsverletzung schlechthin, müßten eigentlich alle Gutgesinnten in diesem Land mit dem bekannten Entrüstungstremolo die Einsetzung eines Untersuchungsausschusses zum Thema »Wahlbetrug« fordern. Die Aufdeckung der Wahrheit ist ja schon ein Wert an sich, wie wir aus den Diskussionen um das NS- und SED-Unrecht wissen. Die Verdachtsgründe reichen bei weitem aus. Das Fernsehen führt sie dem Volk nahezu täglich vor. Und die wichtigsten Fakten sind unbestritten.

Der Antrag der CDU/CSU auf Einsetzung eines Untersuchungsausschusses weckt gleichwohl keine Begeisterung, nicht einmal in den eigenen Reihen. Die Regierungsparteien lassen es völlig an aufklärerischem Elan fehlen und verhalten sich so, wie bereits der englische Unterhausabgeordnete William Gerard Hamilton (1729 bis 1796) beobachtet hat: »Wenn du angegriffen wirst, tritt sofort in eine Untersuchung des Charakters, des Vorlebens und der heutigen Verhältnisse des Angreifers ein.« Der Heuchelei-Vorwurf ist in der Politik ein Pawlowscher Reflex. Auch die Beschwörung der Heiligkeit von Untersuchungsausschüssen, der Verweis auf das eigene Interesse der Opposition, die Erinnerung an den Konsens über den politischen Anstand, der Hinweis auf den Geheimbereich jeder Regierung, der Appell an demokratische Fairneß, all das wirkt im Vergleich zur Wahrheitspflicht so schal wie abgestandenes Bier oder die Berufung auf die Heiligkeit der Ehe. Es fehlt nur noch, daß jemand vor dem Untergang der Republik warnt.

Ein Blick in die Fachliteratur befreit jedoch aus der Moralfalle. In einem neuen, noch druckfeuchten Kommentar zum Grundgesetz heißt es: Die Untersuchungsausschüsse »sind in der Regel ›nicht auf der Suche nach der objektiven Wahrheit‹, sondern politische Machtinstrumente«. Also weg mit Kant und der Wahrheit. Es geht um Macht. In der Perspektive der idealistischen Ethik sind Untersuchungsausschüsse Arenen für Schlammschlachten. Auch Schlammschlachten bedürfen jedoch der Regeln. Sonst wären sie nur unappetitlich und langweilig. Für Untersuchungsausschüsse gelten dem Rang und der Würde des Parlaments entsprechend die Vorschriften über den Strafprozeß sinngemäß. Die Beteiligten dürfen sich also nur im Namen der Wahrheit mit Dreck bewerfen. Sollte man unter diesen Umständen nicht besser grundsätzlich auf Untersuchungsausschüsse verzichten? Nein, Schlamm kann heilen.

Aufgabe der Politik ist es, allgemeinverbindliche Entscheidungen herzustellen. Damit das möglichst sachgerecht gelingt, müssen die Politiker um Vertrauen werben und sich in regelmäßigen Abständen dem Wählervotum stellen. Das setzt voraus, daß die Wähler überhaupt zur Wahl gehen. Zunächst müssen also die Wähler mobilisiert werden. Keine leichte Aufgabe. Eigentlich lohnt der Gang zum Wahllokal nicht. Der Teilhabefaktor eines Bürgers beträgt 0,000 000 0165. Das hört man in Wahlreden natürlich nicht. In diesen müssen die Politiker öffentlich begründen, warum sie gewählt werden sollten: daß sich die Wähler auf sie verlassen könnten und daß sie dieses oder jenes tun würden, zum Beispiel den Armen und Schwachen helfen, den Rinderwahnsinn austreiben und die Arbeitslosigkeit beseitigen. Mit der Wahlwerbung beginnt ein Teufelskreis. Bei Wahlen wollen die Politiker die Wahrheit sagen, aber sie können es nicht. Das Volk ist souverän, weil es seine eigene Wahrheit hat. Wie alle Menschen hören die Wähler nur, was sie verstehen und hören wollen. Die Ankündigung von Maßnahmen setzt Prognosen voraus, die notorisch unzuverlässig sind. Die Differenz zwischen Wahlpropaganda und Wirklichkeit muß man noch multiplizieren mit dem Überbietungswettbewerb der Parteien.

Das alles weiß allerdings jeder und wäre daher nicht schlimm. Schlimm ist aber, daß die Politiker selbst nie sagen dürfen, sie müßten systembedingt die Unwahrheit sagen. In der Politik ist der Satz »Ich sage euch die Unwahrheit« zwar ehrlich, aber dysfunktional, weil man mit ihm kein Vertrauen gewinnen kann. Der Widerspruch liegt nicht in den Personen, er liegt im System. In der Moderne muß die Moral die Kosten der Zukunftsorientierung zahlen. Das System ist aber das bestmögliche, und wir sind darauf angewiesen. Also dürfen wir es nicht beschädigen. Der einzige Ausweg: Wir dürfen über das Paradox jeder Wahlpropaganda – sie täuscht, um Vertrauen zu gewinnen – entweder gar nicht oder nur hinter vorgehaltener Hand sprechen. Wir müssen das Paradox tabuisieren.

An dieses Tabu rührt die Absicht der CDU/CSU, Äußerungen derzeitiger Bundesminister im Wahlkampf 2002 vor einen Untersuchungsausschuß zu zerren. Natürlich kontert die Regierung sofort mit »verfassungswidrig«. Gründe sind allerdings nicht ersichtlich. Auf einen Verstoß gegen die guten politischen Sitten kann sich die Regierung schlecht berufen, weil die SPD zu ihren Oppositionszeiten das Wort »Wahlbetrug« gesellschaftsfähig gemacht und nach Regierungsantritt die Opposition mehr als notwendig gequält hat.

Aber der Tabubruch, die Verletzung eines öffentlichen Geheimnisses bleibt. Da das Tabu Vertrauenswerbung mit falschen Parolen ermöglichen soll, könnte es sein, daß die Wahlwerbung der Parteien nach einer öffentlichen Diskussion des Problems noch hinterlistiger wird. Ehrlicher kann sie aus strukturellen Gründen nicht werden. Andererseits deckt das Tabu einen Überbietungswettbewerb, der gleichfalls an die Grundlagen des politischen Systems rührt.

Wenn die Kluft zwischen Propaganda und Wirklichkeit zu groß wird, ist Vertrauenswerbung auch nicht mehr möglich. Schweigen birgt also wie Untersuchungen ein erhebliches Risiko. Eine Untersuchung könnte aber die Atmosphäre reinigen und bietet die Chance, daß sich das Schweigekartell neu formiert. Deshalb sollte man sie vielleicht doch vorziehen.

16. Dezember 2002

Wir meinen ja nur

Wie die Bundesrepublik im Lichte des Lüth-Urteils aussieht

Die Entwicklung der Bundesrepublik ist inzwischen so oft und in so vielen Beleuchtungen dargestellt worden, besonders unter dem Aspekt der Vergangenheitsbewältigung, daß nur ein neuer Ansatz größere Genauigkeit und Tiefenschärfe erhoffen läßt. Jetzt haben zwei junge Rechtshistoriker – Thomas Henne aus Frankfurt am Main und Arne Riedlinger aus Freiburg im Breisgau – auf einer Tagung des Frankfurter Max-Planck-Instituts für europäische Rechtsgeschichte eine Perspektive angeboten, die aufschlußreiche Diskussionen verheißt. Es geht um das sogenannte Lüth-Urteil, an dem der frühere Bundesverfassungsrichter Dieter Grimm 1997 das Nachlassen des deutschen Verfassungspatriotismus gemessen hat: »Die epochale Entscheidung zur umfassenden Wirksamkeit der Grundrechte, die fast vierzig Jahre lang als Großtat des Bundesverfassungsgerichts gerühmt wurde, das Lüth-Urteil von 1958, gilt vielen neuerdings als Fehlurteil.« Die Idee ist, die Bundesrepublik vom Standpunkt dieser Entscheidung aus zu betrachten. Das begrenzt den an sich unendlichen Stoff, es rührt an einem Nerv deutschen Selbstverständnisses und vermittelt den Anschluß an die Gegenwart. Denn das Lüth-Urteil ist geltendes »Überverfassungsrecht«.

Seinen Namen hat es vom früheren Leiter der Hamburger Pressestelle Erich Lüth. Lüth hatte 1950 zum Boykott der Nachkriegsfilme des »Jud Süß«-Regisseurs Veit Harlan aufgerufen, um »Harlan als repräsentativen Vertreter des deutschen Films auszuschalten«. Deshalb hatte ihn das Landgericht Hamburg zur Unterlassung verurteilt. Das Bundesverfassungsgericht erblickte in diesem Urteil eine

Verletzung der Meinungsfreiheit Lüths; der Boykottaufruf sei gerechtfertigt gewesen; er habe der Wiederherstellung des deutschen Ansehens in der Welt gedient. Heute gilt einer Minderheit das Urteil als Fehlurteil; die Meinungsfreiheit dürfe nicht davon abhängig gemacht werden, ob die geäußerte Meinung politisch opportun sei oder nicht; die Freiheit werde aufgehoben, wenn die (berufliche) Existenz eines Kommunikationspartners Gegenstand des öffentlichen Meinungsstreites sein könne; »Ausschaltung« ist so wenig ein sinnvoller Beitrag zur Meinungsbildung wie »Gebt Feuer!«, weil es die Diskussion beendet.

In Frankfurt ist den Veranstaltern das Kunststück gelungen, die Frage nach der Richtigkeit des Urteils offenzulassen, obwohl schon der erste Referent sie berührte. Der Freiburger Politologe Wilhelm Hennis war als Zeitzeuge geladen und spielte seine Rolle perfekt. Anfang der fünfziger Jahre war er Assistent des SPD-Kronjuristen Adolf Arndt. An den hatte sich Lüth mit der Bitte um anwaltliche Hilfe gewandt. Arndt hatte jedoch vor allem die vielen neuen politischen Organe im Kopf, die installiert werden mußten, und übertrug den Fall seinem jungen Assistenten Hennis. Der verfaßte die Beschwerdeschrift nach den Grundsätzen, die er in Göttingen bei Rudolf Smend gelernt hatte, reiste in die Vereinigten Staaten und dachte nicht mehr an die Sache. Ende des Referates, das zu den nicht eben häufigen gehörte, die man sich länger gewünscht hätte.

1951 hat man also die Brisanz des Falles nicht erkannt. Man arbeitete an den Startlöchern für die langfristige politische Auseinandersetzung. Aber dann blieb die Sache jahrelang beim Bundesverfassungsgericht liegen, weil das Gericht hoffnungslos überlastet war. In dieser Zeit änderte sich die Stimmung im Lande. Vergangenheitsbewältigung wurde ein großes öffentliches Thema. Im Hinblick auf die öffentliche Meinung konnte das Bundesverfassungsgericht den Lüth-Fall schließlich kaum anders entscheiden, als es ihn tatsächlich entschieden hat. Das wurde auf der Tagung auch offen gesagt, obwohl man vom Richter normalerweise erwartet, daß er sich von der öffentlichen Meinung nicht beeindrucken läßt und unter Umständen auch Minderheiten gegen eine überwältigende Mehrheit schützt. Aber die dogmatische Problematik des Urteils öffnete eben den Blick für das eigentliche Thema der Tagung: »Die geistige Verfassung der Bundesrepublik in ihren frühen Jahren«.

Die ist tatsächlich schwer zu beschreiben. Das NS-Regime hat die deutsche Identität verletzt, indem es die deutsche Vergangenheit diskreditiert hat. Die bekannte Postkarte von 1933 mit den Bildnissen Friedrichs des Großen, Bismarcks und Hitlers wirkt über den 9. Mai 1945 hinaus, nur seitdem in der Gegenrichtung. Hitler ruiniert den Ruf der anderen. Insofern gab es 1945 doch eine Stunde Null. Wenn man die eigene Vergangenheit verliert und sich völlig diskreditiert fühlt, muß man den Weg des geringsten Widerstandes gehen und sich am Unverfänglichen orientieren.

Leitfaden für eine Beschreibung der Bundesrepublik müßte daher ihr Orientierungsbedürfnis oder ihre Risikobereitschaft sein. Aber die sind schlecht zu operationalisieren. Deshalb blieb es auch in Frankfurt bei der üblichen Annahme linearer Entwicklungen und politisch-moralischen Fortschritts. Die Referate von Riedlinger: »›Lüth‹ als Beitrag zum Liberalisierungs- und Demokratisierungsprozeß« und von Frieder Günther (Tübingen): »Die bundesdeutsche Staatsrechtslehre zwischen Dezision und Integration in den fünfziger Jahren« lassen das bereits im Titel erkennen. Aber auch Liberalisierung, Demokratisierung, Integration und Dezision müssen noch einmal konkrete Gestalt gewinnen, wenn man die Geschichte der Bundesrepublik mit ihnen bebildern will. Diese Reduktion endet wohl unvermeidlich bei Autorennamen, die dann nach ihrer Nähe zum Nationalsozialismus oder zur Demokratie geordnet werden können. Aber es war mit den Händen zu greifen, daß die Orientierung am Lüth-Fall die Diskussion strukturierte. Der Fall wurde gleichsam zur mitlaufenden zeitgenössischen Kontrolle der Aussagen über die Bundesrepublik.

Am Lüth-Fall wird auch das Dilemma der deutschen Staatsrechtslehre seit dem Krieg sichtbar. Seit Jahren wirft man ihr vor, sie zehre immer noch von den großen Kontroversen der Weimarer Zeit und habe keine neuen Konzepte entwickelt. In Frankfurt wurde dem entgegengehalten, das deutsche Nachkriegsstaatsrecht habe der Grundrechtsdogmatik kräftige Impulse gegeben. Das Lüth-Urteil zeigt, daß es nicht um Grundrechte, sondern um Grundlagen geht. Das Urteil stützt sich auf die Vorstellung, öffentliche Meinung sei das Produkt der »im Widerstreit in gleicher Freiheit vorgetragenen Auffassungen«. Diese Ansicht fällt so hoffnungslos hinter die damals heiß geführte, politisch-soziologische Debatte über Massenmedien und das Verhältnis von Demoskopie und Demokratie zurück, daß nicht nur der Ruhm des Urteils erklärungsbedürftig wird, sondern sich auch die Frage aufdrängt: Welche Funktion hat Meinungsfreiheit nun wirklich?

Die Staatsrechtslehre begnügt sich bis heute damit, diese Frage mit Zitaten aus dem Lüth-Urteil zu beantworten. So wird das Recht nicht irritiert. Aber vom Standpunkt des Lüth-Urteils muß das Verhältnis zwischen der politischen Wirklichkeit und den Vorstellungen des Gerichts zum Thema werden. Und das könnte neue Einsichten zutage fördern. Das Forschungsvorhaben verdient hohe Aufmerksamkeit.

28. Februar 2003

Richter sind keine Feldjäger

Was das NPD-Urteil über die Gewaltenteilung lehrt

Der mündige Bürger erinnert sich gut an den staatlich organisierten Aufstand der Anständigen gegen rechts, bei dem die Anständigen unter Führung der Spitzen von Staat und Parteien die Berliner Flaniermeile gen Westen gezogen sind. Oder ging es gen Osten? Egal, Krönung der Demonstration war der Antrag von Bundestag, Bundesrat und Bundesregierung beim Bundesverfassungsgericht, die Verfassungswidrigkeit der rechtsradikalen NPD festzustellen. Das Gericht hat mit seinem Beschluß, das NPD-Verbotsverfahren endgültig einzustellen, die Anständigen im Regen stehenlassen.

Vielleicht hat es sich durch das Massenaufgebot von Verfassungsorganen unter Druck gesetzt gefühlt. Man sollte eben nicht versuchen, ein Verfassungsorgan mit Hilfe der öffentlichen Meinung anzutreiben. Zwar ist das Bundesverfassungsgericht nicht unempfindlich gegen die öffentliche Meinung. Aber genau diesen Eindruck darf es nicht entstehen lassen, weil von ihm erwartet wird, unter Umständen Minderheiten gegen die öffentliche Meinung zu schützen.

Auch wegen eines möglichen Meinungsdrucks verlangt das Gesetz über das Bundesverfassungsgericht in Verfahren, die das Grundvertrauen in den demokratischen Rechtsstaat berühren – Grundrechtsverwirkung, Parteiverbot, Anklagen gegen den Bundespräsidenten oder gegen Bundesrichter –, eine Zweidrittelmehrheit für Entscheidungen, die den Antragsgegner, also den »Angeklagten«, benachteiligen. Im Falle der NPD meinte das Gericht, die Ablehnung der Einstellung des Verfahrens benachteilige die NPD. Schon die doppelte Verneinung zeigt, daß diese Ansicht problematisch ist. Jedenfalls führt sie dazu, daß eine Minderheit die Entscheidung »trägt«. Wenn eine Entscheidung auf einer Abstimmungsregel beruht, pflegt das Gericht das Ergebnis mitzuteilen und dann ausführlich darzulegen, warum die einen dafür und die anderen dagegen waren. So auch im Fall der NPD.

Dem gesunden Menschenverstand leuchtet das nicht ein. Er sagt: Entweder Stimmen zählen wie bei einer Wahl oder die Entscheidung inhaltlich mit den Argumenten der Seite begründen, die sich durchgesetzt hat! So einfach ist die Sache jedoch nicht. Die Mehrheit – in diesem Fall allerdings: die des Prozeßrechtes – hat zwar immer recht, aber im Falle der Justiz muß das auch inhaltlich demonstriert werden. Blanke Mehrheitsentscheidungen sind Politik, allerdings auch dort ein eigen Ding. Wäre zum Beispiel der Angriff auf den Irak »richtig« gewesen, wenn ihn der UN-Sicherheitsrat mit Mehrheit beschlossen hätte? Und war der Eingriff zugunsten der Kosovo-Albaner »unrichtig«, weil der Sicherheitsrat nicht zugestimmt hat? Hier kommt hinzu, daß die NPD durch die Einstellung des Verbotsverfahrens ihren Status als politische Partei uneingeschränkt behält. Zwar hat das Bundesverfassungsgericht nicht entschieden, die NPD sei verfassungsmäßig. Aber sie genießt weiter den Schutz des Parteienprivilegs. Allein das Bundesverfassungsgericht kann sie für verfassungswidrig erklären. Bis dahin kann laut Rechtsprechung »niemand die Verfassungswidrigkeit einer Partei rechtlich geltend« machen.

Inhaltlich hat das Gericht seine Entscheidung davon abhängig gemacht, ob die NPD ein faires Verfahren erhalten konnte. Das ist ein merkwürdiger Gesichtspunkt. Das Gericht war Herr des Verfahrens und konnte so viel Fairneß walten lassen, wie es wollte. Die Minderheit, die die Entscheidung bestimmt hat, meinte jedoch, die Einschleusung von Geheimdienstleuten in die Vorstände der Partei während des laufenden Verbotsverfahrens sei ein irreparabler Verfahrensfehler; sie habe es der Partei praktisch unmöglich gemacht, sich zu verteidigen. Die Mehrheit dagegen vertritt die Ansicht, die Vorstände seien nicht die Partei, die Unterwanderung sei bei der Beweiswürdigung zu berücksichtigen, und praktisch verletze das Gericht das Rechtsverweigerungsverbot, wenn es das Verfahren einstelle. Das ist ein harscher Vorwurf. Richtig ist freilich, daß die Rechtsprechung den innerstaatlichen Frieden auf die Dauer nur wahren kann, wenn sie grundsätzlich jeden Streit annimmt und nie sagt: »Diesen Fall entscheiden wir nicht, er ist uns zu kompliziert.« Das Grundproblem liegt jedoch nicht in der Verteidigungsfähigkeit der NPD, sondern in der Entscheidungsfähigkeit des Gerichtes.

Die öffentliche Meinung interpretiert die Entscheidung als Beleg für die Schlampigkeit der Vorbereitung des Verfahrens und als Niederlage der Politik. Ob diese Interpretation richtig ist, könnte jeder selbst prüfen. Die Schriftsätze der Verfassungsorgane sind im Internet leicht unter »NPD-Verbot« zu finden. Wer die Zeit aufbringt, sie zu lesen, hat freilich keine mehr, Stellungnahmen zu verfertigen. Aber vielleicht muß man nicht alles selbst lesen. Wenn man Qualifikation und Vertrauenswürdigkeit der Personen bedenkt, die am Verfahren mitgewirkt haben, dürften mögliche Fehler jedenfalls nicht im Handwerklichen liegen. Falsch war aber wohl, die Verfassungsorgane wie einen Trupp Feldjäger aufmarschieren zu lassen. Nur – warum? Wenn man über Allerweltspsychologie hinauskommen will, muß man die Frage abstrakter fassen: Nach welchen Prinzipien regelt sich das Verhältnis zwischen Politik und Verfassungsgerichtsbarkeit jenseits des formellen Rechts, also im Bereich des Informellen?

Inzwischen ist es eine Binsenweisheit, daß im Gerichtsverfahren alle Beteiligten die Rolle spielen müssen, die ihnen das formelle Recht zuweist, wenn der Prozeß die Verhältnisse befriedigen soll. Dazu gehört, darauf zu achten und darauf hinzuwirken, daß auch die anderen Beteiligten ihre Rolle ausfüllen. Ein Strafrichter darf in der Verhandlungspause nicht den Angeklagten um Feuer für seine Zigarette bitten. Ein Angeklagter sollte den Richter nicht mit »Herr X« anreden oder gar duzen. Beides hebt die Distanz auf, auf der die Autorität der Gerichtsentscheidungen ruht. Das bedeutet, die formellen Beziehungen strukturieren auch die informellen. Allgemein geht es im informellen Bereich darum, dem Mitmenschen zu zeigen, daß man ihn für einen gleichberechtigten Kommunikationspartner hält und bereit ist, ihm zu vertrauen. Die partnerschaftlichen müssen sich aber an den amtlichen, formellen Beziehungen brechen, sonst funktionieren die Ämter nicht. Darauf müssen die Beteiligten unter allen Bedingungen Rücksicht nehmen. Die Rollen sind gleichsam die Zukunft der Personen.

Das gilt erst recht auf der Ebene der Verfassungsgerichtsbarkeit. Die Politik muß das Gericht als Gericht und das Gericht muß die Politik als Politik behandeln. Hier liegt der richtige Kern der Minderheitsmeinung im NPD-Verbotsverfahren. Vorstände der Partei mit Geheimdienstleuten zu durchsetzen mag aus der Sicht der Materialbeschaffung und im Hinblick auf politischen Radikalismus angemessen sein, weckt aber erhebliche Zweifel an der Entscheidungsfähigkeit der Partei, und das berührt die Rolle des Gerichtes. Über Entscheidungsunfähige kann man nicht zu Gericht sitzen. Sie sind Fälle für die Polizei und die Medizin. Deshalb muß das Bundesverfassungsgericht darauf bestehen, daß ihm die Politik Verfahrensbeteiligte präsentiert, denen gegenüber es die Vernunft des Rechtes zur Geltung bringen kann. Überhaupt muß die Politik die Fälle, die sie vor das Bundesverfassungsgericht bringt, so zuschneiden, daß das Gericht sie glaubwürdig nach juristischen Gesichtspunkten diskutieren kann.

Auf der anderen Seite muß auch das Bundesverfassungsgericht die Selbstdarstellung und die faktischen Grenzen der Politik respektieren. Beispielsweise war es ein grober Fehler, daß das Gericht 1983 im Verfahren über die Auflösung des Bundestages eine Argumentation gewählt hat, die es dazu zwang, der FDP Unzuverlässigkeit zu bescheinigen. Und die verfassungsdogmatischen Widersprüche, die sich aus der geheimen Beobachtung politischer Parteien – also der Lautsprecher des Volkes – ergeben, sind zu ertragen, weil Parteiverbote sonst zu spät kommen. Eine Partei, der es gelingt, Massen in Uniformen zu zwängen und auf die Straße zu bringen, erleichtert die Begründung ihrer Verfassungswidrigkeit. Aber verbieten kann man sie kaum noch.

Die Einstellung des NPD-Verfahrens wird das Verhältnis zwischen Politik und Verfassungsgerichtsbarkeit freilich eher ent- als belasten. Sie hat auch dem Bundesverfassungsgericht gezeigt, wie sehr es auf die taktvolle Zuarbeit der Politik angewiesen ist, und der Politik, daß Institutionen nur funktionieren, wenn man sie nicht überfordert.

2. April 2003

Durften die das?

Dumme Frage: Vom Unrecht des Siegers sollten wir schweigen

Nachdem feststeht, daß sich Amerikaner und Briten nicht blamiert haben, konzentrieren sich die Stammtische auf die Ordnung im Irak nach dem Kriege. Mit überwältigender Mehrheit unterstützen sie die Forderung Deutschlands, Frankreichs und Rußlands, die Vereinten Nationen müßten den Wiederaufbau »gestalten«. Aber haben Amerikaner und Briten nicht auch die Vereinten Nationen beschädigt, als sie in den Irak einmarschierten? Wie kann eine beschädigte Organisation das beschädigte Land wiederaufbauen? Oder meinen Deutschland, Frankreich und Rußland, auf der Ebene der Vereinten Nationen habe sich nicht viel geändert? Die Vereinten Nationen haben in der Tat nicht nur im derzeitigen Irak-Konflikt, sondern auch in Somalia, am Golf, in Serbien und im Kosovo versagt, von den Konflikten im Bereich der früheren Sowjetunion ganz zu schweigen. Geändert hat sich nur, daß man über die Schwäche der Vereinten Nationen nicht mehr einfach hinwegsehen kann. Genau das verlangen freilich Deutschland, Frankreich und Rußland. Mit ihrer Vernebelungstaktik haben sie sogar einen gewissen Erfolg. Denn eine Frage, die nach der Vorgeschichte dringend beantwortet werden müßte, wird nicht gestellt: Wer sind die Vereinten Nationen?

Die Vereinten Nationen (Vertrag vom 26. Juni 1945) sind der Sicherheitsrat, und der Sicherheitsrat sind die fünf ständigen Mitglieder China, Frankreich, Großbritannien, Rußland und Vereinigte Staaten, also zwei Kriegswillige und drei Kriegsunwillige. Die ständigen Mitglieder können praktisch alle Maßnahmen mit einem Veto blockieren. Die

Sorge der Amerikaner, die drei Kriegsunwilligen könnten den politischen Gewinn aus dem militärischen Sieg der beiden Kriegswilligen ziehen, ist daher nicht aus der Luft gegriffen.

1999 hat der Sicherheitsrat nichts gegen die eklatant rechtswidrigen Vertreibungen der Albaner aus dem Kosovo unternommen, weil Rußland alle Gewaltmaßnahmen gegen Serbien, mit dem es sich verwandt fühlt, blockierte. Da die europäischen Staaten nicht Tausende von Kosovo-Flüchtlingen aufnehmen wollten, hat die Nato – einschließlich Deutschlands – Jugoslawien ohne Zustimmung des Sicherheitsrates angegriffen. Die Mehrheit der deutschen Völkerrechtler hat den Angriff damals als völker- und menschenrechtswidrig bezeichnet, freilich ohne das Verhalten Rußlands völkerrechtlich zu diskutieren. Wenn Jugoslawien das Völkerrecht schwer und offenkundig verletzt hat, hätte Rußland den Sanktionen eigentlich nicht widersprechen dürfen. Von Rechts wegen durfte es jedoch frei entscheiden und seiner Brüderschaft mit den Serben folgen.

Die Abstimmungen im Sicherheitsrat können nicht vom materiellen Völkerrecht abhängig gemacht werden, weil sie es gerade feststellen sollen. Aber die Entscheidung des Sicherheitsrates ist ein reiner Verfahrensschritt. In der Sache erledigt sie den Konflikt nicht. Im Kosovo-Fall wurden die Albaner weiter vertrieben, als der Sicherheitsrat Maßnahmen gegen die Serben abgelehnt hatte. Menschen starben, Hunderttausende stürzten ins Elend. Das hat nie jemand bestritten. Aber viele Deutsche hat das Schreien der albanischen Kinder weniger gestört als die fehlende Zustimmung der Russen. Um so deutlicher haben sie jedoch das Schreien der serbischen Kinder gehört, als die Nato-Bomben fielen.

Der Sicherheitsrat ist also kein Hort des Friedens und der Gerechtigkeit, sondern ein Ort, an dem große Staaten handfest ihre Interessen wahrnehmen und nur ein Gleichgewicht der Egoismen eine relative Ruhe schafft. Daß die Amerikaner und Briten Vorbehalte gegen die Vereinten Nationen haben, ist daher weit verständlicher als die Ansicht des Bundesaußenministers, nur die Vereinten Nationen seien legitimiert und erfahren genug, den Irak wiederaufzubauen. »Demokratisch« pflegt er nicht zu sagen. Das wäre auch angesichts der demokratischen Jungfräulichkeit Rußlands und Chinas gewagt.

Aber es geht nicht nur um den Wiederaufbau des Iraks, sondern auch um internationale Politik. Frankreich, Rußland und China – Deutschland kann man dank der Meisterleistungen rot-grüner Diplomatie in diesem Zusammenhang vergessen – benutzen die Wiederaufbaufrage unverkennbar, um wieder ins Geschäft zu kommen. Haben sie es jetzt leichter als vor dem Irak-Krieg? Dafür spräche, daß viele Leute den Angriff der Briten und Amerikaner für völkerrechtswidrig und unmoralisch halten. Aber die Sache der Kriegsgegner ist nicht so gerecht, wie die Protestierer glauben machen wollen. Ob sie das einsehen oder nicht, im Irak-Konflikt haben sie auf der Seite Saddam Husseins gestanden, den auch überzeugte Pazifisten für den schlimmsten zeitgenössischen Diktator halten.

Mit Juristen, die Blut gegen Verfahrensregeln abwägen und letztere gewohnheitsmäßig für wichtiger halten, ist freilich schlecht zu diskutieren. Deshalb nehmen wir an, der amerikanisch-britische Angriff sei eindeutig grob rechtswidrig. Unmoralisch kann man ihn aber nicht nennen. Wie wir alle wissen und beim Aufstand der Anständigen gegen rechts auch aus Kanzlermund vernommen haben, muß man dem Bösen wehren, ihm sogar präventiv begegnen. Saddam Hussein und sein Apparat sind böse. Das betonen George W. Bush und Angela Merkel wie der Bundespräsident und die rot-grüne Bundesregierung. Deshalb ist es moralisch gerechtfertigt, ja, geboten, etwas gegen Saddam Hussein zu tun. Die Amerikaner und Briten haben etwas getan. Vielleicht zuviel. Dann hätten sie gegen das Verhältnismäßigkeitsprinzip verstoßen. Aber was haben die Europäer getan? Sagen wir zurückhaltend: nichts. Nichts gegen Unrecht zu tun ist aber unmoralischer, als zuviel zu tun.

Bleibt die grobe Rechtswidrigkeit. Amerikaner und Briten haben trotzdem gewonnen. Was geschieht eigentlich, wenn das Unrecht siegt? Friedrichs des Großen Kriege waren schon nach zeitgenössischem Urteil rechtswidrig. Den Siebenjährigen Krieg (1756 bis 1763) hat er nur durch Zufall gewonnen. Aber dann lag ihm die europäische Welt zu Füßen. Napoleon war ein wenig kultivierter Usurpator. Die Menschen haben ihn jedoch so bewundert, daß er noch Truppen sammeln konnte, als er schon geschlagen war. Bismarck hat durch Kriege seine politische Stellung gefestigt. Und Stalin hat durch seinen Sieg im »Großen Vaterländischen Krieg« seinen Terror vergessen lassen. Blair und Bush mögen nicht das Format dieser Staatsmänner haben. Aber der Satz »Nichts ist erfolgreicher als der Erfolg« gilt auch für sie. Deshalb werden wahrscheinlich sie triumphieren und die gerechte Sache wie einen Luftballon hinter sich herziehen. Und die Menge wird ihnen zujubeln.

Denn Erfolg bei der Anwendung physischer Gewalt ängstigt nicht nur die unmittelbar Unterlegenen, sondern fast alle. Das ist der Sinn des Einsatzes von Gewalt. Sie soll die Gehorsamsbereitschaft erhöhen. Wird Gehorsam geleistet, muß der Überlegene mit dem Unterlegenen reden. Dadurch entstehen Kommunikationen, die die Partner dazu bringen, sich als gleichberechtigt anzuerkennen. Sie zwingen dazu, Häme zu unterdrücken und das Urteil »Rechtsbrecher« zu korrigieren.

Innenpolitisch heißt das: Wenn George W. Bush bei der nächsten Begegnung Gerhard Schröder vor laufenden Kameras auf die Schulter schlägt oder gar Gerhard Schröder George W. Bush, ist Schröder erledigt. Nach seinem bisherigen Verhalten müßte Schröder nachtreten. Tut er das nicht, erklärt er Bush mit dem Schulterschlag zum anständigen Kumpel und den Irak-Krieg zum gelungenen Streich. Das verstehen vor allem die nicht, die sich von Angela Merkel abgewendet haben, weil sie sich auf die Seite der Amerikaner gestellt hat.

12. April 2003

Blockieren ist demokratisch

Am deutschen Föderalismus läßt sich nichts verbessern

Die Gliederung des Bundes in Länder gehört neben der Achtung der Menschenwürde und der rechtsstaatlichen Demokratie zu den ewigen Prinzipien des Grundgesetzes, die gemäß Artikel 79 Absatz 3 nicht einmal der verfassungsändernde Gesetzgeber berühren darf. Deshalb läßt es aufhorchen, wenn heute Landtagswahlen, die Mitwirkung der Länder im Bundesrat und ihre Finanzierung als Störungen der Bundespolitik diskutiert werden. Wenn sich die Bundesregierung schon kein neues Volk wählen kann, sollte sie sich wenigstens neue Länder wählen können?

Freilich ist die Föderalismus-Kritik mit einem Sack Salz zu nehmen. So tief im allgemeinen normativen Bewußtsein verankert wie die Menschenwürde und die rechtsstaatliche Demokratie ist das Bundesstaatsprinzip nicht. Zum Wesen des Bundesstaatsprinzips gehört der Streit um die Abgrenzung der Befugnisse von Bund und Ländern. Dieser Streit ist allein mit sachlichen Gründen nicht zu entscheiden. In Deutschland liegen die Wurzeln des Bundesstaates zwar schon im frühen Mittelalter. Aber trotz seiner langen Tradition ist der Bundesstaat ein reines Kunstprodukt, eine Konstruktion des Rechtes, die nicht zwingend notwendig war, wie das Beispiel Frankreichs lehrt. Staaten sind Rechtsgebilde, Bundesstaaten also Rechtsgebilde aus Rechtsgebilden und damit Tummelplätze für Gesetzgeber und Arenen für Verfassungsjuristen.

Im Kaiserreich (1871 bis 1918) galten die Einzelstaaten als »partikulär«, weil man sie als Gefahr für die Einheit der Nation ansah. Der erste Entwurf zur späteren Weimarer Verfassung von Hugo Preuß (Januar 1919) wollte sie durch

Reichsprovinzen ersetzen. Aber die Länder waren schon da und haben ihre Aufhebung verhindert. Die Gleichschaltung der Länder mit dem Reich im März 1933 gehörte zu den ersten Maßnahmen, mit denen die Nationalsozialisten ihre Macht sicherten. Nach dem Krieg lösten die Alliierten die räumliche Hinterlassenschaft Preußens auf und schufen Länder, die mit den traditionellen Ländern nicht mehr viel zu tun hatten, die aber ihre frisch erworbene Identität gut behaupteten und zum größten Teil noch bestehen. Wer heute einen kräftigen Föderalismus vertritt, verficht also ein altes Prinzip, aber junge Einheiten und keine knorrige Tradition.

Warum dann die Unruhe? Zum einen, weil der Föderalismus an hochsensibler Stelle im Grundgesetz steht. Was er politisch bedeutet, wissen wir zwar nicht. Aber wir wissen gut, was die Antastung von Menschenrechten und von Prinzipien der rechtsstaatlichen Demokratie bedeutete. Deshalb fürchten wir, eine Antastung des Föderalismus meine etwas Ähnliches. Der Kontext bestimmt die Bedeutung des Textes. Das erklärt zum Beispiel, warum der Papst die Nennung Gottes und die deutschen Schriftsteller die Nennung der Kultur in eine europäische Verfassung aufgenommen wissen wollen. Zum anderen werden wir unruhig, weil das Bundesstaatsprinzip natürlich nicht nichts, sondern vertraute Einrichtungen und Verfahren meint, jedoch nicht sagt, welche und zu welchem Preis sie geopfert werden könnten. Das verlangt eine Antwort auf die Frage nach dem Sinn des Föderalismus.

Dazu hat die deutsche Staatsrechtslehre viel Kluges gesagt. Der Bundesstaat wirke wie eine vertikale Gewaltenteilung und schütze dadurch die Freiheit der Bürger. Er steigere die Leistungsfähigkeit der politischen Verwaltung des Bundes, wie die deutsche Wiedervereinigung belege. Und er gestatte dem Bürger, sich enger mit dem politischen Apparat zu identifizieren. »Mir san mir.« Alles richtig, nur etwas unpolitisch. Politik hat die Aufgabe, allgemeinverbindliche Entscheidungen herzustellen. Allgemein verbindlich sind Entscheidungen, wenn kaum jemand widerspricht, und widersprechen kann der nicht, dem die Entscheidung zugerechnet werden kann, weil er ihr zugestimmt hat. Das wußten schon die Germanen, wie Tacitus schreibt: »Über geringe Angelegenheiten entscheiden die Stammeshäupter, über wichtigere die Gesamtheit.«

In einem modernen, dichtbesiedelten Flächenstaat, der die Gleichheit aller Menschen voraussetzt, müssen politische Verfahren zeitlich, inhaltlich und räumlich so organisiert werden, daß einerseits die Mitwirkung aller symbolisiert wird und andererseits Entscheidungen zustande kommen. Für die zeitlichen Differenzierungen sorgen Fristen, etwa Legislaturperioden, für die inhaltlichen die politischen Parteien und für die räumlichen die Gliederung des Gesamtstaates in Provinzen oder Länder und Gemeinden. Gegenüber dem Inhalt der Entscheidungen sind alle Differenzierungskriterien neutral und in diesem Sinne zufällig oder »willkürlich«. Gremien im Hinblick auf die Inhalte der Entscheidungen, die sie treffen sollen, zusammenzusetzen, zum Beispiel mit Sachverständigen, kommt oft vor, bedarf aber der speziellen Rechtfertigung. Da alle Einteilungskriterien, gemessen an den Entscheidungen, notwendig zufällig sind, steht nichts im Wege, bei der Organisation des Verfahrens die Zufälle von Traditionen und landsmannschaftlichen Zugehörigkeiten zu berücksichtigen, also etwa Ländern besondere Mitwirkungsrechte einzuräumen. Es gibt nur eine Grenze: Die gleichen Mitwirkungschancen aller Bürger müssen deutlich symbolisiert werden, weil den Bürgern die Entscheidungen sonst nicht zugerechnet werden können.

In diesem Sinne ist ein Bundesstaat ein Spezialfall von Demokratie. Wer den Einfluß der Länder auf Bundesebene zurückdrängen will, um der Bundespolitik »Hindernisse« aus dem Weg zu räumen, verkürzt daher Demokratie. Er könnte genausogut Wahlen überhaupt als »Hindernisse« der Politik betrachten. Leute, die eine Verlängerung der Legislaturperioden anstreben, tun das auch. Merkwürdigerweise sind es oft dieselben, die die Möglichkeit von Volksentscheiden fordern. Volksentscheide heben die Verantwortung des Apparates und die Differenz von Politik und Volk nicht auf, sind aber schwerer zu händeln (wie man heutzutage sagt) als Bundesländer.

Das Argument, die Regierungen müßten mehr Zeit für ihre Politik oder für deren »Umsetzung« haben, ist so unsinnig wie das Argument, man könne das dreizehnte Schuljahr abschaffen, weil die Kinder in dieser Zeit ohnehin nichts mehr lernten. Wenn die Kinder nichts mehr lernen, liegt das nicht am dreizehnten, sondern am letzten Schuljahr, und das kann man nicht abschaffen. Auch für die Dauer einer Legislaturperiode können nicht die Pläne, Aktivitäten oder – wie im Falle Rot-Grün – Nichtaktivitäten einer Bundesregierung maßgebend sein, sondern nur die abstrakte Höhe des Drucks, den Wahltermine auf die Politik ausüben. Den Druck herabzusetzen braucht nichts zu ändern. Vielleicht verlängert es nur Unentschlossenheit, Entscheidungsscheu und Uneinigkeit. Das gilt auch für den Fall einer nationalen Finanzkatastrophe. Selbst wenn sich das Wirtschaftswunderland bis auf die Knochen blamiert, weil es Insolvenz anmelden muß, darf die deutsche Politik nicht von Demokratie entlastet werden, auch nicht von der Mitwirkung des Bundesrates oder von Landtagswahlterminen. Am deutschen Föderalismus läßt sich nichts verbessern, jedenfalls nicht unter den Gesichtspunkten, die in der öffentlichen Diskussion meist genannt werden. Es gibt keinen instrumentalisierbaren Zusammenhang zwischen den Inhalten politischer Entscheidungen und den Formen ihrer Entstehung und darf ihn auch nicht geben. Schlechte Politik von demokratischer Mitwirkung zu entbinden vergrößert nur die Misere, weil es das Volk erniedrigt.

11. Juni 2003

Dichter sind nicht der liebe Gott

Bettgeflüster: Im Gerichtsstreit um Maxim Billers Roman »Esra« steht die Kunstfreiheit gegen das Persönlichkeitsrecht

Völlig unbefangen bin ich nicht. Die öffentliche Diskussion um das Verbot von Maxim Billers Buch »Esra« (F.A.Z. vom 24. April und 10. Juni) ist mir geläufig, damit auch die Ausfälle einiger Kulturbeflissener gegen die Richter. Der Verlag, der gegen die Entscheidung Berufung eingelegt hat, rührt mich wenig. Buchverbote können eine preiswerte Werbung sein, sind aber natürlich nicht ohne Risiko. Das Buch habe ich nicht gelesen. Ich werde es auch nicht tun. Was mir damit entgeht, verschwindet in der Unmenge an Literatur, die ich nicht kenne. Man braucht sich auch nicht durch das Buch gearbeitet zu haben, wenn man die Frage beantworten will, ob die beiden realen Türkinnen, die sich in Billers Roman zu genau und zu indiskret dargestellt finden, das Erscheinen juristisch verhindern können. Daß Biller die Frauen porträtiert und viel Intimes und Vertrauliches preisgegeben hat, steht außer Frage. Das menschliche Problem steckt in der Bitte der weiblichen Hauptperson an den Erzähler, einen Schriftsteller: »Ich will dir nicht meine Brüste zeigen und später irgendwo lesen, daß ich dir meine Brüste gezeigt habe« -was dann wenige Zeilen später zu lesen ist. Als Banause darf ich dazu bemerken: Das ist nicht die Art des feinen Mannes, auch nicht sehr frauenfreundlich. Oder müssen Schriftsteller so extrem sein?

Juristisch kommt es darauf nicht an. Da gilt der Satz: In diesem Land darf jeder reden und schreiben, was er will, soweit er nicht gegen Gesetze verstößt oder gar andere schädigt. Deshalb kann sich weder ein Maler, der eine fremde Hauswand mit einem Kunstwerk besprüht, noch ein Schriftsteller, der einen Dritten fälschlich einer Straftat bezichtigt, auf die Kunstfreiheit berufen. Die Kunstfreiheit berechtigt nicht dazu, das geltende Recht zu ändern.

Aber Biller wollte die beiden Frauen nicht schädigen. Es ist auch schwer zu erkennen, worin ihr Schaden bestehen und gegen welche Rechtsnorm Biller verstoßen haben könnte. Lebensläufe Dritter darf man beschreiben, auch wenn der Dritte nicht einverstanden ist. Es gibt kein »Recht am Lebenslauf« wie ein »Recht am eigenen Bild«. Bettgeheimnisse auszuplaudern ist zwar ungehobelt, ja unanständig, aber juristisch normalerweise nicht verboten. Man darf die Wahrheit sagen. Diskretion ist Ehrensache. Die Intimsphäre kann nicht dagegen geschützt sein, daß die Geschützten, also die unmittelbar Beteiligten, sie selbst stören, zumal die Intimsphäre oft ein Ort der Unterdrückung ist. Man kann nicht einen Bekannten zu einer Orgie einladen und sich dann empören, wenn der die Orgie öffentlich schildert. Daß sich die Frauen schämen müssen, ist auch kein Schaden im Rechtssinne. Gibt es Präzedenzfälle?

1973 hat das Bundesverfassungsgericht eine Fernsehveröffentlichung untersagt, obwohl es ihr um nichts als die Wahrheit ging. Das ZDF hatte ein Dokumentarspiel »Der Soldatenmord von Lebach« hergestellt, in dem die Täter mit Bild und wahrem Namen vorkamen. Einer der Täter klagte gegen die Ausstrahlung, sie verletze sein Persönlichkeitsrecht, sein Namensrecht und sein Recht am eigenen Bild. Das Landgericht Mainz und das Oberlandesgericht Koblenz wiesen die Klage ab. Die Freiheit der Fernsehberichterstattung wiege schwerer als das Persönlichkeitsrecht des Täters. Das Bundesverfassungsgericht gab dem Täter mit einer Begründung recht, die auch für den Fall »Esra« erheblich sein könnte. Der Täter sei wegen Beihilfe zur Tötung zu sechs Jahren Freiheitsstrafe verurteilt worden, die er zum größten Teil verbüßt habe. Er stehe kurz vor seiner Entlassung. Jetzt gelte es, ihn wieder in die Gesellschaft einzugliedern. Die Gesellschaft müsse aber auch bereit sein, ihn wieder aufzunehmen. Das geplante Fernsehspiel könne seine Ablehnung durch die Umwelt hervorrufen oder verstärken und damit die Resozialisierung erheblich stören. Deshalb sei seine Ausstrahlung rechtswidrig.

Natürlich sind die beiden Türkinnen längst integriert und können deshalb gar nicht reintegriert werden. Die Parallele zum Fall »Esra« könnte aber darin liegen – das müßten die Gerichte noch aufklären –, daß die Veröffentlichung von Einzelheiten aus ihrer Intim- beziehungsweise Privatsphäre eine Türkin weit stärker belasten oder isolieren könnte, als das in vergleichbaren Fällen bei deutschen Lebensabschnittsgefährtinnen der Fall wäre. Wie man hört, spielen Frauen und die Regeln über Sexualverhalten in der türkischen Gesellschaft eine andere Rolle als in der deutschen. Deshalb könnte es sein, daß die Publikation ihrer Bett- und Familiengeschichten ihre Position in ihrem Lebensbereich nachhaltig schwächt. Das müßten die Gerichte berücksichtigen. Das deutsche Recht hat die Zugehörigkeit zu einer anderen kulturellen Gruppe zu respektieren, wie das Bundesverfassungsgericht 1994 am Beispiel einer besonderen Parabolantenne für einen türkischen Mieter gezeigt hat.

Wenn die Gerichte im weiteren Verfahren das Verbot des Buches aufrechterhielten, entschieden sie daher nicht so banausisch, wie einige künstlerische Verfechter der Kunstfreiheit glauben. Gefahr droht eher von der Abwägungsschaukel: Zwischen Kunstfreiheit und Persönlichkeitsschutz kann man nicht sinnvoll abwägen. Sie sind keine Alternativen, sondern gehören zusammen und müssen beide optimiert werden. Kunst setzt Personen voraus, und Personen entwickeln sich durch Kunst. Die Frage, ob die Kunstfreiheit berechtigt, jemandem Nachteile oder gar Schmerzen zuzufügen, kann man ziemlich sicher mit Nein beantworten. Da braucht man nichts abzuwägen. Künstler sind nicht der liebe Gott, mögen sich auch einige so fühlen.

Trotzdem ist die Bedeutung des Falles »Esra« kaum zu überschätzen. Sie liegt aber nicht auf dem Gebiet der Kunstfreiheit, sondern auf dem des Persönlichkeitsrechtes. Daß jemand Bettgeschichten oder Familienschwierigkeiten publiziert, kommt nicht oft vor. Die meisten Menschen sind diskret. Und wenn nicht, wie jene lärmige Altmännerrunde in manchen einfachen Gasthäusern, geht man ihnen aus dem Weg. Die meisten Menschen wissen auch, daß sie sich nur selbst schädigen, wenn sie Freunde oder Verwandte öffentlich diskreditieren. Deshalb erübrigen sich rechtliche Regeln. Und wenn es trotzdem jemand tut? Aus Liebe oder Haß? Erinnerungen früherer Geliebter haben schon manche hoffnungsvolle Karriere zerstört. Man muß es hinnehmen. Zu Familien- oder Sexualverhältnissen gehören immer mindestens zwei, und für beide sind die Verhältnisse höchst persönliches Erleben. Das Recht kann aber niemandem verbieten, dies öffentlich darzustellen. Das wäre so, wie einem Kind Weinen oder Lachen zu verbieten. Aber genau das täten die Gerichte, wenn sie sich damit begnügten, die Schädigung der beiden Türkinnen mit der Verletzung der Intimsphäre zu begründen. Angesichts der hiesigen Sitten oder Unsitten würde das übrigens die Stellung der Männer stärken.

14. Juli 2003

Das sogenannte Kostendämpfen

Die Gesetze der Natur sind hart, aber gerecht: Philipp Mißfelders altes Hausmittel wird wirken

»Es gehört zu den Traditionen der Dynastie, der ich diene, sich des Schwachen im wirtschaftlichen Kampf anzunehmen«: Mit diesem Satz hat Bismarck 1882 den Arbeiterschutz begründet. Historisch hatte er nicht ganz recht. Nach dem Allgemeinen Landrecht für die Preußischen Staaten von 1794 mußte der Staat nur für die Bürger sorgen, die sich ihren Unterhalt nicht selbst verschaffen konnten. Außerdem unterschied das Gesetz zwischen den Schwachen. Wer keine Arbeit finden konnte, dem sollten Arbeiten zugewiesen werden, wer zu träge oder zu faul war, sollte »durch Zwang und Strafen zu nützlichen Arbeiten angehalten werden«.

Auch ökonomisch ist der Satz bedenklich. Bismarck ging es um soziale Sicherung. Soziale Sicherung entkoppelt die Leistung und Gegenleistung. Gerade wer nichts hat, soll profitieren. Wer eine Geld- oder Sachleistung erhält, braucht also keine Gegenleistung zu erbringen. Grundsätzlich konsumieren die sozialen Sicherungssysteme nur und produzieren nichts. Wirtschaft lebt indessen vom Tausch, vom Prinzip: Leistung gegen Leistung. Soziale Sicherungen dagegen leben allein von der Wirtschaft, und wenn die Wirtschaft nicht wächst, von der Substanz. Sozialleistungen sollen bekanntlich nicht »nach Kassenlage« gezahlt werden. Zahl und Bedürfnisse der Kranken und Rentner richten sich in der Tat nicht nach der Konjunktur. Wenn die Kassen leer sind, geht es eben an das Betriebsvermögen. Aber ohne Betriebsvermögen kann man nicht produzieren. Deshalb verhindert die derzeitige Gesamtsumme an Sozialleistungen wahrscheinlich genau das, was die Politiker aus sozialen Gründen sehnlichst wünschen: Wirtschaftswachstum. Eine »Bürgerversicherung« würde die wachstumshemmende Wirkung weiter verschärfen, weil sie noch mehr Finanzmittel aus dem produktiven in den konsumptiven Bereich verlagerte.

Theoretisch rechtfertigt »Schutz der Schwachen« gleichfalls nichts. Da man heute das Gefühl hat, man verletze die Schwachen, wenn man sie »schwach« nennt, spricht man nicht mehr vom Schutz der Schwachen, sondern von »sozialer Gerechtigkeit«. Gemeint ist aber in beiden Fällen jene Räuberhauptmann-Ethik, die den Reichen nehmen und den Armen geben will. Die Philosophie meint heute mehrheitlich, wenn man leidliche Ansprüche an die Plausibilität von Begründungen stelle, könne man soziale Gerechtigkeit nicht begründen. Es sei ausgeschlossen, allen Menschen Besitz- und Verfügungsrechte in gleichem Umfang zuzumessen. Die höchsten Güter wie Liebe, Zufriedenheit, Wahrheit und Ansehen ließen sich überhaupt nicht verteilen. Der Wert von Gütern könne nicht objektiv bestimmt werden und sei nicht für alle Menschen gleich. »Soziale Gerechtigkeit« verstärke und verstetige nur die gerade bestehende politische Ordnung.

Aber politisch war Bismarcks Satz ein Volltreffer. Er hatte einen überwältigenden Erfolg. Noch heute, nein, heute erst recht, wollen sich alle Gewerkschaftsfunktionäre, Krankenkassendirektoren und Caritaspräsidenten »des Schwachen im wirtschaftlichen Kampf annehmen«. Wenn man sich vergegenwärtigt, wie das Bismarcksche Konzept der Krankheits-, Unfall- und Altersversicherung ausgeweitet worden ist, von der Arbeitslosenversicherung (1927) über die Konkursausfallversicherung (1974) und die Künstlersozialversicherung bis zur Pflegeversicherung, erschrickt man und fragt sich, wie das System so lange funktionieren konnte. Unglaublich die Summen, die Handel und Wandel entzogen worden sind.

Trotzdem war die Versorgung der Armen, Alten und Kranken in Europa selbst im welthistorischen Vergleich noch nie so sicher und effizient wie heute. Die Verdrängung der Kostenprobleme hat die Systeme der sozialen Sicherung wachsen lassen, und die Positivität des Rechtes hat das Wachstum gebändigt. Das Haushaltsrecht hat dafür gesorgt, daß sich das Mitleid der Politiker nicht ungehemmt entfalten konnte. Insofern ist der Vergleich zwischen Bismarcks Rede und dem Allgemeinen Landrecht nicht ganz fair. Das Allgemeine Landrecht war positives Gesetz, das Ansprüche präzise und realitätsnah beschreiben mußte, wenn es ernst genommen werden wollte. Bismarck hat einen politischen Grundsatz erklärt, der noch in Rechtsansprüche umgewandelt werden mußte. Das positive Recht hat auch die Möglichkeiten von Organisationen erweitert. Organisationen erlauben es, die Interessen von Armen, Kranken und Alten zu bündeln und durch Personen vertreten zu lassen, die selbst nicht arm, krank oder alt sein dürfen, sondern schnell und gewandt taktieren können müssen. Diese Leute identifizieren sich so mit ihrer Klientel wie Fußball-Präsidenten mit ihrem Verein.

Und sie haben immer recht. Die Diskussion um die Finanzierung der Renten und der Krankheitskosten wird vor allem mit moralischen Argumenten und psychologischen Prinzipien geführt: Hilfe, Mitmenschlichkeit, Solidarität. Wirtschaftliche Überlegungen wie Knappheit, Produktivität. Allokation werden nur den Medizinverkäufern zugebilligt, die dann am langen Zügel dieser Begriffe gesteuert werden sollen. Das Gesundheitswesen gibt den Ton an. Dort sind Kosten-Nutzen-Rechnungen verpönt. Ulla

Schmidt und Horst Seehofer haben sie in ihrem gesundheitspolitischen Konsensgespräch bei der Bewertung neuer Arzneimittel ausdrücklich ausgeschlossen. Zwar stehen keineswegs alle Geräte und alle Arzneimittel allen Kranken zur Verfügung. Aber über Selektionen und ihre Kriterien spricht man nicht. Es gilt das Prinzip der Gleichheit alles Menschlichen, vom Embryo bis zu jenem Körper ohne Bewußtsein, der nur durch Herz-Lungen-Maschinen und künstliche Ernährung am Leben gehalten werden kann und bis zum Ausfall des Notstromaggregats weiterleben muß, weil er ein Mensch ist. Der Zufall entscheidet. Auch ein Gerechtigkeitsprinzip. Hauptsache, niemand kann beweisen, daß dem Zufall nachgeholfen wird.

Aber es gibt eine praktische Grenze: die Endlichkeit des Volksvermögens. Sie ist freilich nicht einfach gegeben. Immer wieder stellen sich Synergieeffekte ein. Wie die Erfahrung lehrt, können Volkswirtschaften beträchtliche Schulden machen, und der Bürger spürt es kaum. Daß Wirtschaften ein Nullsummenspiel ist, bei dem einer nur gewinnen kann, was ein anderer verliert, gilt lediglich als ein ökonomisches Modell neben vielen anderen. Trotzdem, wir leben nicht im Schlaraffenland. Alle verteilbaren Güter sind endlich, Arbeitskraft, Grund und Boden, Finanzkapital. Die Frage, wie diese Güter am wirtschaftlichsten einzusetzen sind, kann man nicht ungestraft vernachlässigen. Wenn ein zu hoher Anteil an Sozialausgaben das Wirtschaftswachstum hemmt, muß man bei finanziellen Schwierigkeiten die Ausgaben für die soziale Sicherung drosseln, sonst bricht das System zusammen. Die Menschlichkeitsapostel stört der Gedanke an den Zusammenbruch freilich nicht, weil sie ihn nicht haben.

In dieses sterile Intensivstationenklima hat der Vorsitzende der Jungen Union seine Forderung gedonnert: Keine öffentlich finanzierten künstlichen Hüften für Leute über fünfundachtzig! Endlich ein klärendes Wort. Nicht alles Menschliche ist gleich. Wir sind keine Embryonen mehr und sehen ein, daß sich Investitionen lohnen müssen. Die Menschheit und der einzelne Mensch entwickeln sich, und an dieser Entwicklung darf, ja muß sich die Versorgung orientieren. Alles andere ist Selbstbetrug, wenn man einmal die Betrüger ausklammert. »Zurück zur Natur!« meint Mißfelder. Merkwürdig, daß man das ausgerechnet der Gesundheitspolitik sagen muß.

9. August 2003

Meine Stimme gegen die der ganzen Talkshow-Nation

Grassiert in Deutschland Antisemitismus? Weshalb Jugendliche den Begriff der Kollektivverantwortung nicht ohne weiteres verstehen

Ein Freund hat mir die Frage vorgelegt, ob in Deutschland Antisemitismus und Ausländerfeindlichkeit grassieren. Ich bin zwar sicher, daß dem nicht so ist, aber diese Behauptung verlangt nach einer Begründung. Er hat in einer Gruppe von gebildeten Jugendlichen zwischen fünfzehn und fünfundzwanzig Jahren Meinungen gehört wie: Türken integrierten sich nicht, wann sei endlich Schluß mit den Entschädigungen, und Israel treibe eine fatale Politik. Auf die Worte sollte es nicht ankommen. Tendenziell ähnliches hat Martin Walser in seiner bekannten Rede zur Verleihung des Friedenspreises des Deutschen Buchhandels vor ein paar Jahren gesagt.

Die erste Frage, die man stellen muß, obwohl sie nur selten gestellt wird, ist: Wie kann man von solchen Äußerungen überhaupt auf verbreiteten Antisemitismus und Ausländerfeindlichkeit schließen? Die Antwort lautet: weil es deutsche Äußerungen sind. Die gleichen Sprüche, jenseits der deutschen Grenzen geklopft, bedeuten wenig und finden wenig Aufmerksamkeit. Der Schluß von häßlichen Äußerungen auf die Verbreitung häßlicher politischer Einstellungen ist so nur in Deutschland und seit einiger Zeit vielleicht auch in Österreich möglich. Grund ist bekanntlich das NS-Unrecht, mit dem Deutschland die westliche Kultur verlassen und Grundvertrauen verspielt hat. Ebendiese Kultur individualisiert freilich Schuld und Sühne. Deshalb kann es keine Kollektivschuld geben und ist »Tätervolk« ein Unwort.

Zwischen der Unmöglichkeit der Kollektivschuld und dem Einstehenmüssen für das NS-Unrecht – dazu gehört auch der Schluß von häßlichen Äußerungen auf politische Gefahr – besteht ein offenkundiger Widerspruch, der indessen mit »Kollektivverantwortung« verkleidet wird. »Verantwortung« ist keine ethische, sondern eine politische Kategorie. Sie beschreibt eine Sündenbockfunktion und bezeichnet den, an den man sich halten darf, wenn man, aus welchen Gründen auch immer, den oder die Täter nicht haftbar machen kann. Verantwortung ist eine Art Gefährdungshaftung, die bekanntlich sehr teuer werden kann. Deshalb begrenzt man das Risiko durch Versicherungen.

Historisch-politisch und international geht das aber nicht. Gegen Fehler der eigenen Regierung kann sich kein Volk versichern. Genau hier liegt das heutige politische Problem: in der Grenzenlosigkeit des Unrechts und der Haftung. Da »Grenzenlosigkeit« nicht dem herkömmlichen Sicherheitsbedürfnis der Menschen entspricht, ersetzt die Politik es durch »Unvergleichbarkeit« oder »Einzigartigkeit«. Die finanziellen Folgen der Grenzenlosigkeit des NS-Unrechts hat die Politik im Falle Deutschlands mit einem Wiedergutmachungsvertrag zwischen der Bundesrepublik und Israel vom 10. September 1952 und dem Londoner Schuldenabkommen vom 27. Februar 1953 einzuschränken versucht, vergeblich, wie wir heute wissen.

Kollektivverantwortung bedarf gleichfalls der Abgrenzung. Schließlich wollen die Holländer aus guten Gründen nicht für das NS-Unrecht haften, obwohl es holländische SS-Leute gab. Auch den Jugendlichen muß man erklären, warum sie für die Untaten der deutschen Kriegsgeneration einstehen sollen. Ihnen zu sagen, ihre Urgroßväter, Großväter und Väter seien die Untäter gewesen, genügt bei weitem nicht, zumal man verbotene Kollektivschuld und gebotene Kollektivverantwortung leicht verwechseln kann. Verwandtschaft bedeutet im Zeitalter der Aufhebung der Familien wenig. Was bleibt, ist: die Nation, also etwas, über das man eigentlich nicht mehr reden kann, international übrigens.

In Deutschland gilt der Nationalstaat als eine der Wurzeln des NS-Übels. Das scheint aber nur auf eine sehr verquere Art zu stimmen. Ernst Nolte hat die Zeit zwischen 1917 und 1945 einen europäischen Bürgerkrieg genannt und damit angedeutet, daß der Nationalstaat im Ersten Weltkrieg bereits seinen Zenit überschritten hatte. Eine junge Rechtsphilosophin hat vor einiger Zeit einen Aufsatz mit dem kecken Titel geschrieben »Der Nationalstaat als Fußballverein«. Hätte sie mit der Publikation ein wenig gewartet, hätte sie sich dafür auf Niklas Luhmann berufen können, der die Nation mit dem schlimmsten Urteil belegt, das einem Systemtheoretiker zur Verfügung steht: funktionslos. In der Bundesrepublik glaubt eigentlich nur noch das Bundesverfassungsgericht an den Nationalstaat, wie das Maastricht-Urteil zeigt.

Den Nationalstaat vollbärtiger, gehrocktragender Historiker gibt es wohl tatsächlich nicht mehr. Aber knüpfen wir an den kecken Aufsatztitel an. Warum jubeln »die Deutschen«, wenn ihre Nationalmannschaft ein Fußballspiel gewinnt, warum der bayerische Ministerpräsident, wenn Bayern München, und der Bundeskanzler, wenn Hannover 96 siegt? Weil sie sich mit »ihren« Mannschaften identifizieren, weil »ihre« Mannschaften gleichsam Teil ihrer Person geworden sind, weil sie sich deren Fehler und Erfolge wie eigene Fehler und Erfolge zurechnen und zurechnen lassen. Das kann man verallgemeinern. Person ist Wiedererkennbarkeit und damit Zurechenbarkeit. Inhalte der Wiedererkennbarkeit sind auch Gruppenzugehörigkeiten: Familie,

Schule, Verein, Religion und eben Nation. Insofern kann man Nationen als ins Riesenhafte vergrößerte Personen verstehen, ähnlich wie man ein Bienenvolk mit Tausenden von Bienen als ein großes Tier versteht. Über die mehr oder weniger ausgeprägte persönliche Identifikation mit der Gruppe können nun nicht nur die Erfolge, sondern auch die Mißerfolge und das Unrecht der Gruppe allen einzelnen Mitgliedern zugerechnet werden. Wie das genau funktioniert, weiß ich auch nicht. Mir scheint, die Gruppenzugehörigkeiten werden immer wieder vorgeholt und dabei zugespitzt. Man erinnere sich daran, wie palästinensische Jugendliche die Zerstörung des World Trade Center am 11. September 2001 als großen Sieg gefeiert haben. Das Fernsehen zeigte sie tanzend. Ich vermute, das war nicht einzigartig.

Wenn die Menschen ihre Person in ihre Nation verlegen, was bedeutet es dann für sie, wenn sich die Nation beschmutzt und der Verachtung der Weltöffentlichkeit aussetzt? Erniedrigung natürlich, und zwar eine unausweichliche, vor der man nicht in andere Länder fliehen kann. Auch dort ist man Deutscher. Das muß ein Lehrer oder Sozialarbeiter seinen Jugendlichen erklären. Sonst reagieren sie trotzig und sagen: jetzt erst recht rechtsradikal oder antisemitisch.

Die Annahme, Jugendliche reagierten trotzig, ist übrigens keine unausgegorene Elternpsychologie, sondern offizieller Standpunkt von Recht und Politik in der Bundesrepublik. Im Januar 1969 töteten junge Männer vier schlafende Wachsoldaten eines Munitionsdepots der Bundeswehr in Lebach/Pfalz und entwendeten Waffen und Munition. Die Tat erregte außerordentliches Aufsehen. Einer der Täter wurde wegen Beihilfe zum Mord verurteilt. Nach Abschluß des Strafverfahrens wollte das ZDF ein Dokumentar-Fernsehspiel »Der Soldatenmord von Lebach« senden, in dem auch Bilder des Tatgehilfen gezeigt werden sollten. Das Bundesverfassungsgericht hat die Ausstrahlung untersagt, weil sie den Tatgehilfen an den Pranger stelle und dadurch seine Wiedereingliederung in die Gesellschaft erschwere. Das nationale deutsche Recht verlangt also, irgendwann einen Schlußstrich unter eine schwere Straftat zu ziehen. Insofern ist es verständlich, wenn Jugendliche fragen, wie lange sie noch für die Untaten ihrer Väter und Großväter haften sollen.

In der nationalen und internationalen Politik ist ein Schlußstrich freilich schon als Frage verpönt, wie man weiß. Die Frage gilt als Ausdruck von Geschichtsvergessenheit. Über die Wiederholungsgefahr bei politischen Großverbrechen ist viel Bedenkenswertes gesagt worden, auch wenn die Geschichte selbst ihre eigene Wiederholung ausschließt. Sonst gäbe es keine Evolution. Aber Politik ist eben keine Geschichtsphilosophie. Nur klingt das meiste, das gesagt wird, so, als stamme es vom ZDF. Vielleicht hätte mein Freund seinen Jugendlichen einfach bedeuten sollen, sie sollten weniger fernsehen.

13. November 2003

Reputation schafft Elite

Die Bundesregierung verkennt die Lage

Vorbehalte gegen Eliten sind nicht sozialdemokratisch, sondern entsprechen der Orientierung der modernen Gesellschaft an Problemlösungsvergleichen, grob gesprochen an Leistungen. Wer es am besten kann, soll es tun. Eine Auslese nach individueller Leistung ist aber nicht möglich, wenn nicht zunächst alle Menschen als gleich gelten. Diese Überzeugung hat sich so tief in das gesellschaftliche Bewußtsein eingegraben, daß das Nachdenken über die Bedingungen optimaler Leistungsentfaltung eingetrocknet zu sein scheint, auch bei den Soziologen. Sonst hätte die SPD-Spitze die Einrichtung von Eliteuniversitäten nicht in der gleichen Weise ankündigen können wie die Automobilindustrie die Entwicklung eines Modells der Oberklasse, was freilich auch nicht ohne Risiko ist.

Das Problem der Elite besteht darin, daß sie die Zurechnung von Leistungen der Individuen unklar macht. Niemand hat etwas gegen Leistungen, auch nicht gegen ihre individuelle Belohnung. Aber die Leistung des Angehörigen einer Elite weckt eben Zweifel, ob sie dem Angehörigen oder der Elite zuzuordnen ist. Ist sie der Elite zuzuordnen, ist die individuelle Belohnung nicht nur ungerecht, sondern auch dysfunktional, leistungsfeindlich sozusagen.

Die deutsche Universitätstradition hat die Elitefrage klugerweise offengehalten. In Deutschland gab es nie Eliteuniversitäten wie in England oder in den Vereinigten Staaten, allenfalls Universitäten mit gutem Ruf in einzelnen Fächern. Dank der Politik des Leiters der Hochschulabteilung im preußischen Kultusministerium Friedrich Althoff galt Göttingen vor dem Ersten Weltkrieg als besonders gut in den Naturwissenschaften und Berlin als hervorragend in den »Politischen Wissenschaften«. In Deutschland gab es kein Ranking, keine Evaluation, keine Preise für Universitäten, nur Ehrungen für Einzelpersonen: Alle Universitäten galten als gleichberechtigt, und sie genossen weltweit so hohes Ansehen, daß man in den Vereinigten Staaten unter Hochschulreform zeitweise die Übernahme des deutschen Modells verstand.

Heute hecheln deutsche Hochschulpolitiker – nicht deutsche Universitäten – hinter einigen großen amerikanischen Universitäten her und versuchen zu erreichen, daß amerikanische Wissenschaftler deutsche Universitäten als exzellent anerkennen. Die Arbeitslosigkeit zu senken ist leichter. Deshalb sollte sich der Bundeskanzler vielleicht darauf konzentrieren.

Natürlich haben sich die alten deutschen Universitäten alle als Eliteuniversitäten gefühlt. Das konnten sie, weil im Alten Reich bis 1806 Universitäten und Akademiker wie Kirchen und Kleriker adelsgleichen Rang hatten, weil ihnen Wilhelm von Humboldt eine hochelitäre Bildungsideologie lieferte, die allgemein anerkannt wurde – und weil sie wissenschaftlich und erzieherisch tatsächlich einiges zu bieten hatten. Bei allen Vorbehalten gegen Humboldts Bildungskonzept: Zwar haben Erziehung und Wissenschaft objektiv kaum etwas miteinander zu tun, aber Wissenschaft setzt so hohe ethnische, kognitive und soziale Standards, daß man sich kaum ein besseres Erziehungsprinzip denken kann. Man vergegenwärtige sich allein den Bedeutungshorizont eines wissenschaftlichen Grundbegriffes wie »Objektivität«.

Aber das sind vergangene Zeiten. Die Pädagogisierung in den siebziger, die Bürokratisierung in den achtziger und die Utilitarisierung in den neunziger Jahren haben das wissenschaftliche Selbstbewußtsein der Universitäten in Praxisrelevanz ersäuft. Heute merkt sogar der Bundeskanzler, daß deutsche Universitätswissenschaftler nicht mehr richtig mit Amerikanern reden können. Aber er kennt keine Mittel, das zu ändern, nur das Geld, das er nicht einmal hat, auf das es aber auch nicht ankommt. Selbst wenn der Bund fünfhundert Millionen Euro in Eliteuniversitäten stecken könnte, er könnte keine einzige gründen. Die Amerikaner würden nur lachen und sagen: Hübsch, dieser Institutspalast, aber wo sind die Ergebnisse? Auf diese Frage muß die Politik passen.

Das liegt an der Struktur der Wissenschaft. Wissenschaft soll Wahrheiten im Sinne übertragbarer Ergebnisse produzieren. Die Übertragbarkeit hängt aber von so vielen weiteren, auch nichtwissenschaftlichen Bedingungen ab; das NS-Unrecht zum Beispiel hat die Übertragbarkeit deutscher Ergebnisse offensichtlich erschwert, daß die Wahrheit der Krücken bedarf, um sich durchzusetzen. Die Gesellschaft hat deshalb einen weicheren Ersatz für Wahrheit entwickelt, der Widersprüche leichter verarbeiten kann: das wissenschaftliche Ansehen, die Reputation. Reputation erhält ein Wissenschaftler, wenn er mit einigen »wahren« Ergebnissen Aufmerksamkeit erzielt. Dann bürgt die Reputation gleichsam für die Richtigkeit der weiteren Ergebnisse. Da wissenschaftliches Ansehen Wahrheit ersetzen soll, können nur Wissenschaftler darüber verfügen. Eine deutsche Eliteuniversität wäre also nur eine, wenn sie bei Wissenschaftlern, auch bei amerikanischen, besonderes Ansehen genösse. Dem Vorstandsvorsitzenden einer Eliteuniversität das Bundeskanzleramt als Amtssitz zuzuweisen würde nicht genügen.

Und wie kommt ein Wissenschaftler auf etwas Neues? Jedenfalls nicht durch Wettbewerb. Ein Forscher, meinte der bedeutende Physiker Heinz Maier-Leibnitz, der bei seiner Arbeit fragt, wie er den Kollegen übertreffen könne, hat schon verloren. Auch an seine öffentlichen Auftritte sollte er nicht denken müssen. Vielmehr muß ein Forscher viel von der Sache verstehen, erfolgreich sein wollen, Unbestimmtheiten und Unsicherheiten tolerieren, Risiken eingehen, Mißerfolge sich selbst zurechnen und im Verzicht sein Selbstbewußtsein finden, kurz, er muß sich verhalten wie der Angehörige einer Elite.

13. Januar 2004

Vorbild Caroline?

Straßburg sei Dank: Politik und Unterhaltung gehören getrennt

Prinzessin Caroline von Monaco, verehelichte von Hannover, hat sich seit 1993 tapfer durch die Instanzen des deutschen Gerichtswesens geschlagen und am 4. Juni 2004 erreicht, daß der Europäische Gerichtshof für Menschenrechte gegen die Ansicht der deutschen Gerichte die ungenehmigte Veröffentlichung von Fotos, die die Prinzessin beim Radfahren, Reiten, Einkaufen, Paddeln, Schwimmen und Essen zeigten, zu einer Verletzung ihres Rechtes auf Achtung ihres Privatlebens erklärt hat. Die wichtigste Folge: Die Prinzessin braucht sich grundsätzlich nicht mehr kostenlos ablichten zu lassen, sofern sie nicht als »public figure« im Dienst ist. Außerhalb ihrer Repräsentationsaufgaben kann sie wie jeder normale Sterbliche für das Fotografieren Honorare verlangen. Tatsächlich ist auch nicht einzusehen, warum die Regenbogenpresse mit der Schönheit und der Herkunft der Prinzessin saftige Gewinne einstreichen können soll, während die Prinzessin leer ausgeht.

An dieser Stelle rufen Verleger, Zeitungsmacher und Schriftsteller: Pressefreiheit! Pressefreiheit! Das Privatleben der Prinzessin zu achten, wie die Europäische Menschenrechtskonvention gebietet, bedeute, Veröffentlichungen über sie einzuschränken. Das ist logisch richtig. Die Pressefreiheit ist indessen nur in den Schranken der allgemeinen Gesetze garantiert, und zu den allgemeinen Gesetzen gehören nun einmal die Rechte am eigenen Bild und auf eine ungestörte Privatsphäre. Will man diese Schranken durchbrechen oder niedriger hängen, muß man neue, zusätzliche Gründe angeben. Hier setzen die Meinungsverschiedenheiten ein.

Der Europäische Gerichtshof meint kühl, solche Gründe seien im Fall der Prinzessin nicht ersichtlich. Darüber empören sich Verleger, Zeitungsmacher und Schriftsteller: Wenn das Privatleben unantastbar sei, dann könnten sie nicht mehr über das Privatleben von Politikern berichten. Das ist einmal logisch richtig. Politiker sind ein anderer Fall. Politiker benötigen persönliches Vertrauen, weil sie vielfach unter unvorhersehbaren Umständen entscheiden müssen. Deshalb sind sie immer im Dienst und dürfen sich auch im Privatleben grundsätzlich keine Entgleisungen leisten. Bei ihnen ist daher im wesentlichen nur der Intimbereich geschützt. Prinzessin Caroline ist adelig und mit einem deutschen Adeligen verheiratet, Politiker ist sie aber nicht. Sie bemüht sich nicht darum, gewählt zu werden, und einen regierenden Adel gibt es in Deutschland seit 1918 nicht mehr. Durch die damalige Revolution ist der Adel zu einer Art Kulturgut geworden. Er hat nur noch die Aufgabe, Klatsch zu generieren. Allerdings muß er leben und deshalb mit Klatsch Geld verdienen können.

Im Caroline-Urteil des Bundesverfassungsgerichtes von 1999 kommen die Objekte der Klatschspalten zugleich besser und schlechter weg als beim Europäischen Gerichtshof, besser, insofern ihnen das Gericht Leitbildfunktion und Einfluß zuschreibt und daraus folgert: Die Öffentlichkeit »hat ein berechtigtes Interesse daran, zu erfahren, ob solche Personen (der Zeitgeschichte), die oft als Idol oder Vorbild gelten, funktionales und persönliches Verhalten überzeugend in Übereinstimmung bringen«. Sie kommen schlechter weg, insofern sie die Publikation ihrer Fotos schlicht dulden müssen.

Selbstverständlich erklärt das Bundesverfassungsgericht nicht, inwiefern Prinzessin Caroline Vorbild für Lieschen Müller ist oder sein könnte. Es gibt auch keine anderen Beispiele. Empirie wäre taktlos. Vermutlich gilt bereits dieser Hinweis als taktlos. Das ändert nichts daran, daß das Gericht der Presse mit reichlich großväterlichen Vermutungen und einer selbstgestrickten Massenpsychologie über die Hürde der Privatsphäre verholfen hat. Der Europäische Gerichtshof hat auf derlei Konstruktionen verzichtet.

Der Grund, der das Bundesverfassungsgericht zu argumentativen Verrenkungen gezwungen hat, ist seine eigene Leitentscheidung zur Meinungsfreiheit, das Lüth-Urteil von 1958. Der damalige hamburgische Senatsdirektor und Pressesprecher Erich Lüth hatte zum Boykott des Films »Unsterbliche Geliebte« aufgerufen, bei dem Veit Harlan Regie geführt hatte. Harlan sei »für einen großen Zeitabschnitt des Hitler-Reiches der ›Nazifilm-Regisseur Nr. 1‹« gewesen. Boykottaufrufe sind prinzipiell sittenwidrig, weil sie die Reinheit des Vergleichs der wirtschaftlichen Leistungen trüben. Trotzdem gab das Bundesverfassungsgericht Lüth recht. Eine uneigennützige Meinungsäußerung in einer wichtigen öffentlichen Angelegenheit habe den Vorrang vor privaten, besonders vor wirtschaftlichen Interessen. Maßstab für die Grenzen der Meinungsfreiheit ist also die Bedeutung der Sache für das Gemeinwohl, das natürlich das private Recht des Kontrahenten verdrängt. Seitdem hängen die Grenzen der Meinungsfreiheit in Deutschland auch vom Inhalt der Meinungen ab, die geäußert werden.

Verglichen mit der Bewältigung der NS-Vergangenheit haben die Klatschspalten der Regenbogenpresse keine politische Bedeutung. Information, Aufklärung oder gar Wahrheit spielen keine Rolle, nur Unterhaltung. Allerdings hat schon Joseph Goebbels erkannt, daß man mit Unterhaltung Politik machen kann, aber nur so ähnlich wie mit Religion. Karl Marx' berühmtes Diktum »Religion ist das Opium des Volkes«, bedeutet, Religion täuscht über das Elend der

Welt hinweg und macht es den Politikern leichter. Das gleiche kann man von Unterhaltung sagen, freilich ebenso von Kunst und Philosophie. Politomanen wie Marx und Goebbels ist das alles Opium des Volkes.

In einer rechtsstaatlichen Demokratie ist die politische Instrumentalisierung von Unterhaltung deutlich schwieriger als in einer Diktatur. Ein Parteivorsitzender bei »Big Brother« oder der Bundeskanzler bei »Wetten, daß ... ?« (oder etwas Ähnliches) waren politische Fehlschläge. Selbst das große Unterhaltungsblatt »Bild« kann politische Entscheidungen nur ausnahmsweise beeinflussen. Daß Unterhaltung unpolitisch ist, paßt aber nicht in das Schema des Lüth-Urteils. Also hat das Bundesverfassungsgericht den Großen und Schönen der Klatschblätter eine politisch relevante Vorbildfunktion zugeschrieben. Wenn man die Figuren sieht, die die Regenbogenpresse ausstellt, muß man allerdings sagen: Wie gut, daß das nicht stimmt.

All das bedenkend, sind wir dem Europäischen Gerichtshof für Menschenrechte zu Dank verpflichtet. Er hat uns aus dem zähen Mischmasch von Politik und Unterhaltung herausgezogen und uns auf die trockene Unterscheidung verwiesen: Dienst ist Dienst, und Schnaps ist Schnaps.

23. September 2004

Dem Ganzen geopfert

Der Fall Schleyer und das Luftsicherheitsgesetz

Das neue Luftsicherheitsgesetz regelt einen dramatischen Fall. In letzter Konsequenz erlaubt es der Bundeswehr, ein Passagierflugzeug abzuschießen, um größere Schäden abzuwenden, als mit einem Abschuß verbunden wären. Der Bundespräsident hat das Gesetz zwar unterzeichnet, aber verfassungsrechtliche Vorbehalte angemeldet, die Klaus Lüderssen an dieser Stelle (F.A.Z. vom 18. Januar 2005) näher entfaltet hat. Die Opposition erwägt, das Gesetz vor dem Bundesverfassungsgericht anzufechten. Bundesinnenminister Schily möchte einen Rechtsstreit vermeiden und hat Verhandlungen angeboten. Und die Opposition sollte die Entscheidung für den Gang nach Karlsruhe in der Tat noch einmal überdenken.

Das Gesetz gestattet es, menschliches Leben zugunsten anderen menschlichen Lebens zu opfern. Das wirkt anstößig. Es war aber bereits bei den antiken Griechen ein Problem (siehe F.A.Z. vom 14. Februar 2005). Darf ein Schiffbrüchiger, der sich mit einem Schicksalsgenossen an ein Brett klammert, das nur einen trägt, den anderen ins Meer stoßen? So fragte der Philosoph Karneades. Vor dem Ersten Weltkrieg hat das Reichsgericht für den Fall einer gefährlichen Geburt, bei der entweder das Kind oder die Mutter sterben muß, die klassische, heute noch geltende Antwort gegeben: Die Tötung des Kindes ist rechtswidrig, aber der Täter gilt als entschuldigt. Das heißt, das Recht nimmt den Fall nicht zur Entscheidung an, weil es niemandem verübeln kann, um seine bloße Existenz zu kämpfen. Not kennt kein Gebot. Mit Menschenwürde und Recht auf Leben hat das allerdings nichts zu tun.

Wer meint, Terror aus der Luft solle besser nicht geregelt werden, kann sich also auf eine alte, starke Tradition, wenn nicht sogar auf einen anthropologischen Grundsachverhalt stützen. Er muß sich freilich entgegenhalten lassen, daß die Tradition konkrete Entscheidungen über das nackte Leben vor Augen hatte und deshalb in einem durch Technik vermittelten Miteinander nicht einfach fortgesetzt werden kann. Andererseits zielt der Terror aus der Luft nach allem, was wir bisher beobachten konnten, auf etwas ganz Archaisches, auf die Vernichtung bloßer Existenzen. Der Unterschied zum Fall des Karneades liegt in der Quantität. Die Gesellschaft kann nun nicht so tun, als ginge sie das massenhafte Töten nichts an. Rechtlich und um ihrer eigenen Glaubwürdigkeit willen muß sie sich dagegen wehren, auch wenn es riskant ist und eigene Opfer kostet.

Daß die Opfer unschuldig sind, ist unerheblich. Das klingt zynisch, ist aber ernst gemeint. Beim Kampf um die nackte Existenz kann die Schuldfrage gar nicht gestellt werden. Der zweite Schiffbrüchige vom Brett des Karneades war unschuldig, und selbst wenn er ein Verbrecher gewesen wäre, durfte ihn der erste nicht töten. Das neugeborene Kind, das zugunsten der Mutter geopfert wird, ist natürlich unschuldig. Insofern spielt es keine Rolle, daß die Passagiere des gefährlichen Flugzeugs alle unschuldig sind.

Es gibt auch einen modernen Fall, in dem ein Unschuldiger zugunsten »der Gesamtheit aller Bürger« geopfert wurde. Am 5. September 1977 entführten Terroristen den Arbeitgeberpräsidenten Hanns-Martin Schleyer. Sie drohten die »Hinrichtung« Schleyers an, wenn die Bundesrepublik nicht elf namentlich benannte Terroristen freilasse. Als die Bundesregierung die Drohung ignorierte, beantragte der Sohn Schleyers im Namen seines Vaters beim Bundesverfassungsgericht eine einstweilige Anordnung dahingehend, daß die Bundesregierung verpflichtet werde, die elf Terroristen freizulassen. Das Gericht hat den Antrag am 16. Oktober 1977 mit der – naturgemäß sehr abstrakten – Begründung abgelehnt: »Das Grundgesetz begründet eine Schutzpflicht nicht nur gegenüber dem Einzelnen, sondern auch gegenüber der Gesamtheit aller Bürger. Eine wirksame Wahrnehmung dieser Pflicht setzt voraus, daß die zuständigen staatlichen Organe in der Lage sind, auf die jeweiligen Umstände des Einzelfalles angemessen zu reagieren.« Der Staat durfte also den unschuldigen Schleyer, der sich offenkundig in existentieller Not befand, opfern, um die Menschen zu retten, die die freigelassenen Terroristen möglicherweise getötet oder verletzt hätten.

Daß der Staat im Schleyer-Fall nichts getan hat, im Falle eines Angriffs aus der Luft aber handeln müßte, bedeutet für die Rechtfertigungsfrage keinen Unterschied. Wer zum Handeln verpflichtet ist, ist für die Folgen einer Unterlassung verantwortlich. Zur angemessenen Reaktion kann selbstverständlich auch gehören, daß der Staat »Härte zeigen«, also auf dem Buchstaben des Gesetzes bestehen kann. Weitere Einzelheiten gehören ins Polizeirecht. Jedenfalls hat das Gericht den Satz, Leben dürfe nicht zugunsten eines anderen Lebens geopfert werden, aufgegeben und die Möglichkeit anerkannt, Leben zu verrechnen, nicht nur im Krieg, auch bei der Abwehr polizeilicher Gefahren. Viele Leben sind mehr wert als ein oder zwei Leben.

Damit ist nicht abschließend geklärt, ob die Regeln des Karneades-Falls auch auf Luftterrorismus und auf die Entscheidungen von Leuten, die nicht existentiell betroffen sind, angewandt werden können. Wenn man nach Alternativen sucht, kann man sich freilich kaum etwas anderes vorstellen. Im Hinblick auf den Angriff auf das World Trade Center wird das Bundesverfassungsgericht jedenfalls nicht erklären, in einem ähnlichen Fall in Deutschland hätten die Flugzeuge nicht abgeschossen werden dürfen.

16. Februar 2005

Wer die Zahl hat

Karlsruhe verkennt: Die Machtfrage ist kein Rechtsproblem

Daß wir am 18. September wählen dürfen, hat das Bundesverfassungsgericht mit seinem Urteil zur »unechten Vertrauensfrage« am 25. August 2005 geklärt. Mehr nicht. Das politisch-moralische Problem hat das Gericht sogar zu vernebeln versucht, indem es die »unechte« jetzt eine »auflösungsgerichtete Vertrauensfrage« nennt und zu einem ordentlichen politischen Instrument befördert.

Das Sondervotum der Richterin Lübbe-Wolff stellt immerhin die Verantwortung für das irritierende Theater fest, das die Regierungsparteien am 1. Juli 2005 aufgeführt haben, als sie dem Bundeskanzler vertrauten, indem sie ihm ihr Vertrauen entzogen. Die Verantwortung liegt beim Bundesverfassungsgericht. Es hätte 1983 nicht das »ungeschriebene Tatbestandsmerkmal« entdecken dürfen, nach dem der Bundeskanzler die Vertrauensfrage nur stellen darf, wenn er »der stetigen parlamentarischen Unterstützung durch die Mehrheit des Bundestages nicht sicher sein kann«. Dieses Merkmal ergibt sich weder aus der Entstehungsgeschichte, wie besonders das damalige Sondervotum des Richters Rinck wider Willen zeigt, noch aus der Systematik der Vorschriften über die Regierungsbildung. Die Systematik belegt nur, daß der Grundgesetzgeber die Auflösung des Bundestages im Vergleich zur Weimarer Verfassung erschweren, aber nicht, daß er sie von einem materiellen Kriterium abhängig machen wollte. Das wäre auch »undemokratisch« gewesen, wie Frau Lübbe-Wolff überzeugend darlegt.

Demokratie ist möglich und notwendig, weil es seit der Aufklärung grundsätzlich niemanden mehr gibt, der in politischen Fragen von sich aus über andere entscheiden könnte oder dürfte. Deshalb kann man nicht mehr wägen, man muß Stimmen zählen. Das Zählen ist aber nicht nur ein Behelf, ein Ersatz für Wahrheit und Gerechtigkeit, die als solche nicht mehr verfügbar sind, das Zählen birgt auch unabsehbare Vorteile für die Gesellschaft. Es erlaubt, praktisch alle politischen Fragen zu entscheiden, auch die, die noch niemand kennt, und fast beliebig viele Menschen an den Entscheidungen zu beteiligen. Mit Abstimmungen kann man die Welt verändern.

Aber nur, wenn man auf materielle Vorgaben verzichtet und das bloße numerische Ergebnis anerkennt. An diesem Erfordernis scheitern viele Demokratien in nichtwestlichen Staaten. Dort werden Wahlergebnisse schon vor ihrer offiziellen Bekanntgabe angefochten oder diskreditiert. Sich bloßen Zahlen zu beugen ist in der Tat eine unwahrscheinliche gesellschaftliche Errungenschaft. Es bedeutet, wenn eine Verfassung eine Maßnahme vom Ergebnis einer Abstimmung abhängig macht, darf man die Abstimmung nicht dadurch entwerten, daß man die Maßnahme an inhaltlichen Kriterien prüft. Insbesondere darf man nicht fragen, ob die Abstimmenden die Maßnahme wirklich gewollt haben. Der Rückgriff auf den wirklichen Willen der Beteiligten oder auf die Stabilität der Verhältnisse zersetzt jedes Verfahren.

Unter diesen Umständen ist freilich zu erläutern, was ein Antrag des Bundeskanzlers, ihm das Vertrauen auszusprechen, politisch bedeutet. Die Vertrauensfrage gibt dem Bundeskanzler die Möglichkeit, seine Bundestagsmehrheit zu einem Bekenntnis zu zwingen und dadurch ihr Bröckeln und Auseinanderfallen zu verhindern oder zu verzögern. In diesem Sinne haben Bundeskanzler Schmidt im Februar 1982 und Bundeskanzler Schröder im November 2001 die Vertrauensfrage eingesetzt. In beiden Fällen haben viele

Abgeordnete der Regierungskoalition öffentlich erklärt, sie fühlten sich unter Druck gesetzt. Druck auf die Abgeordneten der eigenen Koalition auszuüben ist in der Tat der Sinn der Vertrauensfrage. Die Abgeordneten können die Vertrauensfrage schlecht verneinen. Sie wissen, die Wähler mögen Gezänk in Parteien nicht. Später müssen sie sich an ihrer Vertrauensbekundung messen lassen, wenn sie nicht in den Ruch unzuverlässiger Umfaller kommen wollen. Insofern stabilisiert der Zwang, sich öffentlich als identische Person darzustellen, die Regierung und überhaupt das parlamentarische System. Abweichler ereilt ihr übliches Schicksal. Sozialer Druck kann allerdings nur entstehen, wenn die Stimmen der Abgeordneten lediglich gezählt und nicht nach ihrer Vernunft bewertet werden. Inhaltliche Opposition soll gerade mundtot gemacht werden. Loyalität verträgt grundsätzlich keine Überprüfung ihrer Gründe.

Diese Struktur gilt auch für den Fall, der in der Geschichte der Bundesrepublik jetzt zum dritten Mal vorgekommen ist, daß der Bundeskanzler zwar die Vertrauensfrage stellt, aber mit dem Willen, daß sie verneint wird, damit es zu Neuwahlen kommt. Diese unechte – oder jetzt auflösungsgerichtete – Vertrauensfrage zwingt die Abgeordneten zu widersprüchlichem Verhalten. Einerseits müssen sie der Öffentlichkeit Illoyalität vorspielen, andererseits dem Kanzler für jedermann sichtbar Loyalität signalisieren. Eine unechte Vertrauensfrage, die gelingt, drückt eine größere Loyalität aus als eine echte Vertrauensfrage. Ihre höheren Ansprüche erhöhen freilich auch das politische Risiko. Ein Bundeskanzler kann sie deshalb nicht beliebig stellen, sondern nur, wenn er sich der Zustimmung der Regierungsfraktionen sicher sein kann, also vor allem, wenn die Regierungsparteien die nächste reguläre Wahl mit hoher Wahrscheinlichkeit verlieren würden.

So gesehen, respektiert und nutzt die unechte Vertrauensfrage nur das Verfahrensrecht und ist daher verfassungsgemäß. Das meint jetzt auch das Bundesverfassungsgericht. Trotzdem hält es daran fest, daß die Vertrauensfrage politische Instabilität voraussetze. Das zwingt aber zu der Frage, wer eigentlich über die Möglichkeit zu entscheiden hat, daß der Bundeskanzler seine Politik fortsetzen kann. Die Fortsetzung der Regierungspolitik ist keine Rechts-, sondern eine pure Machtfrage. Deshalb entscheidet zuerst der Bundeskanzler selbst. Dann entscheiden die Abgeordneten. Schließlich entscheidet vielleicht der Bundespräsident. Das Bundesverfassungsgericht aber kann nie über die Chancen einer Regierungspolitik befinden, denn es weiß von Amts wegen nur, was Recht, nicht, was Macht ist.

Die Unterscheidung zwischen Macht und Recht ist ein Aspekt der Gewaltenteilung und seit dem Beginn des neunzehnten Jahrhunderts gesicherte Verfassungsnorm. Recht ist, was alle erwarten, Macht, was alle erhoffen und fürchten. Deshalb muß beides verschieden institutionalisiert und die Macht rechtlich begrenzt werden. Das geschieht durch Verfahren und Organisation, nicht durch inhaltliche Normen oder Vorgaben. Daran hat sich auch der Grundgesetzgeber im Falle der Bundestagsauflösung gehalten. Er wollte wahrscheinlich die Praxis der Parlamentsauflösungen in der Weimarer Zeit für die Zukunft ausschließen. Aber das hat er dadurch zu erreichen versucht, daß er Parlamentsauflösungen von einem Zusammenwirken von Bundeskanzler, Bundespräsident und Bundestag in einem genau geregelten Verfahren abhängig machte. Politische Instabilität als weiteres inhaltliches Kriterium verlangte, daß ein Gericht über Politik entscheidet, und das verstieße gegen das Prinzip der Gewaltenteilung.

27. August 2005

Sicher, sicher

Es bleibt alles ganz sozial: Rente und Gerechtigkeit

Wie üblich feiert die Regierung die Vertagung eines selbstgemachten Problems als Erfolg. Dieses Mal klingt das Eigenlob allerdings leiser, als fürchteten die Politiker, Zeithistoriker aufzuwecken, die daran erinnern, wie alles gekommen ist. Die Rede ist von der Rentensicherung. »Keine Kürzungen bis 2009«, eine unsoziale Gerechtigkeit oder eine soziale Ungerechtigkeit, jedenfalls ein Anlaß, sich zu empören.

Natürlich wird das entsprechende Gesetz »Rentensicherungsgesetz« heißen, obwohl es nichts Geringeres als den berühmten »Generationenvertrag« bricht, auf dem das gegenwärtige Rentensystem beruht. »Generationenvertrag« bedeutet nach dem Rentenversicherungsgesetz von 1957: Die Renten werden aus Lohnabzügen der heute aktiv arbeitenden Generation bezahlt und mit einer Rentenformel so an das allgemeine Lohnniveau gekoppelt, daß sie wie Lohnersatz wirken. Die Renten steigen also mit dem allgemeinen Lohnniveau. Das wurde als solidarisch und sozial gerecht gepriesen. Daß das allgemeine Lohnniveau sinken könnte, davon sprach man damals nicht, wohl aber davon, daß die Rentenreform 1957 Adenauer die absolute Mehrheit der Wählerstimmen beschert haben könnte.

Ursprünglich orientierte sich das Lohnniveau an den Bruttoarbeitsentgelten, also am Einkommen ohne den Abzug von Steuern und ähnlichen Abgaben. Da aber nach der Gerechtigkeit des Steuersystems bei steigenden Einkommen die Abgaben in der Regel überproportional steigen, führte die Orientierung am Bruttolohn dazu, daß die Renten erheblich stärker stiegen als die Nettolöhne der Arbeitnehmer. Die Politik korrigierte den offenkundigen Systemfehler erst 1989 und ging zur nettolohnbezogenen Rentenanpassung über.

Jetzt ist der vorher undenkbare Fall eingetreten. Das Nettolohnniveau sinkt. Logischerweise müßten auch die Renten sinken. Aber im März sind wichtige Wahlen, und die Zahl der Rentner unter den Wahlberechtigten ist seit Adenauers Zeiten erheblich gewachsen. Also pfeift der Arbeitsminister auf den »Generationenvertrag« und beruft sich auf das geringe Einkommen der Rentner. Renten und Lohnniveau werden einfach entkoppelt. Deshalb bleiben die Renten oben, und nur die Löhne sinken. Welch eine soziale Gerechtigkeit! Die, die arbeiten, sollen den wirtschaftlichen Abschwung tragen, die Rentner dürfen nichts davon merken. Das ist nicht nur ungerecht, es ist entmutigend, nämlich schäbig. Hoffentlich merkt sich die »heute aktive Generation«, wie die »heute aktive Politik« mit ihr umspringt.

11. Februar 2006

Zu alt für die Verwaltung

Nicht für Exzellenz: Eine Antwort auf Jürgen Trabant

»Zu alt für Exzellenz« (Jürgen Trabant, F.A.Z. vom 2. August 2006) ist natürlich niemand. Jeder kann lebenslang so viel leisten, wie er will. Es kommt auf den Maßstab für Exzellenz an. Versteht man unter Exzellenz die Finanzierung von Forschungsvorhaben durch eine Forschungsförderungsorganisation, kann man dafür zu alt sein. Bei der Förderung gibt es Altersgrenzen, und die Altersgrenzen haben gerade den Sinn, die Frage nach der Leistungsfähigkeit der Antragsteller auszublenden und den Jahrgang entscheiden zu lassen, der in der Tat kein wissenschaftliches Argument ist, aber ein zweckmäßiges.

Alter führt zum Tode. Soviel wir wissen, ist das Schlimme am Tod das Sterben. Ein Leben voller Hoffnungen, Ängste und Möglichkeiten endet. Die Möglichkeiten verringern sich schon weit im Vorfeld des Todes. Das schmerzt. Man fühlt sich fit, hat etwas geleistet, und jetzt verringert sich die Zahl der Glückwünsche zum runden Geburtstag deutlich. Das wird als Kränkung empfunden, obwohl es nur daran liegt, daß die Altersgenossen auch keine Sekretärin mehr haben. Bis nach dem Zweiten Weltkrieg wurde diese Schwierigkeit durch eine relativ niedrige Lebenserwartung verringert. Die meisten Menschen starben in den Sielen. Dann stieg die allgemeine Lebenserwartung erheblich an. Folglich wurden die Schwierigkeiten des Älterwerdens zum Massenproblem, für das man keine politische Lösung weiß, weil die Sozialgesetzgebung den Beginn des Alters seit langem auf fünfundsechzig Jahre festgeschrieben hat. In dieser Situation wird die Entdeckung von Trivialitäten wie der, daß die Menschen mit höherer

Lebenserwartung auch länger leistungsfähig bleiben, zu einem wichtigen Forschungsergebnis.

Deutsche Professoren gelten traditionsgemäß als unsterblich. Manche wurden es auch. Seit dem Allgemeinen Landrecht für die Preußischen Staaten von 1794 genossen sie die Rechte der königlichen Beamten. Sie blieben im Dienst, solange sie nicht selbst um die Entbindung von ihren Dienstpflichten baten. Das fiel vielen schwer, auch den größten Geistern. Kant hat nie darum gebeten. Wer sich ein realistisches Bild von den Abgangsproblemen machen will, studiere Kants langen Abschied von der Universität. Erst von 1920 an wurden die Professoren mit achtundsechzig Jahren zwangsweise entpflichtet (emeritiert). Sie blieben Angehörige ihrer Universität mit dem Recht, aber ohne die Pflicht, zu unterrichten und zu forschen. Dieser paradiesische Zustand erlaubte den Professoren zwar, weiter am Wissenschaftsgeschehen teilzunehmen, beschwor aber Konflikte mit dem Nachfolger herauf. Auch dafür bietet Kants Abschied Anschauungsmaterial.

Heute munkelt man von Fällen, in denen Emeriti ihre Dienstzimmer mit ihren Fäusten verteidigt haben. Daß manche Emeriti ihre Zimmerschlüssel einfach nicht herausrücken und dann die Schlösser ausgetauscht werden, kann man in vielen Universitätsverwaltungen hören. Häufig mußten die Nachfolger zurückstecken. Hinter dem Emeritus stand oft eine Hausmacht, manchmal auch eine gewaltige Reputation. Immerhin besaßen die deutschen Universitäten in jener Zeit Weltgeltung. Seit 1976 werden Professoren wie alle anderen Beamten pensioniert. Das schafft übersichtliches Gelände und den Nachfolgern wichtige Vorteile. Wie es freilich heute um die Weltgeltung der deutschen Universität bestellt ist, kann man an dem drängenden Bemühen der Politik erkennen, der deutschen Universität Weltgeltung zu verschaffen. Vielleicht fördert ein leichtes Chaos die Universitäten so wie eine leichte Inflation die Wirtschaft.

Eine Formalisierung des Ausscheidens aus dem Dienst der Universität ist wahrscheinlich nicht billiger als die frühere offene Regelung. Zwar vermindert die Pensionierung die Alterskosten für Professoren und verhindert zermürbende Streitigkeiten darüber, ob jemand noch hinreichend leistungsfähig ist. Für die Universitätsverwaltungen ist das eine wesentliche Arbeitserleichterung. Aber der Ausschluß des Streites schließt auch eine Prüfung der Sachfrage aus, ob jemand noch leistungsfähig ist. Da Lehre und Forschung tatsächlich jung erhalten, ist es wahrscheinlich, daß mit fünfundsechzig Jahren viele Wissenschaftler in den Ruhestand verabschiedet werden, die in ihren Fächern noch Gutes leisten könnten. Deren Kenntnisse und Erfahrungen gehören eben zu den Kosten der Formalisierung.

Angesichts der Unsicherheit über die Vorteile der Pensionierung kann man fragen, warum das Hochschulrahmengesetz von 1976 sie überhaupt für die Professoren übernommen hat. Konsultiert man die einschlägigen Kommentare, so erhält man die bürokratischste aller Antworten: Man wollte eine einheitliche Personalstruktur schaffen. Einheitlichkeit, Gleichbehandlung hat dazu geführt, daß der Professor, der vielleicht gerade zur Bestform seines Lebens aufgelaufen ist, zu derselben Lebenszeit in den Ruhestand geschickt wird wie der völlig abgearbeitete Polier.

Von Gerechtigkeit und Zweckmäßigkeit mag man in diesem Zusammenhang nicht reden. Einheitlichkeit und Gleichheit saugen alle Differenzierungsmöglichkeiten auf. Davon zehrt nicht nur die Staatsverwaltung, auch die Universitäts- und Forschungsverwaltung. Universitäts- und Forschungsverwaltung sind nicht Wissenschaft, sondern Verwaltung. Also ergreifen sie in einem Verwaltungskonflikt mit Wissenschaftlern die Partei der Staatsverwaltung. Das ist keine neue Erscheinung, das war schon immer so.

8. August 2006

Von der Freiheit eines Richtermenschen

Wie eng darf die Rechtsprechung an die Gesetze gebunden sein?

»Die Richter sind unabhängig und nur dem Gesetz unterworfen«, sagt das Grundgesetz. Also unabhängig und doch nicht unabhängig, spöttelt Niklas Luhmann und hat, wie meistens, recht. Die Gesetzesbindung des Richters ist paradox. Freiheit gegenüber dem Gesetz muss sein, Orientierung am Gesetz aber auch. Das Paradox mit dem Bild des Verhältnisses von Komponist und Musiker aufzulösen, wie es der Präsident des Bundesgerichtshofes Hirsch versucht hat (F.A.Z. vom 26. Oktober 2006), ist nicht schlecht. Trotzdem überrascht es. Einmal widerspricht das Bild den Standesinteressen der Richter, die sich darauf verlassen können müssen, dass sie jederzeit hinter dem Gesetz in Deckung gehen können. Dann dekuvriert es die deutsche justizstaatliche Tradition, die sich daran gewöhnt hat, das Paradox der Gesetzesbindung einfach zu ignorieren. Schließlich ärgert es die Demokraten, die meinen, alle Staatsgewalt gehe vom Volke aus, und die hinter der Rechtsprechung das Volk nicht mehr sehen.

Der einfachste Weg, eine Paradoxie verschwinden zu lassen, ist die Frage, wie alles gekommen ist. Warum beugen sich die Menschen in manchen eigenen Angelegenheiten überhaupt den Urteilen Außenstehender? Antwort: überlegene, öffentlich anerkannte Macht. In der Tat galt im Mittelalter der als Herr, dem es gelang, ein Gebiet durch Rechtsprechung zu befrieden. Rechtsprechungsgewalt war der Kern politischer Herrschaft.

In dieser Idylle steckte aber von Anfang an ein Stachel. In Fällen, in denen sein Eigeninteresse berührt war, konnte der Herr nicht Richter sein. Setzte er sich trotzdem auf den Richterstuhl, hatten seine Untertanen ein Recht zum Widerstand. Das beeinträchtigte den Frieden. Deshalb entwanden die deutschen Fürsten im Ewigen Landfrieden von 1495 dem Kaiser einen Teil seiner Rechtsprechungsgewalt und verselbständigten sie im Reichskammergericht. Aber natürlich wollten sie sich vom Reichskammergericht nicht auf der Nase herumtanzen lassen. So banden sie das Gericht an die Gesetze des Reichstages und ermöglichten eine Revision gegen Entscheidungen des Gerichts an den Reichstag, also letztlich an sich selbst.

Aber nicht das Reichskammergericht hat das deutsche Gerichtswesen geprägt, sondern die Justizbürokratie, die die deutschen Landesherren nur wenig später entwickelt haben. Wie der Kaiser höchster Richter im Reich, so waren die Landesherren höchste Richter in ihren Territorien. Schon aus quantitativen Gründen konnten sie aber nicht alle Streitigkeiten ihrer Untertanen selbst entscheiden. Sie betrauten nichtadlige Justizbediente mit der Rechtsprechung und regulierten die Rechtsprechung durch generelle Gesetze. Die Justizbedienten waren von ihren Herren abhängig, besonders finanziell, weisungsgebunden und bedurften der fürstlichen Gesetze zu ihrer Legitimation. Der Landesherr brauchte nicht mehr persönlich als Richter aufzutreten. Dieses System funktionierte ziemlich gut, bis Friedrich der Große 1779 im Fall des Müllers Arnold doch noch einmal »Recht sprach«. Der König handelte sich damit den Beifall der Öffentlichkeit, aber den Ungehorsam der zuständigen Richter ein. Die Richter beriefen sich gegen den Machtspruch des Königs auf die Gesetze des Königs und haben sich im Ergebnis durchgesetzt. Der Beginn der Unabhängigkeit der Richter.

Das neunzehnte Jahrhundert versuchte, die Richter dogmatisch an die Gesetze zu binden. Man ersetzte die monarchische durch eine demokratische Legitimation. Aber Richterrecht ist eine notwendige Folge der Gewaltenteilung, die als Errungenschaft der Moderne gilt. Wenn man Gewaltenteilung will und in Kenntnis der begrenzten Möglichkeiten des Gesetzgebers dem Richter ein Rechtsverweigerungsverbot auferlegt, ist es unlogisch zu verlangen, dass der Richter stets allein nach dem Gesetz entscheidet.

Etwa seit dem Ersten Weltkrieg geht man davon aus, dass der Richter nicht in den Wertehimmel langen oder Naturrecht beschwören muss, wenn ihn das Gesetz einmal im Stich lässt. Er kann mit vergleichbaren Fällen argumentieren, sich auf Konstruktionen der Rechtswissenschaft stützen oder sich sogar im Recht anderer Staaten kundig machen. Er muss nur den Erwartungen der Streitparteien in etwa gerecht werden. Dass sich Richter während des Nationalsozialismus auf Sätze der NS-Ideologie berufen haben, hat nichts mit der Bindung an das Gesetz zu tun, sondern mit der Aufhebung der politischen und rechtlichen Voraussetzungen für die richterliche Unabhängigkeit.

Mit dem Gesetz kann die Politik die Macht der Rechtsprechung mithin nicht begrenzen. Das ist aber auch nicht notwendig. Beide Staatsgewalten begrenzen sich gegenseitig. Die Politik kann von sich aus initiativ werden, steht aber ständig unter Zeitdruck, besonders unter dem der Legislaturperiode. Die Rechtsprechung darf nur auf Antrag tätig werden, hat aber viel Zeit. Die Politik darf der öffentlichen Meinung folgen, die Rechtsprechung nicht ohne weiteres, weil sie auch den Opfern der öffentlichen Meinung gerecht werden muss. Am schärfsten begrenzen Professionalisierung und Organisation die Rechtsprechung. Der Richter besitzt Expertenprestige. Von ihm wird eine besondere

Sachkunde verlangt, die durch Prüfungen beglaubigt sein muss. Die Organisation bindet seine Arbeit an eine Mitgliedschaft und sorgt dafür, dass der einzelne Richter für die Folgen seiner Entscheidungen nicht verantwortlich gemacht werden kann.

Wenn das die soziale Realität ist, geht die Diskussion um die Bindung des Richters an das Gesetz allerdings ziemlich weit an der Wirklichkeit vorbei. Aber sie erinnert an die Fragilität des Rechtsstaates, und das ist gut.

30. Januar 2007

Die Folgen im Auge

Der Bundespräsident hätte Christian Klar nicht treffen sollen: Lehren aus dem Gnadenfall

Die Krise des deutschen Gerechtigkeitsempfindens hat sich aufgelöst. Bundespräsident Köhler hat am 7. Mai bekanntgegeben, er habe dem Gesuch des Terroristen Christian Klar, ihn zu begnadigen, nicht stattgegeben. Dieses Ereignis hat schon im Vorfeld so viele Merkwürdigkeiten aufgewirbelt, dass man einige Lehren aus dem Vorgang ziehen sollte, bevor er in Vergessenheit gerät. Natürlich kann es nicht mehr darum gehen, ob die Ablehnung der Begnadigung falsch oder richtig war. Die Entscheidung ist zu akzeptieren.

Sie wurde aber von einer Diskussion begleitet, die daran erinnerte, dass man den »deutschen Herbst« des Jahres 1977 nicht einmal im Ansatz versteht, wenn man sich allein an den Paragraphen des Strafgesetzbuches orientiert. Den einen war der Terror eine Abfolge abscheulicher Verbrechen in der hochverräterischen Absicht, die Bundesrepublik in eine Diktatur der Gerechten zu verwandeln. Den anderen war der Terror ein notwendiges Mittel, in diesem herzlosen, miefigen, faschistoiden Rechtsstaat wirkliche Freiheit und Gerechtigkeit herzustellen. Dieser Gruppe erschien die strafrechtliche Würdigung des Terrors als hundsgemeiner Propagandatrick und üble Diskreditierung der Freiheitskämpfer. Die Auseinandersetzung betraf letztlich die Frage, in welchem Staat wir leben wollen.

Die alten Fronten lebten wieder auf, als in diesem Jahr bekannt wurde, dass Christian Klar schon vor Jahren ein Gnadengesuch an den damaligen Bundespräsidenten Rau gerichtet hatte, das dieser Mitmensch und Allesversöhner aber einfach hatte liegen lassen. Höchstwahrscheinlich eine handfeste Amtspflichtverletzung. Rau hat vermutlich gesehen, dass jede Beantwortung der Begnadigungsfrage eine Stellungnahme in dem alten, nie abgeschlossenen Konflikt war, und die wollte er nicht abgeben. Eine Begnadigung schwächte die strafrechtliche Diskreditierung der Terroristen ab, weil sie als Selbstkorrektur des Rechtsstaates gilt, eine Ablehnung der Begnadigung bekräftigte und verstärkte sie.

Als Bundespräsident Köhler ankündigte, er werde in der Sache pflichtgemäß endlich entscheiden, mussten die üblichen Verdächtigen versuchen, ihn in ihrem Sinne zu beeinflussen. Die fortschrittlich-friedlichen Sympathisanten hatten natürlich jeder Gewalt längst abgeschworen und durften öffentlich allein eine Friede-Freude-Eierkuchen-Strategie vertreten, die beim Bundespräsidenten den Eindruck erwecken konnte, die Öffentlichkeit habe kein Interesse an einer weiteren Verhärtung des alten Konfliktes. Zu dieser Strategie gehörte auch, die unfriedlichen, reaktionären Kräfte nach Möglichkeit daran zu hindern, mit dem Buchstaben des Gesetzes herumzupoltern.

So erklärt es sich, dass man vor dem 7. Mai vor allem aus den öffentlich-rechtlichen Rundfunkanstalten, aber auch von der SPD und den Grünen hörte, man möge endlich diese vermaledeite Diskussion über den Gnadenerweis beenden. Zuständig sei allein der Bundespräsident. Der bedürfe keiner Belehrung, und wenn, dann habe der jeweilige Kommentator, Sender oder Parteichef schon alles Notwendige gesagt. Ratschläge beschädigten nur das Amt des Bundespräsidenten. Worin der Schaden besteht und wie hoch er möglicherweise ist, wurde allerdings nie gesagt. Fest steht jedoch: So könnte man bei jedem Politiker, Beamten oder Richter argumentieren. Man darf es aber nicht. Dürfte man mögliche Entscheidungen nicht kritisieren, bevor sie getroffen werden, wären wir mit der Demokratie schnell am Ende. Die Weisheit des Bundespräsidenten ist auch nicht wichtiger als die Meinung jeden Bürgers. Nur haben wir ihn bestellt, damit seine Meinung zum Zuge kommt. Das ist alles.

Ganz große Verfassungspatrioten meinten gar, man brauche den Bundespräsidenten nicht nur nicht belehren, man dürfe es nicht einmal. Denn die Begnadigung sei eine Gewissensentscheidung, die der Bundespräsident allein in einem stillen Kämmerlein treffen müsse, das wahrscheinlich nicht einmal seine Frau betreten darf. Das ist ein bedauerlicher Rechtsirrtum, der so offenkundig ist, dass die Absicht, die Reaktionäre moralisch einzuschüchtern, nicht zu übersehen ist. In einem Rechtsstaat sind Begnadigungen, von wem auch immer, nicht Gewissensentscheidungen, sondern rechtlich begründete Ermessensentscheidungen, die unter Umständen – aber das ist eine komplizierte Frage – sogar vor Gericht angegriffen werden können.

Beinahe wäre die Friede-Freude-Eierkuchen-Strategie vielleicht sogar aufgegangen, wenn nicht kurz vor der Entscheidung die bayrische Schnellschusskanone Markus Söder die Streugranate verschossen hätte, eine Begnadigung des Terroristen Klar werde eine »schwere Hypothek« bei einer Wiederwahl des Staatsoberhauptes sein. Auf dem Bildschirm erschienen so wutverzerrte Kommentare dieses unerhörten Vorgangs, dass der Verfasser für einen Augenblick an seiner festen Überzeugung irre wurde, der Bundespräsident habe selbstverständlich auch die Folgen seiner Entscheidung in der Begnadigungssache für seine Wiederwahl bedacht.

Es gibt kein Amt in der Bundesrepublik, dessen Ausübung schärfer öffentlich beobachtet wird als das des Bundespräsidenten. Der Bundespräsident selbst, seine Wähler und seine Gegner registrieren genau, was er im Laufe seiner

Amtszeit tut oder unterlässt, was zu ihrer Befriedigung und was zu ihrem Missfallen. Schließlich addieren sie ihre Beobachtungen zu einem Gesamtbild, das über die Wiederwahl entscheidet, übrigens selbst wenn es nicht »stimmt«. Wäre es anders, wären die Politiker keine Politiker. Alle müssen alles beobachten und sich »für das nächste Mal« merken. Unter diesen Umständen ist nicht Söders Bemerkung, sondern sind die wutberstenden Kommentare zu dieser Bemerkung erklärungsbedürftig. Söder hat nur gesagt, was alle denken und wissen. Warum durfte er das nicht? Die zutreffende Antwort bietet wahrscheinlich Andersens Erzählung von des Kaisers neuen Kleidern. Der kleine Junge, der dort ruft: »Aber der Kaiser hat ja keine Kleider an«, hätte Markus Söder gewesen sein können. Den Rest der Story kann jeder selbst auf die Gegenwart anwenden.

Da Begnadigungen Ermessensentscheidungen sind, müssen sie juristisch stichhaltig begründet werden oder wenigstens werden können. Ermessensentscheidungen dürfen nicht willkürlich sein, zum Beispiel niemanden wegen seiner Abstammung, seiner Rasse, seiner Sprache oder seiner Heimat benachteiligen oder bevorzugen. Sie müssen alle legalen, für die Entscheidung erheblichen Umstände berücksichtigen. Andererseits kann man die Gründe durchweg nicht dem positiven Recht entnehmen, weil Gnadenentscheidungen das positive Recht gerade korrigieren sollen. Genaugenommen kann man Gnadenentscheidungen überhaupt nicht widerspruchsfrei begründen. Man muss sich deshalb mit abstrakten Einschätzungen begnügen wie Gemeingefahr, Gesundheit des Täters, Relevanz der Tat, die aber plausibel sein müssen. Klugerweise hat sich der Bundespräsident im Falle Klar deshalb darauf beschränkt, das Verfahren zu schildern. Auf die Angabe materieller Gründe hat er verzichtet.

Noch klüger wäre es aber gewesen, er hätte auch auf die letzte Verfahrensstation verzichtet: »Abschließend sprach der Bundespräsident am 4. Mai 2007 mit Herrn Klar.« Die Übung, auch mit den Gesuchstellern selbst zu sprechen, hat offenbar Bundespräsident Richard von Weizsäcker eingeführt. Man sollte sie so schnell wie möglich wieder aufgeben. Für solche Fälle gibt es kriminalpsychologische Gutachter. Einer von ihnen hat sieben Tage lang mit Christian Klar gesprochen und ihm Ungefährlichkeit attestiert. Welchen Erkenntnisgewinn konnte ein persönliches Gespräch des Bundespräsidenten darüber hinaus noch bringen? Köhler konnte die Person Klars allenfalls nach Maßgabe seines gesunden Menschenverstandes einschätzen. Der wird aber durch den professionellen Gutachter relativiert. Außerdem übernimmt Köhler mit dem persönlichen Gespräch eine Verantwortung, die er weder tragen kann noch tragen sollte. Man stelle sich vor, ein begnadigter Christian Klar hätte einen weiteren Mord begangen. Hätte Köhler dann im Amt bleiben können?

Das heißt, politisch gesehen federn die Erkenntnismittel im Begnadigungsverfahren die persönliche Verantwortung des Bundespräsidenten ab. Er kann notfalls sagen: Der Gutachter hat sich geirrt, die Urkunden waren falsch, und unangefochten weiter amtieren. Auf diese kleine Rückversicherung sollten die Bundespräsidenten im Interesse aller Bürger künftig nicht mehr verzichten.

19. Mai 2007

Wer zur Elite zählt

Karlsruhe etwa: Studieren unter Exzellenzbedingungen

Der Fall ist idealtypisch gemeint und auch so zu lesen. Er erzählt sich fast von selbst. »Ich will an die Fridericiana« ist ein Artikel in der örtlichen Tageszeitung überschrieben, der von Eignungstests an der Universität (Technische Hochschule) Karlsruhe handelt. Die Universität darf sich seit 1902 nach Großherzog Friedrich I. von Baden als Symbol der Einheit von Thron und Technik »Fridericiana« nennen und seit 2006 »Elite-Universität«, weil die Politik meint, sie habe hervorragende Pläne für eine naturwissenschaftlich-technische Forschungsorganisation vorgelegt. Der Zeitungsartikel schließt mit dem Satz: »Erst etwa zwei Wochen nach dem Eignungstest wird sie (die Bewerberin) per Post erfahren, ob sie sich von nun an als ›Elitestudent‹ an der Fridericiana dem Studium der deutschen Sprache widmen darf oder ob sie doch mit einer Uni vorliebnehmen muss, der der Elitestatus nicht attestiert ist.« Das Testergebnis hängt auch von der richtigen Antwort auf Fragen ab wie: »Wann erhielten Frauen in Deutschland das Wahlrecht?«, nicht etwa: »Warum erhielten Frauen in Deutschland erst oder schon 1919 das Wahlrecht?«

Hat die Bewerberin leidliche Zeugnisse und die Quizfragen richtig beantwortet, wird sie vier Jahre oder mehr in Karlsruhe studieren und erfahren, dass die Fridericiana zwar keine schlechten Germanisten hat, aber nicht wegen ihrer Germanistik, sondern wegen ihrer naturwissenschaftlich-technischen Pläne zur Elite-Universität ernannt worden ist. Dass die Kompetenz und Berechtigung der beteiligten Gremien für diese Ernennung beim besten Willen nicht zu erkennen sind, wird sie wahrscheinlich nicht hören. Eliten können bekanntlich nicht ernannt werden. Sie leisten etwas Besonderes, reden aber nicht darüber, sondern verlassen sich auf die Wirkung ihrer Leistung. Die Universität Karlsruhe redet darüber, und zwar viel.

Strebt die Bewerberin das Lehramt für Gymnasien an, wird sie erfahren, dass es für ihre Karriere zunächst ausschließlich auf die Examensnote ankommt und der Studienort kaum ins Gewicht fällt. Will sie bei einem Verlag, einer Zeitung oder einem Verband arbeiten, kommt es zwar auch auf die Universität an, aber dann werden die Germanisten aus Frankfurt, Freiburg oder Heidelberg bevorzugt, weil dort die Geisteswissenschaften eine ähnliche Rolle spielen wie die Technikwissenschaft in Karlsruhe. Bewerber, die das nicht wissen, sollten eigentlich nicht zum Germanistikstudium zugelassen werden. Gerade solche Bewerber werden aber massenhaft in Karlsruhe aufkreuzen.

Moral: Elite-Universitäten sind Werbung für politische Entscheidungen über Finanzmittel und wichtig nur für die Verwalter und Empfänger der Mittel, Fernsehkonsumenten und unbedarfte Abiturienten. Bildungspolitisch verfälschen sie die Vorauswahl der Studienbewerber.

21. August 2007

Das Leben ist der Rechte höchstes nicht

Die intellektuelle Lust am antizipierten Ausnahmezustand mag, wie Bundesverfassungsrichter Udo di Fabio meint, ein schlechter Ratgeber sein. Anthropologie und Polizeirecht lehren ohnehin, dass die Tötung um des Gemeinwohls willen nichts Unnormales ist.

Wer den Eindruck hat, bei der Diskussion um die Bekämpfung des Terrorismus gehe es vorrangig nicht um den Terrorismus, sondern um die Grund- und Verfahrensrechte der Bürger und der Terroristen, täuscht sich nicht. In einer politischen Auseinandersetzung kann man kaum anders, als in Rechten denken. Dass Grund- und Verfahrensrechte gesprächs- und verhandlungsbereite Träger voraussetzen, verschwindet in der Geltung der Rechte. Rechtsverhältnisse sind aber Kommunikationsverhältnisse. Wer erheblichen Schaden verursacht und dann nicht darüber reden will, den kann man nur laufenlassen, wegsperren oder töten. Ihm gegenüber ist das Strafrecht offenkundig ein Pappschwert. Auch das Strafverfahren verlangt eine Mitwirkung der Täter. Für die Bekämpfung des Terrorismus einschlägig ist deshalb das Rechtsgebiet, bei dem es kaum auf Schuld oder Unschuld und wenig auf Kommunikation, sondern vor allem auf die Verhinderung eines schädlichen Erfolges ankommt: das Polizeirecht.

Die Ermächtigung der Polizei ist jedoch begrenzt. Laufenlassen darf sie nicht ohne weiteres und wegsperren eigentlich nur Betrunkene oder Schwachsinnige, und das auch nur auf kurze Zeit. Töten darf die Polizei zwar, aber, wie das baden-württembergische Polizeigesetz sagt, nur unmittelbar vor der Tat und wenn nicht »erkennbar Unbeteiligte mit hoher Wahrscheinlichkeit gefährdet werden«. Das gilt freilich »nicht, wenn der Schusswaffengebrauch das einzige Mittel zur Abwehr einer gegenwärtigen Lebensgefahr ist«. Diese Regelung will den Schusswaffengebrauch offensichtlich auf Quasinotwehr- oder Nothilfesituation beschränken, in denen Tötungen evident gerechtfertigt sind.

Damit liegt sie dicht bei der Frage, ob die hoheitliche Gewalt ein Flugzeug abschießen darf, das mit unschuldigen Passagieren besetzt ist, aber von schuldigen Terroristen als Waffe gegen viele andere unschuldige Menschen eingesetzt wird. Das Bundesverfassungsgericht hat diese Frage bekanntlich verneint. Der Staat dürfe menschliches Leben nicht als Mittel zum Zweck der Gefahrenabwehr einsetzen, weil jedes einzelne Leben ein Höchstwert sei.

Auf der Erde gibt es sechs Milliarden Höchstwerte, von denen keiner instrumentalisiert werden darf, selbst wenn ein Höchstwert einem anderen nach dem Leben trachtet. Aus dem Instrumentalisierungsverbot schließt das Gericht auf ein Verrechnungsverbot, obwohl die Reduktion des Höchstwertes auf ein Leben zum Addieren und Subtrahieren von Leben geradezu einlädt. Aber nach der Logik des Gerichts sind hundert so viel wert wie tausend Leben, was sogar stimmt, wenn man das Leben auf den Tod bezieht. Im Tod sind alle gleich, also ist einer so viel wert wie tausend. Deshalb kann das Gericht die Argumentation mit dem Höchstwert Leben abschließen und braucht sich um den weiteren Schadensverlauf nicht zu kümmern.

Nach dem baden-württembergischen Polizeigesetz entscheidet dagegen letztlich die Gefahrenabwehr über die Zulässigkeit der Gefährdung Unbeteiligter. Es denkt den Schadensverlauf weiter und lässt eine Abwägung zwischen der Schädigung Unbeteiligter – in der Terminologie des Bundesverfassungsgerichts: Unschuldiger – und der Gefahrenabwehr, also dem Wohl der Allgemeinheit, zu. Nach baden-württembergischem Polizeirecht hätte also die verfassungsrichterliche Argumentation in der Abschussfrage nicht mit dem Hinweis auf die Tötung Unschuldiger beendet werden dürfen. Das Gericht hätte noch nach dem Gemeinwohl und danach fragen müssen, ob das Gemeinwohl nicht doch etwas mit Quantitäten zu tun hat. Kern des Problems ist: Dürfen Unschuldige oder Unbeteiligte zugunsten des Gemeinwohls getötet werden?

Diese Frage ist mit »Rechtsstaat« nicht beantwortet. Wie der Rechtsstaat mit dem Terror umgehen soll, ist leicht zu sagen. Der Rechtsstaat darf sich natürlich mit allen zulässigen Mitteln verteidigen. Er darf sich nur nicht selbst aufgeben. Seine höchsten Normen muss er wahren, auch um den Preis des eigenen Untergangs. Niklas Luhmann hat 1992 bei einem Vortrag in Heidelberg mit einer makabren Frage eine noch makabrere Diskussion angestoßen: »Terroristen haben eine Atombombe, und es kommt darauf an, diese zu finden und unschädlich zu machen. Würden Sie foltern?« Rechtsstaatlich kann die Antwort nur lauten: »Nein.« »Ja« kann man allenfalls sagen, wenn man an die Folgen eines atomaren Angriffs denkt. Wie viele Menschen sind in Hiroshima und Nagasaki umgekommen? Aber rechtsstaatlich sind die Menschen, die bei einem terroristischen Atomangriff sterben, der wegen des Folterverbots nicht abgewehrt werden konnte, das Opfer, das der Rechtsstaat verlangt. Denn das Folterverbot beruht auf der grundlegenden Norm des Rechtsstaates: zu gewährleisten, dass jeder jederzeit mit jedem eine Kommunikation beginnen könnte. Folter symbolisiert die Verneinung genau dieser Möglichkeit.

Auf den Gedanken, der Höchstwert des Lebens stehe höher als das Folterverbot, also Leben sei wichtiger, kann nur kommen, wer die Entscheidung verschieben oder vernebeln will. Das sieht man, wenn man Luhmanns Frage: »Würden

Sie foltern?« durch die Frage ersetzt: »Würden Sie Unbeteiligte töten?« Darauf könnte man mit dem baden-württembergischen Polizeirecht antworten: »Wenn die Zeit knapp geworden ist: ja.« Das Folterverbot wiegt in der Tat schwerer als das Tötungsverbot, weil die Folter eine zentrale Struktur der modernen Gesellschaft berührt. Mit Tötungen dagegen muss jede Gesellschaft fertig werden.

Die Erhaltung des Soseins einer Gesellschaft hat also den Vorrang vor dem Sosein und dem Leben des Einzelnen. Das entspricht auch biblischer Weisheit und anthropologischen Befunden. Im achtzehnten Kapitel des Matthäusevangeliums sagt Jesus: »Wehe der Welt mit ihrer Verführung! Es muss zwar Verführung geben; doch wehe dem Menschen, der sie verschuldet. Wenn dich deine Hand oder dein Fuß zum Bösen verführt, dann hau sie ab und wirf sie weg! Es ist besser für dich, verstümmelt oder lahm ins Leben zu gelangen, als mit zwei Händen oder zwei Füßen in das ewige Feuer geworfen zu werden.« Und der Anthropologe Christian Vogel schreibt: »Natürliche Selektion produziert unter vorhersagbaren Bedingungen auch das Töten von Artgenossen als eine natürliche und normale Verhaltenseigenschaft, sobald es den Tötern nur einen durchschnittlich höheren Reproduktionserfolg der eigenen genetischen Programme gegenüber den artgleichen – nicht nah verwandten – unmittelbaren Konkurrenten verschafft.« Die Norm ist wichtiger als die Unversehrtheit des Körpers und das genetische Programm wichtiger als das individuelle Leben. Beides hat mit Moral nichts zu tun. Aber es stößt den Höchstwert des Lebens so deutlich vom Sockel seiner Einzigartigkeit, dass man nicht mehr zu fragen braucht, was Leben eigentlich ist. Jedenfalls geben Bibel und Anthropologie dem baden-württembergischen Polizeigesetz gegen das Bundesverfassungsgericht recht.

Die letzten Fragen sind also längst entschieden. In der geistigen Auseinandersetzung mit dem Terror bleibt aber noch zweierlei zu tun. Erstens wären die Normen zu präzisieren, für deren Respektierung ein Atombombenattentat in Kauf zu nehmen wäre. Zweitens wären die Umstände zu nennen, unter denen »Rechtsstaat oder Tod« zur Entscheidung anstünde. Beides würde zwar nicht die Sicherheit erhöhen, aber die Bevölkerung beruhigen.

1. Dezember 2007

Jetzt ruft der Indische Ozean

Europa muss endlich seine Grenzen definieren, und es muss, in mehrfachem Sinne, auch die Kirche im Dorf lassen. Das ist die Lektion, die Irland der politischen Klasse erteilt hat.

Die Iren haben eine Revision des Vertrages über die Europäische Union abgelehnt, welche die Abstimmungsverfahren vereinfachen und die Außenvertretung stärken sollte. Wie die Iren seitdem einhellig versichern, haben sie nichts gegen Europa. Ihnen leuchtet nur der Sinn der Revision nicht ein. Jetzt wollen Europapolitiker die Iren aufklären. Das wird ihnen kaum gelingen. Warum Europa schneller und geländegängiger gemacht werden soll, wissen sie nicht, weil sie nicht wissen, was aus Europa werden soll. Mit der Frage nach der Zukunft ist nicht die vieldiskutierte Identität Europas gemeint, sondern eine Art Selbstbestimmung der Europäer. Anders ausgedrückt: Die Iren haben eine Revision des EU-Vertrages abgelehnt, weil sie nicht eines Tages aufwachen und sich von Türken oder Kasachen regiert sehen wollten. Schon die Engländer konnten sie nicht ertragen. Ihre Furcht war und ist nicht unbegründet, wenn man die »Erweiterungspolitik« der Europäischen Union analysiert.

Es war bereits ein grotesker Fehler, die Satzungsänderungen, die man bei einer »Ost-Erweiterung« der Union für notwendig hielt, nicht vor der Erweiterung durchzuführen, sondern bis nach der Erweiterung zu vertagen und blauäugig auf einvernehmliche Änderungen zu hoffen. Die Union hat sich mit diesem Verfahren selbst erpressbar gemacht. Der Vorsitzende eines dörflichen Gesangvereins hätte einen solchen Fehler nicht begangen. Zu erklären ist er nur damit, dass die Europapolitiker den eigenen Willen der neuen Mitglieder beleidigend unterschätzt haben und dass ihnen die

Erweiterung wichtiger war als die gute Ordnung der Union. Wahrscheinlich haben sie die Alternative »Neue Mitglieder oder gute Ordnung?« gar nicht gesehen.

Die Europäische Union konnte und kann entweder einen staatsähnlichen Zusammenschluss der europäischen Staaten zum Ziel haben, dessen Sinn das Wohl der Menschen ist, die in den Staaten wohnen. Oder sie konnte und kann auf eine Verteidigungs- und Friedensordnung abzielen, die vor allem künftige Kriege verhindern soll, natürlich auch unter Entfaltung eigener militärischer Stärke. Diese Alternative ist keine blutleere Theorie. Sie hat handfeste Folgen für die Politik.

Will man, dass Europa zu einem staatsähnlichen Gebilde zusammenwächst, muss man auf die Geschlossenheit des Gebietes und auf eine gewisse Homogenität der Mitglieder achten. Beides ist Voraussetzung für eine lebendige politische Kommunikation und für das Systemvertrauen, das eine politische Einheit nach allen historischen Erfahrungen benötigt. Ein gedeihliches Zusammenleben ist eben nur möglich, wenn sich Menschen diesseits von Rechtszwang und polizeilichem Eingriff verstehen. Eine Demokratie kann beispielsweise nur funktionieren, wenn die Ergebnisse von Wahlen verbindlich und die Programme der konkurrierenden Parteien als mögliche Alternativen anerkannt werden. Das setzt indessen entsprechende historische Erfahrungen voraus.

Dazu gehört auch und vor allem die Religion. Damit ist nicht auf gemeinsame Glaubensüberzeugungen verwiesen, sondern auf religiös bedingte Erwartungen. Der Zölibat zum Beispiel zwang die katholische Kirche, ihre Ämter durch Wahlen zu besetzen. Diese Übung konnte die Politik später übernehmen, ohne sich mit ihrer Unwahrscheinlichkeit herumschlagen zu müssen. Oder die folgenreichste

Vereinbarung der europäischen Geschichte, das Wormser Konkordat von 1122. Mit ihm haben Papst und Kaiser den Investiturstreit beendet, indem sie zwischen geistlichen und weltlichen Gütern unterschieden haben. Das war eine religiöse politische Entscheidung. Ähnlich der Augsburger Religionsfriede von 1555. In diesem politischen Sinn ist Europa ein christliches Land, dessen religiöse Traditionen politische Zusammenschlüsse prägen.

Soll Europa ein Friedensbündnis werden, das künftige Kriege verhindern oder ausschließen soll, kann man auf gemeinsame Geschichte, kulturelle Identität und religiöse Erfahrungen verzichten. Dann kommt es nur noch auf die Zahl der Staaten an, die dem Bündnis beitreten. Je mehr, desto besser. Qualitäten werden gleichgültig. Man kann jeden aufnehmen, der dazugehören möchte. Nur ein paar Muskeln sollte er haben. Sonst gibt es keine Grenzen. Theoretisch fallen die Grenzen von Friedensbündnissen mit den Grenzen der Erde zusammen. Strukturell sind alle reinen Friedensbemühungen global. Sie sind noch nicht einmal auf Gegner angewiesen. Dass alle Frieden halten, kann man sich vorstellen. Der Krieg wird dann zur bloßen Erinnerung.

Aber wenn die verblasst? Verblasst auch der Friede? Also doch kein Friede ohne Krieg? Aber was ist der Krieg im Verhältnis zum Frieden? Ein Verbrechen, eine abscheuliche Schurkerei, die man bekämpfen muss. Durch die Schurken werden Friedensbündnisse zu Antikriegsbündnissen, die zum – dieses Mal aber wirklich – allerletzten Krieg aufrufen, der dann den endgültigen Frieden bringt. Das heißt, Friedensbündnisse neigen dazu, tiefe Abneigungen und Streit zu erzeugen. Ein leidlich homogenes, auf die eigenen Bürger bezogenes Gemeinwesen ist die friedlichere Lösung.

Und was tut die Europäische Union? Sie nimmt mit einem Staat nach dem anderen Beitrittsverhandlungen auf ohne Rücksicht auf Geschichte, Religion oder Kultur. Ein Ende ist nicht abzusehen. Die muslimische Türkei ist schon halb dabei. Das orthodoxe Rumänien und Bulgarien traten 2007 bei. Von der Ukraine und Georgien ist schon lange die Rede. Am Schwarzen Meer sind wir also schon. Jetzt ruft der Indische Ozean. Und die Religion? Europa darf nicht christlich sein. Um Himmels willen! Die armen Muslime, Orthodoxen und Heiden könnten sich hierzulande fremd vorkommen. Aber Europa ist christlich und darf es sein. Nicht in dem Sinne, dass die Europäer alle an das Erlösungswerk Christi glaubten, wohl aber in dem Sinne, dass ihnen die Kirche im Dorf Heimat ist. Die Säkularisierung kann das Heilige nicht abschütteln. Sie muss daran erinnern.

Und was sagen wir den Iren? Wir müssten ihnen sagen, wo Europas Grenzen liegen, wo die europäische Expansion endet und wann genug integriert ist. Aber wir können es nicht, die Europapolitiker schon gar nicht. Die können nicht einmal mehr das Wort »christlich« aussprechen. Die katholischen Iren haben richtig entschieden.

1. August 2008

Das ganze Geld ist weg

Nie wieder Hypo-Spiel, nie wieder ohne Bonität? Die Regierungen übersehen: Alle Regulierung der Finanzwirtschaft ist Anreiz zu neuer Spekulation.

Die Finanzkrise mit Geschichten zu bewältigen, vor allem mit der Geschichte vom helfenden Staat, ist eine wunderbare Idee. Die Leute lassen ihr Geld auf der Bank, und die Bank kann sich wieder berappeln. Kann sie? Die Bank hat doch nicht Zahlungsschwierigkeiten, weil plötzlich alle Sparer ihr Geld abgezogen hätten. Wie also kann sie gesunden, wenn die Sparer kein Geld abheben?

Vergegenwärtigen wir uns den Auslöser der Krise. In den Vereinigten Staaten wollen auf einmal, aus welchen Gründen auch immer, viele Leute ein eigenes Haus bewohnen. Sehr vernünftig. Die meisten hatten aber kein Geld. Deshalb liehen sie es sich von einer Bank, die Zinsen und Tilgungsraten genau auf das Einkommen des Häuslebauers zuschnitt. Die Sache funktionierte so gut, dass die Bank nicht alle Kreditwünsche befriedigen konnte. Deshalb lieh sie sich ihrerseits Geld von einer anderen Bank: natürlich zu knapp zugeschnittenen Zinsen und Tilgungsraten und so weiter. Und dann stiegen irgendwo die Zinsen an und zogen Kapital mit sich. Die Einkommen der Häuslebauer aber blieben gleich. Also konnten sie nicht mehr zahlen, und also konnten auch die finanzierenden Banken ihre Schulden nicht mehr bedienen. Die Banken gerieten nacheinander ins Rutschen. Natürlich wussten alle, wie es um die anderen stand, und gaben ihnen kein Geld mehr. Nur die KfW zahlte noch an Lehman Brothers und tat damit genau das, was die Politik von den Banken verlangt. Sie vertraute. Ihr Vorstand wurde jedoch gefeuert. Vertrauen allein kann es also auch nicht sein.

Diese Geschichte lehrt zunächst, wo das viele Geld geblieben ist. Nicht bei den Banken. Die mussten ihre Schulden zurückzahlen. Auch nicht bei den Bankdirektoren. Die erhielten nicht mehr, als sie nach ihren Dienstverträgen verdienten, und das waren, verglichen mit den Summen, die auf dem Spiel standen, Hungerlöhne. Schon deshalb bringen Schadensersatzklagen gegen die Bankmanager nichts. Geblieben ist das Geld bei den amerikanischen Häuslebauern. Wenn die nicht heute sogar die laufenden Kosten für ihre neuen Häuser nicht mehr aufbringen könnten, könnte man die Finanzkrise als eine gewaltige sozialstaatliche Umverteilungsmaßnahme von oben nach unten deuten. Der jüngst gegangene Vorstandsvorsitzende der Hypo Real Estate gehört jedenfalls wahrscheinlich zu den unschuldigsten aller unschuldig gefeuerten Manager.

Die kommt man aus der Krise wieder heraus? Ganz gewiss nicht mit Recht. Soweit zu sehen, haben sich alle Beteiligten rechtmäßig verhalten. Faule Kredite sind nicht verboten, an mittelständische Häuslebauer schon gar nicht. Natürlich kann man Kreditvergaben deutlich erschweren, etwa mit Formvorschriften oder Genehmigungsvorbehalten. Aber das gilt für die Zukunft, nicht für die gegenwärtige Krise und kann nur bekannte Risiken verhindern.

Der gegenwärtigen Krise will die Politik dadurch begegnen, dass sie frisches Geld über den Finanzmarkt gießt. Die amerikanische Politik will den Banken die faulen Kredite abkaufen und ihnen so wieder Bewegungsfreiheit verschaffen. Vermutlich nimmt sie an, sie könne auf diese Weise den Finanzmarkt beruhigen, ohne die Häuslebauer belasten zu müssen. Die deutsche Bundesregierung weiß noch nicht genau, was sie tun soll.

Welchen Weg die Regierungen auch wählen, Geld unter die Banken zu bringen, die Frischgeldmengen scheinen so groß, dass eine Inflation unausbleiblich scheint. Keine Regierung der Welt kann die Formel außer Kraft setzen: Preise ergeben sich aus der Geldmenge mal Umlaufgeschwindigkeit geteilt durch die Gütermenge. Die Geldmenge besteht übrigens aus Bargeld und von den Banken geschaffenem Buchgeld, das sich ungefähr auf die zehnfache Summe des Bargeldes beläuft. Buchgeld ist im landläufigen Sinne nicht abgesichert und volkswirtschaftlich schwer zu steuern. Die Inflation muss aber wieder eingefangen werden. Das geht nur über den Geldmarkt und nur durch Belastungen der Banken. Vermittelt durch das Wirtschaftssystem muss die Politik deshalb den Banken wieder nehmen, was sie ihnen gegeben hat, es sei denn, sie ließe die Inflation einfach laufen. Das täte wiederum der Wirtschaft nicht gut, hätte allerdings den Vorteil, dass die Bürger nicht merkten, dass sie die Finanzkrise doch bezahlten. Die Finanzmärkte werden sich allerdings in jedem Fall beruhigen. Bis jetzt haben Geldmenge, Umlaufgeschwindigkeit und Gütermenge noch nach allen Turbulenzen wieder zu einem stetigen Verhältnis gefunden.

Mit der Beruhigung der Finanzmärkte ist noch nicht geklärt, ob die Politik künftige Finanzkrisen verhindern kann. Geld ist mehr als ein allgemeines Tausch-, Bemessungs- und Zahlungsmittel. Es ist eine Art Sprache der Wirtschaft, mit der man Kommunikationen schaffen, aber auch vergleichgültigen kann. Dass eine Krankenschwester für ihre Arbeit bezahlt wird, macht es unerheblich, ob sie vor allem Kranken helfen oder Geld verdienen will. Geld vereinfacht also die Übertragung von Leistungen. Genau diese Funktion wird jedoch in Frage gestellt, wenn man Milliarden ohne erkennbare Gegenleistung ins System pumpt. Dann wird die Güterseite des Systems gleichsam stummgeschaltet. Die

Wirkung dürfte ähnlich sein wie beim Fernsehen, wenn man den Ton ausschaltet.

Der Vergleich mit der Sprache zeigt zugleich, dass man Geld so verselbständigen kann wie einen Roman. Geld hat unabhängig von der »realen Wirtschaft« Sinn. Es kann Geschichten erzählen, von Aufstieg und Fall, von Fleiß und Abenteuer, von Liebe und Hass. Da man Geld verselbständigen kann, kann man sich in solche Geschichten einkaufen. Geld ist auch »reale Ware«. Man kann mit ihm handeln und Gewinn erzielen.

Hinter dem Geld als Handelsgut stehen nur noch das abstrakte, gesamte Volkseinkommen auf der einen und das Finanzsystem auf der anderen Seite. Beide Bezüge können aber nicht verhindern, dass mit dem Geld spekuliert wird, als wäre es Spielgeld, dass man mit immer riskanteren Anlagen immer höhere Gewinne zu erzielen versucht, dass man seine Chancen erhöht, indem man den Konkurrenten einen ganzen, vielleicht nur einen halben Schritt voraus ist, und dass man mit jedem Schritt wieder spekulieren kann. Schafft er Raum, oder stolpert er? Dieses Spiel hat strukturell keine Grenzen. Wie im Sport geht es auf ein Immerschneller-weiter-Höher und wie im Wettbewerb um den letzten, gerade noch erreichbaren Vorteil. Für den Teilnehmer werden alle Regeln und Begrenzungen zu Hindernissen, die man möglichst schnell mit möglichst geringem Einsatz umdribbelt. Von außen kann das Spiel nicht wirklich beendet werden. Jede Einwirkung von außen wird zur Regel oder zum Hindernis. Beendet wird es von innen durch einen dummen, nicht steuerbaren Zufall. Irgendwo können ein paar Leute zu viel ihre Zinsen nicht mehr zahlen. Vielleicht hat ihre Firma Pleite gemacht. Diesen Fall kann die Politik nicht regeln, weil sie ihn nicht vorhersehen kann.

Die sportliche Seite der Finanzwirtschaft bedeutet Geld dunkelt alle anderen Ziele oder Zwecke ab. Das ist nicht Habgier, allenfalls eine Art Spielsucht, die aber durch das System gefördert und unterstützt wird. Es kommt eben darauf an, auch die letzte Chance, auch den kleinsten Unterschied zu nutzen. Wenn man tut, was alle tun, kommt man auf keinen grünen Zweig. Das gilt für Lotto, für Nobelpreise und für die Welt der Banken.

Kurzum, wenn die Politik wissen will, wie sie Finanzkrisen verhindern kann, sollte sie sich zuerst beim nächsten Glücksspieldezernat kundig machen.

17. Oktober 2008

Beobachter und Handelnde

Dass wir systemische Risiken besser erfassen müssen (»Im Gespräch: Stefan Bornholdt, Physikprofessor an der Universität Bremen: »Wir müssen die systemischen Risiken besser erfassen« in F.A.Z.-Wirtschaft vom 9. Dezember 2008), ist zwar auch für das Finanzsystem richtig, rennt aber offene Scheunentore ein. Seit den dreißiger Jahren des vorigen Jahrhunderts weiß die Soziologie, dass individuelles Handeln im sozialen System stattfindet. Wie soziale Systeme zu verstehen sind, hat der Systemtheoretiker Niklas Luhmann ziemlich gut erforscht. Dabei hat sich etwas Dummes herausgestellt. Je genauer wir ein soziales System verstehen, desto schwerer ist es, aus dem Verständnis »Handlungsanweisungen« abzuleiten. Der Standpunkt des Beobachters und der Standpunkt des Handelnden können nicht ineinander überführt werden, weil beide etwas Verschiedenes sehen. Bei systemischen Turbulenzen kann deshalb niemand wissen, wann, wie und mit welchen Folgen sich die Turbulenzen wieder legen werden. Bei Sandhaufen mag die Prognosesicherheit allerdings größer sein als bei Ameisenhügeln.

27. Dezember 2008

Das Elternargument von morgen

Die Welt von morgen ist übermorgen die Welt von gestern, auch auf denglisch. Sie ist eine Standpunktfrage. Standpunkte muss man auf den beziehen, der sie vertritt. Im Falle der Standpunkte von Jörg Albrecht und Stefan Zweig (F.A.Z. vom 31. Dezember 2008) zeigen sich zunächst ein Siebenundzwanzigjähriger und ein nahezu Sechzigjähriger und dann zwei Schriftsteller. Die sehen die Welt so gleich und verschieden, wie es Schriftsteller und Zwanzig- und Sechzigjährige immer getan haben.

Auf den ersten Blick gebärdet sich unser zeitgenössischer Zwanzigjähriger etwas pubertär. Sollte er wirklich nicht wissen, dass man analoge Photos genauso verfälschen kann wie digitale, nur mit etwas höherem Aufwand? Dass man Identität nicht aussprechen und deshalb nicht über sie verfügen kann? Dass Heimatlosigkeit hoffnungslos romantisch und Herz ein medizinischer Begriff ist? Dass er seine deutsche Nationalität schon in Holland und Norwegen, spätestens aber in Israel nicht mehr ablegen kann? Und dass sich hässliche Vergangenheiten immer wieder vor den Blick nach vorn schieben?

Natürlich weiß Albrecht das alles. Sind ja auch angegraute Einsichten. Aber er will es nicht sagen, weil er an die Macht der Worte glaubt, weil er meint, Fremdheit verschwände, wenn man Identität nicht mehr als Selbigkeit, sondern als ständige Änderung begriffe, und weil er will, dass die Gegenwart zu sich selbst aufschließt (Aufklärung!). Im Klick-Zapp-Stil hechelt er der wirklichen Wirklichkeit hinterher.

Ich gebe zu, mir geht das etwas schnell. Ich spreche nur gebrochen Computerisch. Computer interessieren mich nicht. Als ich von meiner mechanischen Schreibmaschine auf dem Computer umstieg, habe ich anfangs mehrfach den gleichen Fehler gemacht. Der Computer hat stets in genau der gleichen Weise reagiert, ohne Zeichen des Unwillens ob der Wiederholungstaten, ohne Proteste, ohne Sanktionen. Er kann eben nicht mehr wiedergeben als ihm jemand eingegeben hat.

Deshalb kann der Computer nicht die Welt von morgen symbolisieren oder gar sein. Zwar wird er die Kommunikation beschleunigen, vielleicht wie das Handy: »Hallo Jörg! Ich bin hier. Wo bist du?« Wahrscheinlicher vergrößert er nur den Informationsüberfluss, mit dem wir seit Erfindung des Buchdruckes leben müssen. Informationsüberfluss wird durch die Knappheit an Aufmerksamkeit reguliert. Jede Einzelne hat nur eine begrenzte Kapazität an Aufmerksamkeit. Wie sich die Aufmerksamkeit verteilt, wird daher über die Welt von morgen entscheiden. Die Verteilung ist sehr schwer festzustellen und natürlich noch schwerer zu prognostizieren, wenn man nur ein wenig über solide journalistische Faustregeln hinaus kommen will. Deshalb entspricht die Welt von morgen vermutlich Vorstellungen der Lokalredakteure von heute.

Gut, das ist eine realistische Einschätzung, die nicht wahr sein muss. Für wahr im Sinne von überzeugend hält Albrecht seine Erfahrungen. Ein klassisches Elternargument: »Wenn du das mitgebracht hättest, was wir …« Aber vielleicht hat Albrecht keine Eltern. Eine Heimat hat er ja auch nicht. Deshalb darf man seine Erfahrungen nicht als Argument verstehen. Argument bedeutet: Stehen für etwas Anderes. Darum geht es nicht. Auf die Idee, Erfahrungen stünden für etwas Anderes, kann nur ein Älterer kommen. Und es stimmt, ich bin einundachtzig, nicht Jahrgang, sondern an Jahren. Also nicht in Argumenten denken. Aber wahrscheinlich habe ich ein paar Erfahrungen mehr als Albrecht, einfach durch Zeitablauf. Nein, nicht in Argumenten denken, einfach erzählen.

Es wird 1938 oder 1939 gewesen sein. Ich war elf oder zwölf Jahre alt, gerade ins Jungvolk und aufs Gymnasium gekommen, wie man damals bei uns sagte. Mit dem Lesen unserer kleinen Tageszeitung hatte ich schon in der Volksschule begonnen. Zum Kummer meine Mutter war ich ein begeisterter Pimpf. Die Szene sehe ich noch vor mir, als sei sie erst gestern gewesen. Ich höre, dass meine Mutter vom Einkaufen heimkommt, und will sie begrüßen. Mit dem Aufschließen der Haustür spüre ich, dass etwas nicht in Ordnung ist. Als mich meine Mutter sieht, schreit sie mich an: »Sie haben seine Praxis geschlossen.« Dann schüttelt sie mich mit roten Wutflecken auf den Wangen heftig an den Schultern: »Warum haben sie seine Praxis geschlossen? Sag es! Du muss es doch wissen. Du bist doch im Jungvolk.« Natürlich wusste ich es. Aber sie wusste es auch. Die Praxis gehörte ihrem Augenarzt Dr. Perlmann, einem tüchtigen und gütigen Mann, der ihr viel geholfen hatte. Dr. Perlmann war Jude. Ihre Frage war keine Frage, sondern eine wilde Anklage, auch gegen mich. Ich verstand alles, sogar, dass die Schließung der Praxis wahrscheinlich den Tod Dr. Perlmanns bedeutete. Aber ich konnte nichts sagen und wollte es auch nicht. Ich war verstockt. Meine Mutter ging weinend ins elterliche Schlafzimmer. Wir haben nie wieder über die Sache gesprochen.

In Jörg Albrechts wirklicher Welt, wie sie mir aus seinem Artikel entgegentritt, kommen solche oder ähnliche Geschichten nicht nur nicht vor – das wäre verständlich. In seiner Welt sind sie nicht mehr denkbar. Schon ihre Geschichtslosigkeit schließt solche Geschichten aus. Gibt das zu denken?

7. Januar 2009

War die DDR ein Unrechtsstaat?

Ein Blick in den Gesetzestext erleichtert die Begriffsklärung

Zu sagen, was im Gesetz steht, kann nicht verboten sein. Artikel 17 des Einigungsvertrages zwischen der Bundesrepublik und der früheren DDR vom 31. August 1990 regelt die Rehabilitierung von Opfern politisch motivierter Strafverfolgungsmaßnahmen. Satz 2 lautet: »Die Rehabilitierung dieser Opfer des SED-Unrechts-Regimes ist mit einer angemessenen Entschädigungsregelung zu verbinden.« »SED-Unrechts-Regime« meinte die DDR-Staatsgewalt »unter Führung der Arbeiterklasse und ihrer marxistisch-leninistischen Partei«, wie es in Artikel 1 Absatz 1 Satz 2 der DDR-Verfassung hieß. Die Wendung entsprach dem westlichen »NS-Unrechts-Regime«, beruhte offenkundig auf einem Vergleich beider Systeme und sollte die Entschädigungsregelung rechtfertigen.

Diesen Vergleich mit der Begründung zurückzuweisen, die DDR habe weder Juden verfolgt noch einen Weltkrieg entfesselt, ist so ungereimt wie es eine Verteidigung des NS-Unrechts-Regimes mit dem wahren Hinweis wäre, das Regime habe keine Galeerensklaven gekannt. Nach dem Massenmord an den Juden und nach dem Zweiten Weltkrieg hatte die DDR gar nicht mehr die Möglichkeit, Juden zu verfolgen oder einen Krieg zu beginnen. Das verbot ihr nicht nur die Weltöffentlichkeit, sondern auch ihr eigener Antifaschismus. Sogar Stalin hätte etwas dagegen gehabt. Aber immerhin hat die DDR praktisch keine Wiedergutmachung an die jüdischen Opfer des Nationalsozialismus geleistet und wäre 1968 wohl in die Tschechoslowakei einmarschiert, wenn die Russen es zugelassen hätten.

Richtiger muss man mit der Frage ansetzen: Wäre das NS-Regime auch dann ein Unrechtsstaat gewesen, wenn es weder Juden verfolgt noch einen Krieg begonnen hätte? Natürlich wäre es. Es war eine Diktatur, die sich grundlegend von modernen westlichen Staaten unterschied, ohne Mitbestimmung, Gewaltenteilung und Rechtsschutz. So entsetzlich die Folgen des NS-Regimes waren, wenn man die Folgen in Zukunft vermeiden will, muss man wissen, wie sie in der Vergangenheit entstanden sind. Zu den Gründen von Judenverfolgung und Krieg gehörte aber das Fehlen aller rechtlichen Sicherungen gegen den Missbrauch politischer Macht. In dieser Sicht ähneln sich NS- und SED-Regime offenkundig. Hier wie dort Ablehnung der Gewaltenteilung, Massenveranstaltungen, Denaturierung des Parlaments und Personenkult.

Man braucht freilich kein Historiker zu sein, um zu sehen, dass die Politik auch im achtzehnten Jahrhundert die Gewaltenteilung ablehnte, die Landtage absterben ließ, sich an uniformierten Massen delektierte und den Personenkult pflegte. Baden, Frankreich und Preußen zum Beispiel waren keine Rechtsstaaten. (Großbritannien stand in der europäischen Tradition, hatte aber Sonderbedingungen.) Frankreichs Ludwig XIV. hat auch wüste Eroberungskriege geführt und im deutschen Südwesten eine Politik der verbrannten Erde verfolgt.

Gleichwohl hat noch nie jemand diese drei Staaten für das achtzehnte Jahrhundert Diktaturen oder gar Unrechtsstaaten genannt und schon gar nicht die noch älteren Gemeinwesen, obwohl die politischen Verhältnisse nach heutigen Maßstäben immer ungemütlicher werden, je weiter man in die Geschichte zurückgeht. Die drei Staaten haben kräftig zur Modernisierung Europas beigetragen. Baden und Preußen (Großbritannien immer ausgeklammert) kann man für das achtzehnte Jahrhundert die modernsten Staaten Europas nennen. Sie haben den Fortschritt sogar besonders human, nämlich ohne Terror, vorangetrieben. Aber sie waren nicht Rechtsstaaten, sondern Nichtrechtsstaaten, weil sie nach dem Stande der historischen Entwicklung nicht Rechtsstaaten sein konnten. Unrechtsstaaten dagegen hätten Rechtsstaaten sein können. Das hängt freilich vom Begriff und von den Voraussetzungen des Rechtsstaates ab.

Rechtsstaat ist nicht ein gerechter Staat. Der Rechtsstaat weiß sogar besonders gut, wie viel Unrecht, auch staatliches, in seinem Einflussbereich geschieht, weil er offen versucht, es zu bekämpfen. Am leichtesten kann man ihn historisch erklären. Der Rechtsstaat ist entstanden als Folge der rigorosen Entkoppelung von Religion, Recht und Politik nach der Reformation. Die Entkoppelung schnitt jede Möglichkeit ab, Recht religiös, mit der Berufung auf die Natur, politisch-ideologisch oder auch nur mit tatsächlicher Macht zu rechtfertigen. Sie zwang das Recht, seine eigene Stabilität und Regeneration selbst zu regeln. Das geschah einmal durch den später so genannten »Stufenbau der Rechtsordnung« vom Verwaltungsakt über das Gesetz bis zur Verfassung, zum anderen durch Verfahrensrecht für alles und jedes. Beides führte zu einer völligen Positivierung. Das bedeutete, Recht – einschließlich des Verfassungsrechtes – konnte jetzt jederzeit in alle Richtungen geändert werden. Nur Verfahrens- und Organisationsregeln wirkten als Dämpfer und Puffer. Die Positivierung vergrößerte aber die Problemlösungskapazität der Gesellschaft ins Unabsehbare und vervielfältigte die Entscheidungsmöglichkeiten der Politik. Für die Politik wurde das Recht Grund, Instrument und Grenze ihres Handelns.

Ordnet man NS- und SED-Regime in dieses Konzept ein, sieht man sofort, an welcher Stelle beide Regime aus der

Entwicklung der Moderne herausfallen. Sie setzen nicht die Gleichheit aller Menschen voraus, wie es die moderne Funktionsorientierung verlangt, sondern halten Arbeiterklasse beziehungsweise arische Rasse für von der Natur herausgehobene Gruppen und Kapitalisten beziehungsweise Juden für von Natur aus minderwertig. Das war ein verheerender kultureller Rückschritt, der es rechtfertigt, beide Regime in gleichem Sinne Unrechts-Regime zu nennen.

15. Juni 2009

Eliteuniversitäten und andere Lächerlichkeiten

Bei ihrer Selbstdarstellung pflegen einige Universitäten neuerdings einen vornehmen Ton und nennen sich »Elite-Universitäten«. Aufgekommen ist dieser Wortgebrauch seit der »Exzellenzinitiative des Bundes und der Länder zur Förderung von Wissenschaft und Forschung an deutschen Hochschulen« vom 18. Juli 2005. Danach stellen Bund und Länder durch eine mit Wissenschaftlern und Politikern besetzte Kommission Universitäten erhebliche Mittel für die projektbezogene Förderung von Nachwuchswissenschaftlern (Graduiertenschulen), von Exzellenz-Haufen und von Konzepten zum Ausbau der Spitzenforschung zur Verfügung, also nicht für Ergebnisse und Leistungen, sondern bereits für Pläne und Absichten, jedenfalls für Künftiges.

Dass mit der Bewilligung der Mittel die Zugehörigkeit zu einer Elite, also zu einer Auslese der Besten, bescheinigt wird, ergibt sich aus der Exzellenzinitiative nicht. Dazu wären Bund und Länder wohl nicht berechtigt gewesen. Titel, Orden und Ehrenzeichen verleiht der Bundespräsident. Auch sonst gibt es keine gesetzliche Grundlage für Eliteuniversitäten.

Sich öffentlich zur Elite zu rechnen ist aber nicht verboten. Namensrechte werden nicht verletzt. Die Regeln des lauteren Wettbewerbs auch nicht, weil es zwischen den staatsfinanzierten deutschen Universitäten keinen wirtschaftlichen Wettbewerb geben kann. Aber man kann sich lächerlich machen. Dann droht die Bibel: Die Ersten werden die Letzten sein. Jede Universität kann sich also Eliteuniversität nennen und sollte es zur Vermeidung von Missverständnissen auch tun. Allerdings müssen sich die Universitäten beeilen. Wie andere Auszeichnungen und Hervorhebungen auch ist »Elite« nur etwas wert, solange sich noch nicht herumgesprochen hat, dass sie nichts aussagt.

20. Juni 2009

Pranger bessern nicht

Soll sich Walter Mixa ein Beispiel an Margot Käßmann nehmen? Vor der Verachtung der Öffentlichkeit kann ihn das nicht mehr retten. Moral ist nicht gerecht und dennoch für den Rechtsstaat notwendig.

Der Kirchenrechtler Stephan Haering hat der »Süddeutschen Zeitung« erläutert, dass nur der Papst ein Amtsenthebungsverfahren gegen den Bischof von Augsburg einleiten könne. Nach aller Erfahrung sei damit aber im Fall Mixa nicht zu rechnen. Was folgt daraus für den Benediktiner und Lehrstuhlinhaber der Universität München? »Man könnte jetzt an Bischöfin Margot Käßmann denken.« Will sagen: Wo keine rechtliche Handhabe besteht, muss moralischer Druck nachhelfen.

Nach ihrem Überfahren einer roten Ampel mit 1,54 Promille Alkohol im Blut war die EKD-Ratsvorsitzende und Landesbischöfin Margot Käßmann von ihren leitenden Ämtern zurückgetreten. Sie hätte in der Tat nicht mehr glaubwürdig Willkür und Ungerechtigkeit beklagen können. Das ist inzwischen so sehr öffentliche Meinung, dass es üblich geworden ist, den Rücktritt als moralische Leistung zu interpretieren und ihn der Geradlinigkeit Frau Käßmanns zuzuordnen. Die Missachtung wegen ihres Fehltritts wandelte sich in Achtung wegen ihres Rücktritts.

Ihre Kollegen von der katholischen Kirche sind wegen der Fälle von sexuellem Missbrauch beziehungsweise Misshandlung von Schutzbefohlenen (Paragraphen 174 und 225 des Strafgesetzbuchs) in katholischen Erziehungseinrichtungen in einer weit misslicheren Lage. Mit einer Prämie können sie nicht rechnen, wie die vereinzelten Bischofsrücktritte in anderen Ländern gezeigt haben. Die Täter zur

Verantwortung zu ziehen, soweit man sie noch zur Verantwortung ziehen kann, hellt die Schatten über der Kirche nicht auf. Bischof Mixa, der in eigener Sache von Anfang an einen Kurs rücksichtsloser Vorwärtsverteidigung verfolgt hat, wird sich einbilden, dass ein Rücktritt als Feigheit vor der Öffentlichkeit erscheinen müsste.

Die Frage, wie die Kirche mit innerkirchlichen Sündern im Verhältnis zur staatlichen Politik umzugehen hat, scheint religiös-theologisch noch nicht ganz geklärt zu sein. Soll die Kirche ihre Glieder wirklich der säkularen, von Amts wegen religiös indifferenten Justiz ausliefern? Hat die ewige Seligkeit nicht einen höheren Rang als die irdische Gerechtigkeit? Soll der reuige Sünder nicht auf Vergebung vertrauen dürfen? Außerdem haben eifrige Politiker schon eine Entschädigung der Opfer »aus moralischen Gründen« gefordert: Und bei Geld hört nicht nur die Freundschaft auf, auch die Moral stößt auf Grenzen.

Aber wie steht es bei näherem Hinsehen um die Geradlinigkeit Frau Käßmanns? Wie viel ist daran Leistung, wie viel Wahrnehmung, Wunscherfüllung des Publikums? Nicht alle Alkoholsünder werden erwischt. Man stelle sich vor, die Polizei hätte Frau Käßmann bei ihrer Alkoholfahrt nicht gestellt, und niemand hätte etwas von ihrer Tat erfahren. Vielleicht wäre sie auch dann von ihren leitenden Ämtern zurückgetreten. Aber hätte die Moral den Rücktritt verlangt?

Wohl nicht. Die Menschen hätten Frau Käßmann weiter vertraut. Auf die Organisation »Kirche« wäre kein Schatten gefallen. Die evangelischen Christen setzten große Hoffnungen in sie. Sollen Vertrauen und Hoffnungen enttäuscht werden, nur um der Wahrheit die Ehre zu geben, um eines Prinzips willen? Nein! Gewiss, die Entscheidung fällt nicht leicht, zumal die tatsächlichen Ereignisse das Urteil im hypothetischen Fall beeinflussen. Aber das Ergebnis dürfte auch bei strenger Prüfung lauten: Bei identischer Tat hätte Frau Käßmann aus moralischen Gründen nicht zurücktreten dürfen, wäre sie nicht erwischt worden.

Das ist bemerkenswert. Das moralische Urteil über denselben Sachverhalt kann sich ändern, wenn der Sachverhalt öffentlich wird. Solange die Tat geheim bleibt, wird die Moral als vertrauensbildende Maßnahme mit in die Bewertung aufgenommen und rechtfertigt die Geheimhaltung. Moral wird paradox, sobald sie beginnt, Moral moralisch zu bewerten und in ein Kosten-Nutzen-Kalkül einzubeziehen.

Wenn sexueller Missbrauch nicht entdeckt wird, besteht wie bei Alkoholfahrten Wiederholungsgefahr. Bei sexuellem Missbrauch kann man aber schlechter zwischen Tat und Täter unterscheiden. Die Tat hängt nicht nur an der individuellen Person, sondern auch und gerade an ihrer Körperlichkeit. Die Abwehr von Wiederholungen schließt daher ein, den Täter als »ganzen Menschen« zu ändern. Gelingt das nicht, muss man ihn von seinem Beruf oder von der Organisation, in der er arbeitet, ausschließen. Ein Blick in den Grundrechtskatalog lehrt, dass die Gesellschaft solche Ausschließungen erschwert. Gelangt die Tat dann an die Öffentlichkeit, geht es nur noch um sie, die Opfer und drastische Maßnahmen. Die Frage, ob Pranger bessern, stellt sich nicht mehr.

Wird die Tat öffentlich, dringt Entrüstung darauf, Sachverhalte zu vereinfachen. Bewertungen zu radikalisieren und die Enttäuschung des Vertrauens als verbrecherische Schädigung zu betrachten. Formen werden zur Disposition gestellt. So wird in den Missbrauchsfällen gefordert, die Verjährung der Strafverfolgung einzuschränken oder gar aufzuheben, ohne dass man ein Wort über den Zusammenhang zwischen Verjährung, Sicherheit der Rechtsfindung und möglicher Resozialisierung der Täter verlöre.

Moral findet offenbar erst im Übergang zur Öffentlichkeit ihre zwingende Form. Denn jetzt gibt es unbestimmt viele unbekannte Zuschauer, denen gegenüber man sich darstellen muss. In Anlehnung an Luhmanns »Soziologie der Moral« (1978) kann man sagen: Moral ist notwendig, damit man ungefähr weiß, was man im Verkehr mit anderen Menschen diesseits von Gesetz und Recht zu tun und zu lassen hat. Daraus hat man vielfach geschlossen, Moral schaffe Frieden. Sie schafft aber eher Konflikte. Denn bei Verstößen gegen ihre Regeln hält sie eine empfindliche Sanktion bereit: Missachtung.

Inhaltlich ist Moral die Summe der Regeln, nach denen wir Achtung oder Missachtung an unsere Mitmenschen verteilen, und Achtung oder Missachtung berührt das Selbstwertgefühl, genauer das Gefühl der Zugehörigkeit zur Gesellschaft. Darauf reagiert jeder Mensch empfindlich. Achtung beruhigt, aber gegen Missachtung muss man sich wehren. Deshalb ist Moral polemogen, streitträchtig. Der frühere Waisenhausaufseher Mixa hat seine einstigen Schutzbefohlenen als Lügner hingestellt. Er kann sich jetzt nicht mehr auf Gedächtnislücken berufen und muss hinnehmen, dass er selbst als Lügner dasteht.

Moral wirkt in allen Bereichen des Lebens. Für die politische Ordnung ist sie aber besonders wichtig. Der Schutz, den Recht und Staat dem Individuum gewähren, reicht nicht weit. Die Möglichkeit des ersten Zugriffs, asymmetrische Vertrauensverhältnisse, überraschende Hilflosigkeit, unvermeidliche Unaufmerksamkeit und die Störungsempfindlichkeit des Massenverkehrs ziehen jeder Macht enge Grenzen und zwingen die Menschen, darauf zu vertrauen, dass sich alle im Wesentlichen korrekt und sachangemessen verhalten. Wer dieses Vertrauen enttäuscht, muss mit Verachtung rechnen, im äußersten Fall mit dem Ausschluss aus der

Gesellschaft, heute also mit der Einweisung in eine Heil- und Pflegeanstalt oder mit Sicherungsverwahrung. Rechtliche Formen und Verfahren gehen unter diesen Voraussetzungen ihrer Funktion verlustig.

Jenseits der Fragen nach juristischer Legitimation des Zugriffs des Stadtpfarrers von Schrobenhausen auf das Vermögen der Waisenhausstiftung zum Zweck des Erwerbs von Kunstwerken hängt Walter Mixa nun an, dass er Geld, das für Waisenkinder gespendet worden war, der Verschönerung der eigenen Lebensumgebung zugeführt habe, und sei es des Raumes, in den Mixa gelegentlich von den angeblich überforderten Schwestern gerufen worden sein soll, um die Kinder ins Gebet zu nehmen. Diese Geschichte wird Mixa nicht mehr abschütteln können. Zu einfach ist sie, weil die Sorge um die Waisen der Inbegriff der moralischen Pflicht ist, als Lehrstück zu schlüssig gerade in den aberwitzigen Details des zehnfach überhöhten Preises für ein Kunstwerk, das dreizehn Jahre vor der Geburt des Künstlers datiert worden sein soll.

Moralische Beziehungen entstehen gerade in einer Sphäre, in die das Recht nicht hineinreicht. Moral kann deshalb nicht im rechtsstaatlichen Sinne »gerecht« sein, obwohl sie Grunderwartungen der Menschen entsprechen muss, weil sie sonst nicht wirksam werden könnte. Man muss sich vor ihr fürchten, aber ohne Moral könnte die Gesellschaft nicht existieren.

19. April 2010

Nur Müdigkeit wird den Protest beenden

Im Konflikt um Stuttgart 21 protestiert die Gesellschaft gegen sich selbst: Wohin das führt, wusste schon der Soziologe Niklas Luhmann.

Absolute Sicherheit gibt es nicht, sagen die Politiker und wissen nicht, wie recht sie haben. Der Wille des Volkes ist unerforschlich. Grundwasser fließt in allen bewohnten Gebieten, kann sich heben oder senken und Häuser zerreißen oder einstürzen lassen. Ungewissheit und Unsicherheit sind daher die grundlegende Voraussetzung aller westlichen Demokratien und ihre Hauptsorge. Auf der einen Seite versuchen die Demokratien, Unsicherheiten durch Versicherungen und ähnliches zu vermindern oder Ungewissheit durch politische Wahlen in Entscheidungen zu verwandeln. Auf der anderen Seite bemühen sie sich, Ersatz für Sicherheit zu schaffen, zum Beispiel durch positives Recht, vor allem durch rechtskräftige Gerichtsentscheidungen. Aber alle Maßnahmen wirken nur begrenzt und erhöhen deshalb die Unübersichtlichkeit. Schließlich bilden sich Bewegungen, die gegen die Komplexität der Gesellschaft protestieren möchten, aber nicht können, weil Komplexität als solche keinen Anlass zum Protest bietet. Ansätze lassen sich jedoch leicht konstruieren, weil das Grundwasser überall steigt oder sinkt und Schlimmes befürchten lässt. Damit sind wir bei den Plänen für den Umbau des Stuttgarter Hauptbahnhofs, genannt Stuttgart 21.

Dazu gibt es eine nicht geringe Sensation zu vermelden. Der Soziologe Niklas Luhmann hat 1997 in »Die Gesellschaft der Gesellschaft« auf den Seiten 847 bis 865 die Proteste gegen Stuttgart 21 so genau beschrieben, als sei er dabei gewesen, bis hin zum Verhalten der baden-württembergischen Landesregierung und der Bahn: »Die Funktionssysteme und ihre Organisationen beginnen, sich irritiert (aber wie sonst?) darauf einzustellen. Sie suchen ›Verständigungen‹, um Konflikten eine vorübergehend haltbare Form zu geben.« Der Grundgedanke Luhmanns: Mit Protestbewegungen protestiert die moderne Gesellschaft gegen sich selbst. Form der Bewegungen, also Stabilisationsfaktor, ist der Protest an sich. Ich meine, letztlich geht es um die Frage, ob und wie weit die Gesellschaft – und nicht nur einzelne Interessen – bereit ist, die Ungleichbehandlungen, Risiken, Unvollkommenheiten und Ungerechtigkeiten hinzunehmen, ohne die keine Gesellschaft bestehen kann.

In den Konflikten orientieren sich die Politik und ihre Organisationen an ihren Funktionen und am positiven Recht. Die Protestierer dagegen müssen ihrer Form genügen, dem Protest selbst, müssen ihn schüren und in Bewegung halten. Einsicht zeigen oder sich auf Nützlichkeiten einlassen können sie nicht. Das würde ihren Protest ruinieren. Schlichtungsgespräche, bei denen alle Beteiligten ihre Karten auf den Tische legen, haben nur den Sinn, neues Material für den Konflikt herbeizuschaffen. Es nützt auch nichts, den Protestierern entgegenzukommen. Sinnloser ist wohl nie gutes Geld schlechtem hinterhergeworfen worden als mit der Zusage der Landesregierung, den Protestierern »Expertise« zu finanzieren. Wenn das der Steuerzahler wüsste! Die Stuttgart-21-Gegner haben nie einen Zweifel daran gelassen, dass sie die besten Experten sind. Da sie bereits alles wissen und im Recht sind, nehmen sie die Staatsknete mit und entwickeln daraus neuen Streitstoff.

Dabei werden die Protestierer von den Massenmedien kräftig unterstützt. Die Massenmedien sind die Tankstellen der Bewegungen. Die Proteste produzieren Ereignisse von vorneherein für die Berichterstattung. So entstehen

»Pseudo-Ereignisse«, die gar nicht stattfänden, gäbe es die Massenmedien nicht. Und wie kommt man aus dem Konflikt heraus? Schlecht. Man kann auf Ermüdung setzen oder Langeweile. Erschöpfung hat schon Kriege beendet. Dann »versickert die Bewegung bis zu einer günstigeren Stunde«, wie Luhmann meint. Oder die Bewegung hat Erfolg in dem Sinne, dass sie immer unwiderstehlicher wirkt. Dann ändert sich strukturell zwar nichts, aber die Politik muss die Erfolge mit sichtbaren Maßnahmen symbolisieren, von der Einrichtung einer neuen Behörde oder wenigstens Stelle bis zur Festlegung irgendwelcher Grenzwerte, deren Überschreitung als gefährlich gilt.

Andere Möglichkeiten sind nicht zu sehen. Insbesondere hilft es der Politik nicht, sich auf die Notwendigkeit zu berufen, gesamtgesellschaftliche Funktionen zu erfüllen. Der Protest richtet sich gerade gegen die Funktionserfüllung, und die Protestierer sind im Recht, nicht weil sie recht haben, sondern weil sie protestieren. An der Form des Protests bricht sich jede Funktionalität. An den Protesten gegen Stuttgart 21 sieht man das besonders deutlich. Landesregierung und Bahn haben alle erforderlichen Genehmigungen für den Umbau des Hauptbahnhofs. Sie sind daher im Recht. Die Gegner des Projekts, besonders die Grünen, haben das auch ausdrücklich anerkannt. Sie haben aber nicht den naheliegenden Schluss gezogen, als Gegner rechtmäßiger Maßnahmen seien sie selbst im Unrecht. Es ist eben der Protest, der ihnen Recht gibt.

So ist auch zu erklären, dass Heiner Geißler als Vermittler auftreten kann, obwohl er schon bei seiner ersten öffentlichen Stellungnahme in Stuttgart zu erkennen gegeben hat, dass er auf der Seite der Protestierer steht. Inzwischen verkündet das Südwest-Fernsehen, Geißler stehe den Stuttgart-21-Gegnern nahe. Aber niemand empört sich, niemand fordert seinen Rücktritt. Die meisten beklatschen seine Trivialitäten und Leerformeln. Der Protest deckt auch den Vermittler zwischen Funktionssystemen und Protest. Wenn das so weitergeht, wird der Protest eines Tages wirklich begründet sein, weil nichts mehr funktioniert. Aber zu genau diesem Zeitpunkt wird auch der Protest unmöglich. Die Leute haben keine Freizeit mehr und können nicht mehr reisen. Also fehlt es an Masse.

1. November 2010

Wikileaks: War da was?

Das Zeitalter der Geheimnisse beginnt erst

Aufklärung über Aufklärung gibt es nicht. Deshalb ist es bequem und ungefährlich, sich auf Aufklärung zu berufen. Wer der Aufklärung Geheimnisse entlockt, zeigt nur, dass sie keine war. Er ist bei der falschen Adresse gelandet. Dass Wikileaks, wie Frank Rieger in diesem Feuilleton am 15. Dezember schrieb, »Notizen aus den Hinterzimmern der Macht« publiziert hat, klärt über nichts auf – dass Hinterzimmer schmuddeliger sind als Empfangsräume, wusste man schon vorher – und hat nichts bewegt. Wie viele Akten hat Wikileaks ins Internet gestellt? Zehntausend? Hunderttausend? Eine Million? Und wie viele Geheimnisse gibt es? Myriaden. Man wird es nie wissen, weil Geheimnisse geheim sind. Seien wir aber wohlwollend und sagen: Wikileaks hat bestenfalls ein Milliardstel aller möglichen Geheimnisse publiziert. Das ist weder Aufklärung, noch bringt es irgendein System zum Wackeln.

Es gleicht einem Bauernschwank, bei dem plötzlich die uneheliche Tochter des Dorfbürgermeisters namens Transparenza präsentiert wird. Glucksen, hämisches Gelächter, Ärger bei den einen, Genugtuung bei anderen Betroffenen. Die Russen müssten beleidigt sein, weil sie kaum Aufmerksamkeit gefunden haben. Jedenfalls ein Kräuseln an der Oberfläche der Diplomatie. Die Folge: Die politischen Organisationen werden ein paar zusätzliche Schotten einziehen, weniger Akten und ein besseres Gedächtnis von den Diplomaten verlangen. Die Probleme, welche die Wikileaks-Publikationen aufgeworfen haben, werden natürlich gelöst, soweit sie wirklich welche sind. Warum kann das nicht anders sein?

Es ist gesagt worden, ein Staat, genauer: die Organisation der Politik, habe keine Privatsphäre, sondern lediglich Geheimnisse, die nur geschützt seien, soweit der Staat sie schützen könne. Positivrechtlich stimmt das offenkundig nicht. Verrat von Staatsgeheimnissen ist unter bestimmten Voraussetzungen genauso strafbar wie die Verletzung von Persönlichkeitsrechten. Dass nicht alle Verräter gefasst werden, ist eine andere Frage. Die Unterscheidung privat/öffentlich ist aber überhaupt ungeeignet, das Geheimnisproblem zu klären. Sie scheitert schon an privatrechtlich organisierten Unternehmen. Stichwort: Betriebsgeheimnis. Vollends wird sie der Struktur der modernen Gesellschaft nicht gerecht.

Die Struktur der Gesellschaft hängt davon ab, wie man sie beschreibt. Beschreibt man die Gesellschaft als Risikogesellschaft, deren Grundfrage die Verminderung von Risiken ist, werden alle Geheimnisse zu Risiken und verschwinden damit. Nur muss man dann einen einigermaßen festen Standpunkt für die Bewertung von Risiken schaffen, also einen stabilisierenden weiteren Kontext, damit man Risiken überhaupt einschätzen kann. Das ist aber seinerseits nicht ohne Risiko. Deshalb erscheint es vernünftiger, davon auszugehen, dass die Gesellschaft angesichts der offensichtlichen Ungewissheiten dahin tendiert, Sicherheiten zu schaffen.

Genau das versucht die moderne Gesellschaft mit der Unterscheidung von Funktionen und ihrer Zuordnung zu selbständig agierenden Systemen. Systeme sind vor allem Personen und Organisationen. Von ihnen wird verlangt, dass sie unterschiedliche gesellschaftliche Funktionen erfüllen, jede in ihren Rollen und mit ihren Zwecken. Dieses Verlangen ist ambivalent, weil die Funktionsorientierung zugleich Selbstbehauptung und Anpassung fordert. Anpassen können sich Personen und Organisationen nur, wenn sie in ihrem So-

und-nicht-anders-Sein anerkannt werden und Vertrauen genießen. Die Anpassung berührt aber das So-und-nicht-anders-Sein und gefährdet das Vertrauen. Deshalb benötigen Personen und Organisationen für die Anpassung eine Überbrückung, einen Schutz, mit dem sie sich umstellen und eine neue, angepasstere Selbstpräsentation vorbereiten können. Diesen Schutz zu bieten ist der soziale Sinn von Geheimnissen im privaten wie öffentlichen Bereich. Ohne Geheimnisschutz können Personen und Organisationen nichts oder nur Kontraproduktives zur Funktionserfüllung beitragen. Dass die Irritationen, die Wikileaks verursacht hat, nur den politischen Bereich betreffen, ist daher nicht richtig.

Andererseits macht die Funktionsorientierung die Modernität der Gesellschaft aus. Ihre Modernität könnte die Gesellschaft nur unter Regressionen, Verlusten aufgeben, die niemand will, vermutlich auch nicht die Leute von Wikileaks. Sie ist eine so starke Struktur, dass das Internet sie allenfalls aufheben könnte, wenn es sich gegen sich selbst wendete. Aber dafür ist sich das Internet seiner selbst denn doch zu sicher, zu einfältig, zu mühelos moralisch. Immerhin hat die Affäre darauf aufmerksam gemacht, dass sich die Vertrauensseligkeit, mit der der Geheimnisschutz behandelt wird, nicht mehr auf einen sicheren Konsens stützen kann. Der Konsens hat sich aus Gegenseitigkeit ergeben. Jeder hat seine Geheimnisse und respektiert deshalb die Geheimnisse der anderen. Diesen Konsens hat Wikileaks aufgekündigt. Insofern muss der Geheimnisschutz neu beginnen.

24. Dezember 2010

Der Embryo braucht keine Würde

Zum Artikel von Ernst-Wolfgang Bockenförde »Warum nicht PID?« (F.A.Z. vom 14. März 2011): Nach dem Grundgesetz ist die Würde des Menschen unantastbar, nicht die Existenz des Menschen. Deshalb ist der bestgenährte Sklave in seiner Menschenwürde verletzt, aber weder der Soldat, der im Kriege fällt, noch der Gangster, der auf der Flucht erschossen wird. Auch die Vernichtung des Embryos als solchen, ist noch keine Verletzung der Menschenwürde. Sie wäre auch unter dem Titel »Tötung« zu diskutieren, wenn man schon behauptet, der Embryo sei ein Mensch. Vielmehr ist zu fragen, worin die Menschenwürde für sich genommen besteht. Die Formel: Der Mensch ist Zweck in sich selbst (Kant), verabsolutiert nur seine Existenz. Die Antwort kann allein im Bereich der Kommunikation liegen. Nach Luhmann ist Würde die Möglichkeit, sich selbst als souveräne, individuelle Person darzustellen. Dann spielt sie für den Embryo keine Rolle, weil er sich noch nicht selbst darstellen kann. Dieselbe Konsequenz ergibt sich, wenn man Menschenwürde auf die Gesellschaft bezieht und als die Fähigkeit begreift, sinnvolle Kommunikationen zu beginnen.

24. März 2011

Tarifkampf im Weinberg
Zur Kritik der Kampagne für Lohngleichheit

Mit ihrer Forderung »Gleicher Lohn für gleiche Arbeit« bewegen sich die Gewerkschaften auf dünnem Eis. Jeder weiß, dass VW-Werker einen Haustarif haben und mehr verdienen als die Ford-Werker, obwohl die Ford-Werker in der Sache die gleiche Arbeit leisten. Gegen diese unterschiedliche Entlohnung hat aber bisher niemand protestiert. Mit Recht. Ford ging und geht es wirtschaftlich nicht so gut wie VW. Das kann und muss sich in unterschiedlicher Entlohnung der Mitarbeiter niederschlagen. Organisationen unterbrechen eben Vergleichsketten. Das heißt, der Satz »Gleicher Lohn für gleiche Arbeit« gilt nicht zwischen Organisationen, sondern grundsätzlich nur innerhalb derselben Organisation, vor allem desselben Unternehmens. Sonst könnte man sich kaum einen wirtschaftlichen Wettbewerb vorstellen.

In der Unterschiedlichkeit der Organisationen steckt auch das Problem der Leiharbeit. Leiharbeiter gelten rechtlich als Mitglieder der Organisation (des Leiharbeitsunternehmens), die sie angestellt hat, und nicht als Mitglieder des Unternehmens, für das sie arbeiten. Oft tun sie das Gleiche wie die Stammarbeiter, werden aber geringer bezahlt. Das erhöht zwar die Flexibilität der Arbeit und senkt einen Teil der Löhne des produzierenden Unternehmens, riecht aber stark nach Umgehung des arbeitsrechtlichen Gleichheitsgrundsatzes.

Um das Alter und die moralische Wucht des Satzes »gleicher Lohn für gleiche Arbeit« wissen wir spätestens seit dem Gleichnis von den Arbeitern im Weinberg aus dem Matthäusevangelium, denen der Herr des Weinberges je einen

Denar zahlte, obwohl die einen den ganzen Tag und die anderen nur eine Stunde gearbeitet hatten. Die, die den ganzen Tag gearbeitet hatten, empörten sich natürlich darüber. Die meisten Rechtsphilosophen halten die gleiche Bezahlung ebenfalls für ungerecht. Sie übersehen indessen, dass zur Zeit Jesu ein Denar nicht nur der übliche Tageslohn war, sondern auch als Existenzminimum für eine sechsköpfige Familie galt. Der Herr hat also einen sozial gerechten Lohn im Sinne des heutigen Sozialhilferechtes gezahlt. Die Arbeiter dagegen haben auf einem kapitalistischen Leistungslohn bestanden. Auch das ist verständlich. Lohn ohne Leistung ist willkürlich und entwürdigend, eine Angelegenheit für Sklaven (um die es in dem Gleichnis wohl auch ging). Mit Rücksicht auf das Anerkennungsverlangen der Arbeiter hat sich der Herr wohlweislich nicht auf die Gewährung des Existenzminimums, sondern darauf berufen, dass er mit den ersten Arbeitern einen Tageslohn von einem Denar vereinbart habe.

Vielleicht veranlasst die lange Tradition dieses Gleichnisses die Gewerkschaften, so zu tun, als könnten die Arbeitgeber die Löhne nach freiem Ermessen bestimmen, also mehr oder weniger willkürlich. Aber wenn die Arbeitgeber nicht pleitegehen wollen, können sie nur kurzfristig soziale Gesichtspunkte berücksichtigen. Mittel- und langfristig müssen sie sich an der Produktivität der Arbeit orientieren und berücksichtigen, dass jeder zuletzt eingestellte Mitarbeiter mindestens die Einnahmen bewirken muss, die er kostet. Kostet er mehr als die zusätzlichen Einnahmen, bereitet er dem Unternehmen Verluste, kostet er weniger, muss der Arbeitgeber über eine weitere Einstellung nachdenken. Diese Gesetzmäßigkeit können Staat und Sozialpartner nur missachten, nicht ändern. Sie schließt ein, dass der Arbeitgeber unter im Übrigen gleichbleibenden Bedingungen Mitarbeiter entlassen muss, wenn die Löhne aus welchen Gründen auch immer steigen, und dass er neue einstellen kann, wenn die Löhne sinken. Insofern beeinflusst die Lohnhöhe, wie sie auch konstruiert wird, die Arbeitslosigkeit. Gleiche Entlohnung der Leiharbeiter ist, wirtschaftlich gesehen, eine Lohnerhöhung. Sie wird daher mit an Sicherheit grenzender Wahrscheinlichkeit höhere Arbeitslosigkeit zur Folge haben.

2. April 2011

Warum die Tötung Bin Ladins gerechtfertigt war

Die Ausführungen von Kai Ambos über die Rechtswidrigkeit der Tötung Bin Ladins (F.A.Z. vom 5. Mai 2011) kann man nicht mehr unbefangen zur Kenntnis nehmen, wenn man den Leitartikel Berthold Kohlers in derselben Ausgabe zum Thema »Freude über die Tötung« gelesen hat. Um zu sehen, auf was es ankommt, braucht man den Grund für die Freude aber nur geringfügig abzuwandeln: Darf man sich freuen, wenn ein Mensch einen anderen niederschlägt? Natürlich nicht – es sei denn, der Mensch ist mein Boxer-Freund und schlägt einen Gegner im Ring k. o. Das will sagen: Es kommt auf den Kontext an.

Ambos hebt richtig hervor, dass der Kontext der Tötung Bin Ladins der Krieg ist. Im Krieg ist eine Tötung eines Gegners grundsätzlich gerechtfertigt, allerdings ebenso grundsätzlich nur die Tötung von Kombattanten. Unter Kombattanten darf man jedoch nicht nur die Kämpfer verstehen, die mit der Waffe in der Faust in der vordersten Front handeln. Auch die militärischen Führer sind Kombattanten. Sonst schützte das Recht ausgerechnet die höheren Offiziere vom Oberst an aufwärts gegen die Gefahr, getötet zu werden. Wenn man annimmt, das Bin Ladin bei Al Qaida ähnliche Funktionen ausgeübt hat wie im Westen ein höherer Offizier, war er Kombattant, gleichgültig, ob er in der konkreten Situation bewaffnet war oder nicht. Es genügt, dass Bin Ladin nicht die Hände erhoben hat.

Ambos meint freilich, die Zulässigkeit einer gezielten Tötung scheide schon deshalb aus, weil sich die Vereinigten Staaten nicht in einem Krieg mit Al Qaida befänden: »Ein lose und dezentral organisiertes Netzwerk erfüllt nicht die

Voraussetzungen einer Konfliktpartei im Sinne des humanitären Völkerrechtes.« Das liest man woanders anders. Der Politologe Herfried Münkler (»Die Neuen Kriege«, 2004), ein bedeutender Kriegstheoretiker, meint, dass sich das Zeitalter der zwischenstaatlichen Kriege seinem Ende zuneige. In den Neuen Kriegen stünden sich vielfach herkömmliche Staaten auf der einen und lokale Warlords, Guerillagruppen, Söldnerfirmen und internationale Terrornetzwerke auf der anderen Seite gegenüber. Wegen der Ungleichartigkeit der Gegner werden solche Kriege auch asymmetrische Kriege genannt. Wie die Erfahrungen in Vietnam, dem Irak und Afghanistan zeigen, können die herkömmlichen Staaten asymmetrische Kriege nur schwer gewinnen. Wie sich Soldaten gegenüber einem Gegner verhalten sollen, der hinter Frauen und Kindern in Deckung geht oder schwere Waffen in dichtbesiedelten Wohngebieten postiert, das wird in den westlichen Staaten wahrscheinlich nicht geübt. Das Fernsehen berichtete neulich, die Nato habe die Luftangriffe auf die libyische Stadt Misrata zeitweilig eingestellt, weil sie fürchtete, Zivilisten zu gefährden. Das mag dem humanitären Völkerrecht entsprechen, den schwer kämpfenden libyschen Aufständischen hilft es nicht. Das Problem besteht eben darin, dass sich die herkömmlichen Staaten an die Menschenrechte gebunden fühlen, die asymmetrischen Gegner aber nicht. Weder die Berufung auf die Souveränität noch die auf die absolute Geltung der Menschenrechte können es lösen.

Die Vereinigten Staaten befinden sich tatsächlich in einem Krieg mit Al Qaida. Beide Seiten haben ihn auch öffentlich und offiziell erklärt. Bin Ladin wird nicht nur für sich persönlich gesprochen haben, als er mit seiner Kriegserklärung eine Welle der Gewalt auslöste. Al Qaida ist vielmehr das typische Beispiel für ein kriegführendes internationales Terrornetzwerk. Die Tötung Bin Ladins war daher durch einen Krieg gerechtfertigt.

Die Verletzung der Souveränität Pakistans ist damit freilich nicht geklärt. Aber wenn es stimmt, dass Pakistan Bin Ladin nicht nur in seinem Territorium geduldet, sondern ihn sogar so gedeckt hat, dass die Vereinigten Staaten einen Verrat des geplanten Zugriffs befürchten mussten, wenn sie vorher um eine Erlaubnis Pakistans nachsuchten, dann war die Souveränitätsverletzung durch Notwehr gedeckt.

Auch dass der Aufruf zum weltweiten Kampf gegen Al Qaida die gesamte Welt zum Schlachtfeld mache, ist nur die halbe Wahrheit. Die andere Hälfte ist, dass man das mit noch größerem Recht von der Durchsetzung der Menschenrechte allüberall sagen könnte. In nichtdemokratischen Staaten werden die Menschenrechte nun einmal als Kriegs- und Eroberungsideologie des Westens verstanden. Davon, dass »die westliche Welt ihren terroristischen Feinden jedes Lebens- und Menschenrecht versagen« will, kann überhaupt keine Rede sein. Nur sind Menschenrechte eine schwere Bürde, wenn sie der Feind nicht achtet.

26. Mai 2011

Welche Einheit will die ökumenische Bewegung?

In dem Bericht über die Begegnung des Papstes mit Vertretern der evangelischen Kirche am 23. September in Erfurt hat die F.A.Z. treffend den Satz des Papstes hervorgehoben: »Der Glaube ist nicht etwas, was wir ausdenken oder aushandeln.« Dieses Wort scheint die ökumenische Bewegung ins Mark zu treffen. Wie anders könnte die Spaltung der Christenheit überwunden werden als durch Ausdenken oder Aushandeln?

Die Erfahrung der katholischen Kirche lehrt freilich, dass kirchliche Entscheidungen in Glaubensfragen meist zu neuen Glaubensspaltungen führen. Die Entstehung der Traditionalisten nach dem Zweiten Vatikanum ist das jüngste Beispiel. Der Gläubige, der eine religiöse Lehre oder einen Brauch tief verinnerlicht hat, hat es in der Tat schwer, Änderungen der Lehre anzunehmen. Eigentlich hat er es auch nicht nötig. Das Religionssystem ist das einzige bedeutende gesellschaftliche Subsystem, dem sich der Einzelne heute fast kostenlos entziehen kann. Man muss die päpstliche Aussage daher als wahr bezeichnen. Ist sie aber wahr, so zwingt sie, darüber nachzudenken, welche Einheit die ökumenische Bewegung anstrebt und wie sich der Glaube der Gläubigen zu dieser Einheit verhält.

20. Oktober 2011

Quellennachweise

Die Krankheit des Arztes
F.A.Z., 29. Juli 1963, S. 7
Wenigstens Doktor sollte der Professor sein
F.A.Z., 26. Juli 1973, S. 4
Kalte Verachtung und obszöner Respekt
F.A.Z., 14. Juli 1988, S. 6
Wenn die Tatsache Auschwitz geleugnet wird
F.A.Z., 18. Mai 1994, S. 13
Wieviel Stolz auf die Weimarer Verfassung?
F.A.Z., 21. September 1994, S. 13
Ein jeder schreibt, wie ihm der Schnabel gewachsen ist
F.A.Z., 30. September 1997, S. 46
Der Bürger ist unteilbar
F.A.Z., 10. Februar 1999, S. 44
Der Herr Kollege
F.A.Z., 18. Juni 1999, S. 54
Bomben auf friedliche Bürger
F.A.Z., 24. Juli 1999, S. 46
Adresse: öffentliche Meinung
F.A.Z., 07. Oktober 1999, S. 16
Am Beispiel Egon Krenz
F.A.Z., 16. Dezember 1999, S. 55
Politiker werden mit Bargeld beworfen wie andere Leute mit Dreck
F.A.Z., 20. Januar 2000, S. 56
Leitkultur sei das Gesetz
F.A.Z., 14. November 2000, S. 55

Der Charme des elften Bewerbers
F.A.Z., 12. März 2001, S. 56
Wo die Spötter sitzen
F.A.Z., 23. Mai 2001, S. 57
Lieber ein Hoffnungsschimmer als Dunkelheit
F.A.Z., 12. Juni 2001, S. 51
Kinder, Kinder, da kann einem wirklich die Lust am Heiraten vergehen
F.A.Z., 21. August 2001, S. 46
Karlsruhe hat gesprochen: Mephisto
F.A.Z., 15. September 2001, S. 47
Karlsruhe hat gesprochen: Kunstfehler
F.A.Z., 17. September 2001, S. 54
Karlsruhe hat gesprochen: Abtreibung
F.A.Z., 18. September 2001, S. 52
Karlsruhe hat gesprochen: Kruzifix
F.A.Z., 19. September 2001, S. 53
Karlsruhe hat gesprochen: Lüth
F.A.Z., 20. September 2001, S. 52
Karlsruhe hat gesprochen: Mörder
F.A.Z., 21. September 2001, S. 54
Karlsruhe hat gesprochen: Apotheken
F.A.Z., 22. September 2001, S. 46
Karlsruhe hat gesprochen Rundfunk
F.A.Z., 24. September 2001, S. 50
Karlsruhe hat gesprochen: Streikbrecher
F.A.Z., 25. September 2001, S. 52
Karlsruhe hat gesprochen: Wehrpflicht
F.A.Z., 26. September 2001, S. 55
Karlsruhe hat gesprochen: Renten
F.A.Z., 27. September 2001, S. 51
Karlsruhe hat gesprochen: Mieteigentum
F.A.Z., 28. September 2001, S. 52

Karlsruhe hat gesprochen: Zuständig
F.A.Z., 29. September 2001, S. 45
Was soll er denn sonst tun?
F.A.Z., 20. November 2001, S. 47
Es wäre unbedingt ein Leben mit mehr Sinn
F.A.Z., 01. März 2002, S. 46
Die Rentner sind sicher
F.A.Z., 02. März 2002, S. 41
Schönbohm ist unschuldig
F.A.Z., 28. Juni 2002, S. 47
Weltpolizist Ströbele?
F.A.Z., 10. Juli 2002, S. 35
Wer nimmt sich Einfluß?
F.A.Z., 13. Dezember 2002, S. 40
Der Schweigespiralnebel
F.A.Z., 16. Dezember 2002, S. 35
Wir meinen ja nur
F.A.Z., 28. Februar 2003, S. 38
Richter sind keine Feldjäger
F.A.Z., 02. April 2003, S. 39
Durften die das?
F.A.Z., 12. April 2003, S. 37
Blockieren ist demokratisch
F.A.Z., 11. Juni 2003, S. 37
Dichter sind nicht der liebe Gott
F.A.Z., 14. Juli 2003, S. 29
Das sogenannte Kostendämpfen
F.A.Z., 09. August 2003, S. 29
Meine Stimme gegen die der ganzen Talkshow-Nation
F.A.Z., 13. November 2003, S. 39
Reputation schafft Elite
F.A.Z., 13. Januar 2004, S. 37

Vorbild Caroline?
F.A.Z., 23. September 2004, S. 35
Dem Ganzen geopfert
F.A.Z., 16. Februar 2005, S. 3
Wer die Zahl hat
F.A.Z., 27. August 2005, S. 39
Sicher, sicher
F.A.Z., 11. Februar 2006, S. 39
Zu alt für die Verwaltung
F.A.Z., 08. August 2006, S. 33
Von der Freiheit eines Richtermenschen
F.A.Z., 30. Januar 2007, S. 34
Die Folgen im Auge
F.A.Z., 19. Mai 2007, S. 36
Wer zur Elite zählt (I)
F.A.Z., 21. August 2007, S. 35
Das Leben ist der Rechte höchstes nicht
F.A.Z., 01. Dezember 2007, S. 35
Jetzt ruft der Indische Ozean
F.A.Z., 01. August 2008, S. 36
Das ganze Geld ist weg
F.A.Z., 17. Oktober 2008, S. 37
Beobachter und Handelnde
F.A.Z., 27. Dezember 2008, S. 8
Das Elternargument von morgen
F.A.Z., 07. Januar 2009, S. 31
War die DDR ein Unrechtsstaat?
F.A.Z., 15. Juni 2009, S. 29
Eliteuniversitäten und andere Lächerlichkeiten
F.A.Z., 20. Juni 2009, S. 34
Pranger bessern nicht
F.A.Z., 19. April 2010, S. 30

Nur Müdigkeit wird den Protest beenden
F.A.Z., 01. November 2010, S. 27
Wikileaks: War da was?
F.A.Z., 24. Dezember 2010, S. 35
Der Embryo braucht keine Würde
F.A.Z., 24. März 2011, S. 34
Tarifkampf im Weinberg
F.A.Z., 02. April 2011, S. 36
Warum die Tötung Bin Ladins gerechtfertigt war
F.A.Z., 26. Mai 2011, S. 6
Welche Einheit will die ökumenische Bewegung?
F.A.Z., 20. Oktober 2011, S. 32